江苏文库

研究编

江苏历代文化名人传

江苏文脉整理与研究工程

江苏历代文化名人传·郑板桥

王同书 著

江苏人民出版社

图书在版编目(CIP)数据

江苏历代文化名人传. 郑板桥/王同书著. --南京：
江苏人民出版社,2025.6. --(江苏文库). -- ISBN
978-7-214-29012-0

Ⅰ. K825.4;K825.72

中国国家版本馆 CIP 数据核字第 2025UK2139 号

书　　　名	江苏历代文化名人传·郑板桥	
著　　　者	王同书	
出 版 统 筹	张　凉	
责 任 编 辑	陈　茜	
装 帧 设 计	姜　嵩	
责 任 监 制	王　娟	
出 版 发 行	江苏人民出版社	
地　　　址	南京市湖南路 1 号 A 楼,邮编:210009	
照　　　排	江苏凤凰制版有限公司	
印　　　刷	苏州市越洋印刷有限公司	
开　　　本	718 毫米×1 000 毫米　1/16	
印　　　张	18.75　插页 4	
字　　　数	350 千字	
版　　　次	2025 年 6 月第 1 版	
印　　　次	2025 年 6 月第 1 次印刷	
标 准 书 号	ISBN 978-7-214-29012-0	
定　　　价	68.00 元	

(江苏人民出版社图书凡印装错误可向承印厂调换)

江苏文脉整理与研究工程

总主编

信长星　许昆林

第二届学术指导委员会

主　任　莫砺锋

委　员　（按姓氏笔画排序）

邬书林　宋镇豪　张岂之　茅家琦

郁贤皓　袁行霈　莫砺锋　赖永海

编纂出版委员会

出版说明

　　江苏文化源远流长、历久弥新，文化经典与历史文献层出不穷，典藏丰富；文化巨匠代有人出、彪炳史册，在中华民族乃至整个人类文明的发展史上有着相当重要的地位。为科学把握江苏文化的内涵与特征，在新时代彰显江苏文化对中华文化的贡献，江苏省委、省政府决定组织实施"江苏文脉整理与研究工程"，以梳理江苏文脉资源，总结江苏文化发展的历史规律，再现江苏历史上的文化高地，为当代江苏构筑新的文化高地把准脉动、探明趋势、勾画蓝图。

　　组织编纂大型江苏历史文献总集《江苏文库》，是"江苏文脉整理与研究工程"的重要工作。《文库》以"编纂整理古今文献，梳理再现名人名作，探究追溯文化脉络，打造江苏文化名片"为宗旨，分六编集中呈现：

　　（一）书目编。完整著录历史上江苏籍学人的著述及其历史记录，全面反映江苏图书馆的图书典藏情况。

　　（二）文献编。收录历代江苏籍学人的代表性著作，集中呈现自历史开端至一九一一年的江苏文化文本，呈现江苏文化的整体景观。

　　（三）精华编。选取历代江苏籍学人著述中对中外文化产生重要影响、在文化学术史上具有经典性代表性的作品进行整理，并从中选取十余种，组织海外汉学家翻译成各国文字，作为江苏对外文化交流的标志性文化成果。

　　（四）方志编。从江苏现存各级各类旧志中选择价值较高、保存较好的志书，以充分发挥地方志资治、存史、教化等作用，保存江苏的地方文献与历史文化记忆。

（五）史料编。收录有关江苏地方史料类文献，反映江苏各地历史地理、政治经济、文化教育、宗教艺术、社会生活、风土民情等。

（六）研究编。组织、编纂当代学者研究、撰写的江苏文化研究著作。

文献、史料、方志三编属于基础文献，以影印方式出版，旨在提供原始文献，以满足学术研究需要；书目、精华、研究三编，以排印方式出版，既能满足学术研究的基本需求，又能满足全民阅读的基本需求。

"江苏文脉整理与研究工程"工作委员会

江苏文库·研究编编纂人员

主　编

王月清　张新科

副主编

徐之顺　姜　建　王卫星　胡发贵　胡传胜　刘西忠

一脉千古成江河

——江苏文库·研究编序言

樊和平

"江苏文脉整理与研究工程"是江苏文化史上继往开来的一个浩大工程。与当下方兴未艾的全国性"文库热"相比,江苏文脉工程有三个基本特点:一是全面系统的整理;二是"整理"与"研究"同步;三是以"文脉"为主题。在"书目编—文献编—精华编—史料编—方志编—研究编"的体系结构中,"研究编"是十分独特的板块,因为它是试图超越"修典"而推进文化传承创新的一种学术努力。

"盛世修典"之说不知起源于何时,不过语词结构已经表明"盛世"与"修典"之间的某种互释甚至共谋,以及由此而衍生的复杂文化心态。历史已经表明,"修典"在建构巨大历史功勋的同时,也包含内在的巨大文化风险,最基本的是"入典"的选择风险。《四库全书》的文化贡献不言自明,但最终其收书的数量竟与禁书、毁书、改书的数量大致相当,还有高出近一倍的书目被宣判为无价值。"入典"可能将一个时代的局限甚至选择者个人的局限放大为历史的文化局限,也可能由此扼杀文化多样性而产生文化专断。另一个更为潜在和深刻的风险,是对待传统的文化态度。文献整理,尤其是地域典籍的整理,在理念和战略上面临的最大考验,是以何种心态对待文化传统。当今之世,无论对个体还是社会,传统已经不仅是文化根源,而且是文化和经济发展的资源甚至资本。然而一旦传统成为资源和资本,邂逅市场逻辑的推波助澜,就面临沦为消费和运作对象的风险,从而以一种消费主义和工具主义的文化态度对待文化传统和文献整理。当传统成为消费和运作的对象,其文化价值不仅可能被误读误用,而且也可能在对传统的消费中使文化坐吃山空,造就出文化上的纨绔子弟,更可能在市场运作中使文化不断被糟蹋。"江苏文脉整理与研究工程"的"整理工程"以全面系统的整理的战略应对可能存在的第一种风险,即入典选择的风险;以"研究工程"应对第二种可能的风险,即消费主义与工具主义的风险。我们不仅是既往传统的继承者,更应当是未来传统的创造者;现代人的使命,不仅是继承优秀传统,更应当创造新的优秀传统,这便是传统的创造性转化与创新性发展的真义。诚然,创造传统任重道远,需要经过坚忍不拔的卓越努力和大浪淘沙般的历史积淀,但对"江苏文脉整理与研究工程"而言,无论如何必须在"整理"的同时开启"研究"的千里之行,在研究中继承和发展传统。这便是"研究编"的价值和使命所在,也是"江苏文脉整理与研究工程"在"文库热"中于顶层设计层面的拔群之处。

一 倾听来自历史深处的文化脉动

20世纪是文化大发现的世纪,20世纪以来西方世界最重要的战略,就是文化战略。20世纪20年代,德国社会学家马克斯·韦伯的《新教伦理与资本主义精神》,揭示了西方资本主义文明的文化密码,这就是"新教伦理"及其所造就的"资本主义精神",由此建构"新教伦理+资本主义"的所谓"理想类型",为西方资本主义进行了文化论证尤其是伦理论证,奠定了20世纪以后西方中心论的文化基础。20世纪70年代,哈佛大学教授丹尼尔·贝尔的《资本主义文化矛盾》,揭示了当代资本主义最深刻的矛盾不是经济矛盾,也不是政治矛盾,而是"文化矛盾",其集中表现是宗教释放的伦理冲动与市场释放的经济冲动分离与背离,进而对现代西方文明发出文化预警。20世纪70年代之后,亨廷顿的《文明的冲突与世界秩序的重建》将当今世界的一切冲突归结为文明冲突、文化冲突,将文化上升为西方世界尤其是美国国家战略的高度。以上三部曲构成西方世界尤其是美国文化帝国主义的国家文化战略,正如一些西方学者所发现的那样,时至今日,文化帝国主义被另一个概念代替——"全球化",显而易见,全球化不仅是一种浪潮,更是一种思潮,是西方世界的国家文化战略。文化虽然受经济发展制约甚至被经济发展水平所决定,但回顾从传统到现代的中国文明史,文化问题不仅逻辑地而且历史地成为文明发展的最高最难的问题,正因为如此,文化自信才成为比理论自信、道路自信、制度自信更具基础意义的最重要的自信。

在全球化背景下,文脉整理与研究具有重大的国家文化战略意义,不仅必要,而且急迫。文化遵循与经济社会不同的规律,全球化在造就广泛的全球市场并使全球成为一个"地球村"的同时,内在的最大文明风险和文化风险便是同质性。全球化催生的是一个文化上的独生子女,其可能的镜像是:一种文化风险将是整个世界的风险,一次文化失败将是整个人类的文化失败。文化的本质是什么?梁漱溟先生说,文化就是人的生活的根本样法,文化就是"人化"。丹尼尔·贝尔指出,文化是为人的生命过程提供解释系统,以对付生存困境的一种努力。据此,文化的同质化,最终导致的将是人的同质化,将是民族文化或西方学者所说地方性知识的消解和消失;同时,由于文化是人类应对生存困境的大智慧,或治疗生活世界痼疾的抗体,它所建构的是与自然世界相对应的精神世界和意义世界,文化的同质性将导致人类在面临重大生存困境时智慧资源的贫乏和生命力的苍白,从而将整个人类文明推向空前的高风险。应对全球化的挑战和西方文化帝国主义的国家战略,"江苏文脉整理与研究工程"是整个中华民族浩大文化工程的一部分和具体落实,其战略意义绝不止于保存文化记忆的自持和自赏,在这个全球化的高风险正日益逼近的时代,完整地保存地方文化物种,认同文化血脉,畅通文化命脉,不仅可以让我们在遭遇全球化的滔滔洪水之时可以于故乡文化的山脉之巅"一览众山小"地建设自己的精神家园和文化根据地,而且可以在患上全球化的文化感冒甚至某种文化瘟疫之后,不致乞求"西方药"来治"中国病",而是根据自己的文化基因和文化命理,寻找强化自身的文化抗体和文化免疫力之道,其深远意义,犹如在今天经过独生子女时代穿越时光隧道,回首当年我们的"兄弟姐妹那么多"

和父辈们儿孙满堂的那种天伦风光,不只是因为寂寞,而且是为了中华民族大家庭的文化安全和对未来文化风险的抗击能力。

"江苏文脉整理与研究工程"是以江苏这一特殊地域文化为对象的一次集体文化自觉和文化自信,与其他同类文化工程相比,其最具标识意义的是"文脉"理念。"文脉"是什么?它与"文献"和文化传统的关系到底如何?这是"文脉工程"必须解决的基本问题。

庞朴先生曾对"文化传统"与"传统文化"两个概念进行了审慎而严格的区分,认为"传统文化"可能是历史上曾经存在过的一切文化现象,而"文化传统"则是一以贯之的文化道统。在逻辑和历史两个维度,文化成为传统都必须同时具备三个条件:历史上发生的,一以贯之的,在现实生活中依然发挥作用的。传统当然发生于历史,但历史上发生的一切,从《道德经》《论语》到女人裹小脚,并不都成为传统,即便当今被考古或历史研究所不断发现的现象,也只能说是"文化遗存",文化成为传统必须在历史长河中一以贯之而成为道统或法统,孔子提供的儒家学说,老子提供的道家智慧,之所以成为传统,就是因为它们始终与中国人的生活世界和精神世界相伴随,并成为人的生命和生活的文化指引。然而,文化并不只存在于文献典籍之中,否则它只是精英们的特权,作为"人的生活的根本样法"和"对付生存困境"的解释系统,它必定存在于芸芸众生的生命和生活之中,由此才可能,也才真正成为传统。《论语》与《道德经》之所以成为传统,不只是因为它们作为经典至今还为人们所学习和研究,而且因为在中国人精神的深层结构中,即便在未读过它们的田夫村妇身上,也存在同样的文化基因。中国人在得意时是儒家,"明知不可为而偏为之";在失意时是道家,"后退一步天地宽";在绝望时是佛家,"四大皆空"。从而建立了与自给自足的自然经济结构相匹合的自给自足的文化精神结构,在任何境遇下都不会丧失安身立命的精神基地,这就是传统。文化传统必须也必定是"活"的,是在现实中依然发挥作用的,是构成现代人的文化基因的生命因子。这种与人的生活和生命同在的文化传统就是"脉",就是"文脉"。

文脉以文献、典籍为载体,但又不止于文献和典籍,而是与负载它的生命及其现实生活息息相关。"文脉"是什么?"文脉"对历史而言是

"血脉",对未来而言是"命脉",对当下而言是"山脉"。"江苏文脉"就是江苏人的文化血脉、文化命脉、文化山脉,是历史、现在、未来江苏人特殊的文化生命、文化标识、文化家园,以及生生不息的文化记忆和文化动力。虽然它们可能以诸种文化典籍和文化传统的方式呈现和延续,但"文脉工程"致力探寻和发现的则是跃动于这些典籍和传统,也跃动于江苏人生命之中的那种文化脉动。"江苏文脉整理与研究工程"的最大特点就在于它是"文脉工程"而不是一般的"文化工程",更不是"文库工程"。"文化工程""文库工程"可能只是一般的文化挖掘与整理,而"文脉工程"则是与地域的文化生命深切相通,贯穿地域的历史、现在与未来的生命工程。

　　"江苏文脉整理与研究工程"是"整理"与"研究"的璧合,在"研究工程"中能否、如何倾听到来自历史深处的文化脉动,关键是处理好"文献"与"文脉"的关系。"整理工程"是对文脉的客观呈现,而"研究工程"则是对文脉的自觉揭示,若想取得成功,必须学会在"文献"中倾听和发现"文脉"。"文献"如何呈现"文脉"? 文献是人类文明尤其是人类文化记忆的特殊形态,也是人类信息交换和信息传播的特殊方式。回首人类文明史,到目前为止,大致经历了三种信息方式。最基本也是最原初的是口口交流的信息方式,在这种信息方式中,信息发布者和信息传播者同时在场,它是人的生命直接和整体在场并对话的信息传播方式,是从语言到身体、情感的全息参与,是生命与生命之间的直接沟通,但具有很大的时空局限。印刷术的产生大大扩展了人类信息交换的广度和深度,不仅可以以文字的方式与不在场的对象交换信息,而且可以以文献的方式与不同时代、不同时空的人们交换信息,这便是第二种信息方式,即以印刷为媒介的信息方式或印刷信息方式。第三种信息方式便是现代社会以电子网络技术为媒介的信息方式,即电子信息方式。文献与典籍是印刷信息方式的特殊形态,它将人类文化史和文明史上具有特殊价值的信息以印刷媒介的方式保存下来,供后人学习和研究,从而积淀为传统。文字本质上是人的生命的表达符号,所谓"诗言志"便是指向生命本身。然而由于它以文字为中介,一旦成为文献,便离开原有的时空背景,并与创作它的生命个体相分离,于是便需要解读,在解读中便可能发生误读,但无论如何,解读的对象并不只是文字本身,而是文字背后的生命现象。

文献尤其是典籍是不同时代人们对于文化精华的集体记忆,它们不仅经受过不同时代人们的共同选择,而且经受过大浪淘沙的历史洗礼,因而其中不仅有创造它的那个个体或文化英雄如老子、孔子的生命表达,而且有传播和接受它的那个民族的文化脉动,是负载它的那个民族的文化生命,这种文化生命一言以蔽之便是文化传统。正因为如此,作为集体记忆的精华,文献和典籍是个体和集体的文化脉动的客观形态,关键在于,必须学会倾听和揭示来自远方的生命旋律。由于它们巨大的时空跨度,往往不能直接把脉,而需要具有一种"悬丝诊脉"的卓越倾听能力。同时,为了把握真实的文化脉动,不仅需要对文献和典籍即"文本"进行研究,而且需要对创造它们的主体包括创作的个体和传播接受的集体的生命即"人物"进行研究。正如席勒所说,每个人都是时代的产儿,那些卓越的哲学家和有抱负的文学家却可能成为一切时代的同代人。文字一旦成为文献或典籍,便意味着创作它的个体成为一切时代的同代人,但无论如何,文献和它们的创造者首先是某个时代的产儿,因而要在浩如烟海的文献和典籍中倾听到来自传统深处的文化脉动,还需要将它们还原到民族的文化生命之中,形成文化发展的"精神的历史"。由此,文本研究、人物研究、学派流派研究、历史研究,便成为"文脉研究工程"的学术构造和逻辑结构。

二　中国文化传统中的江苏文脉

江苏文脉是中国文化传统的一部分,二者之间的关系并不只是部分与整体的关系,借助宋明理学的话语,是"理一"与"分殊"的关系。文脉与文化传统是民族生命的文化表达和自觉体现,如果只将它们理解为部分与整体的关系,那么江苏文脉只是中国文化传统或整个中华文化脉统中的一个构造,只是中华文化生命体中的一个器官。朱熹曾以佛家的"月映万川"诠释"理一分殊"。朗月高照,江河湖泊中水月熠熠,此番景象的哲学本真便是"一月普现一切水，一切水月一月摄"。天空中的"一月"与江河中的"一切水月"之间的关系是"分享"关系，不是分享了"一月"的某一部分，而是全部。江苏文脉与中国文化传统之间的关系便是"理一分殊"，中国文化传统是"理一"，江苏文脉是"分殊"，正因为如此，关于江苏文脉的研究必须在与整个中国文化传统的关系中整体性地把握和展开。其中，文化与地域的关系、江苏文化在中华文化发展中的贡献和地位，是两个基本课题。

到目前为止的一切人类文明的大格局基本上都是由以山河为标志的地理环境造就的，从轴心文明时代的四大文明古国，到"五大洲四大洋"的地理区隔，再到中国山东—山西、广东—广西、河南—河北，江苏的苏南—苏北的文化与经济差异，山河在其中具有基础性意义。在这个意义上，可以将在此以前的一切文明称为"山河文明"。如今，科技经济发展迎来一个"高"时代：高铁、高速公路、电子高速公路……正在并将继续推倒由山河造就的一切文明界碑，即将造就甚至正在造就一个"后山河时代"。"后山河时代"的最后一道屏障，"山河时代"遗赠给"后山河时代"的最宝贵的文明资源，便是地域文化。在这个意义上，江苏文脉的整理与研究，不仅可以为经过全球化席卷之后的同质化世界留下弥足珍贵的"文化大熊猫"，而且可以在未来的芸芸众生饱尝"独上高楼，望尽天涯路"的孤独之后，缔造一个"蓦然回首"的文化故乡，从中可以鸟瞰文化与世界关系的真谛。江苏独特的地域环境与江苏文化、江苏文脉之间的关系，已经不是所谓"一方水土一方人"所能表达，可以说，地脉、水脉、山脉与江苏文脉之间的关系，已经是一脉相承。

我们通过考察和反思发现，水系，地势，山势，大海，是对江苏文脉尤其是文化性格产生重大影响的地理因素。露水不显山，大江大河入大海，低平而辽阔，黄河改道，这一切的一切与其说是自然画卷和自然事件，不如说是江苏文脉的大地摇篮和文化宿命的历史必然，它们孕生和哺育了江苏文明，延绵了江苏文脉。历史学家发现，江苏是中国惟一同时拥有大海、大江、大湖、大平原的省份，有全国第一大河长江，第二大河黄河（故道），第三大河淮河，世界第一大人工河大运河，全国第三大淡水湖太湖，全国第四大淡水湖洪泽湖。江苏也是全国地势最低平的一个省区,绝大部分地区在海拔 50 米以下,少量低山丘陵大多分布于省际边缘,最高峰即连云港云台山的玉女峰也只有 625 米。丰沛而开放的水系和低平而辽阔的地势馈赠给江苏的不只是得天独厚的宜居,更沉潜、更深刻的是独特的文化性格和文脉传统,它们是对江苏地域文化产生重大影响的两个基本自然元素。

不少学者指证江苏文化具有水文化特性,而在众多水系中又具长江文化的特性。"水"的文化特性是什么?"老聃贵柔",老子尚水,以水演绎世界真谛和人生大智慧。"天下莫柔弱于水,而攻坚强者莫之能胜。"柔弱胜刚强,是水的品质和力量。西方文明史上第一个哲学家和科学家泰勒斯向全世界宣告的第一个大智慧便是:水是万物的始基。辽阔的平原在中国也许还有很多,却没有像江苏这样"处下"。老子也曾以大海揭示"处下"的智慧:"江海所以能为百谷王者,以其善下之,故能为百谷王。"历史上江苏的文化作品、江苏人的文化性格,相当程度上演绎了这种"水性"与"处下"的气质与智慧。历史上相当时期黄河曾经从江苏入海,然而黄河改道、黄河夺淮,几番自然力量或人力所为,最终黄河在江苏留下的只是一个"故道"的背影。黄河在江苏的改道当然是一个自然事件或历史事件,但我们也可能甚至毋宁将它当作一个文化事件,数次改道,偶然之中有必然,从中可以发现和佐证江苏文脉的"长江"守望和江南气质。不仅江苏的地脉"露水不显山",而且江苏的文化作品,江苏人的文化性格,一句话,江苏文脉,也是"露水不显山",虽不是"壁立千仞",却是"有容乃大"。一般说来,充沛的水系,广阔的平原,往往造就自给自足的自我封闭,然而,江苏东临大海,无论长江、淮河,还是历史上的黄河,都从这里入大海,归大海,不只昭示江苏的开放,而且演绎江苏文化、江苏文脉、江苏人海纳百川的博大和静水深流的仁厚。

黄河与长江好似中华文脉的动脉与静脉,也好似人的身体中的任督二脉,以长江文化为基色的江苏文化在中华文脉的缔造和绵延中作出了杰出贡献。有学者指出,在中国文明史上,长江文化每每在黄河文化衰弱之后承担起"救亡图存"的重任。人们常说南京古都不少为小朝廷,其实这正是"救亡图存"的反证,"天下兴亡,匹夫有责"的口号首先由江苏人顾炎武喊出，偶然之中有必然。学界关于江苏文化有三次高峰或三次大贡献，与两次大贡献之说。第一次高峰是开启于秦汉之际的汉文化，第二次高峰是六朝文化，第三次高峰是明清文化。人们已对六朝文化与明清文化两大高峰对中国文化的贡献基本达成共识，但江苏的汉文化高峰及其贡献也应当得到承认，而且三次文化高峰都发生于中国社会的大转折时期，对中国文化的承续作出了重大贡献。在秦汉之际的大变革和大一统国家的建构中，不仅在江苏大地上曾经演绎了波澜壮阔的对后来中国文明产生深远影响的历史史诗，而且演绎这些历史史诗的主角刘邦、项羽、韩信等都是江苏人，他们虽然自身不是文化人，但无疑对中国文化产生了深远影响。董仲舒提出"罢黜百家，独尊儒术"的主张，奠定了大一统的思想和文化基础，他本人虽不是江苏人，却在江苏留下印迹十多年。江苏的汉文化高峰对中国文化的最大贡献，一言概之即"大一统"，包括政治上的大一统和思想文化上的大一统。六朝被公认为中国文化发展的高峰，不少学者将它与古罗马文明相提并论，而六朝文化的中心在江苏、在南京。以南京为核心的六朝文化发生于三国之后的大动乱，它接纳大量流入南方的北方士族，使南北方文化合流，为保存和发展中国文化作出了杰出贡献。明朝是中国历史上第一次在南京，也是第一次在江苏建立统一的帝国都城，江苏的经济文化在全国处于举足轻重的地位，扬州学派、泰州学派、常州学派，形成明清时期中国文化的江苏气象，形成江苏文化对中国文化的第三次重大贡献。三大高峰是江苏的文化贡献，在重大历史转折关头或者民族国家危难之际挺身而出，海纳百川，则是江苏文化的精神和品质，这就是江苏文脉。也正因为如此，江苏文化和江苏文脉在"匹夫有责"的担当精神中总是透逸出某种深沉的忧患意识。

江苏文脉对中国文化的独特贡献及其特殊精神气质在文化经典中得到充分体现。中国四大文学名著，其中三大名著的作者都来自江苏，这就是《西游记》《红楼梦》《水浒》，其实《三国演义》也与江苏深切相关，虽然罗贯中不是江苏人，但以江苏为作品重要的时空背景之一。四大名著中不仅有明显的江苏文化的元素，甚至有深刻的江苏地域文化的基因。《西游记》到底是悲剧还是喜剧？仔细反思便会发现，《西游记》

就是文学版的《清明上河图》。《清明上河图》表面呈现一幅盛世生活画卷，实际却是一幅"盛世危情图"，空虚的城防，懈怠的守城士兵……被繁华遗忘的是正在悄悄到来的深刻危机。《西游记》以唐僧西天取经渲染大唐的繁盛和开放，然而在经济的极盛之巅，中国人的精神世界却空前贫乏，贫乏得需要派一个和尚不远万里，请来印度的佛教，坐上中国意识形态的宝座，入主中国人的精神世界。口袋富了，脑袋空了，这是不折不扣的悲剧。然而，《西游记》的智慧，江苏文化的智慧，是将悲剧当作喜剧写，在喜剧的形式中潜隐悲剧的主题，就像《清明上河图》将空虚的城防和懈怠的士兵淹没于繁华的海洋一样。《西游记》喜剧与悲剧的二重性，隐喻了江苏文脉的忧患意识，而在对大唐盛世，对唐僧取经的一片颂歌中，深藏悲剧的潜主题，正是江苏文脉"匹夫有责"的担当精神和文化智慧的体现。鲁迅说，悲剧将人生的有价值的东西毁灭给人看。《西游记》是在喜剧形式的背后撕碎了大唐时代人的精神世界的深刻悲剧。把悲剧当作喜剧写，喜剧当作悲剧读，正是江苏文化、江苏文脉的大智慧和特殊气质所在，也是当今江苏文脉转化发展的重要创新点所在。正因为如此，"江苏文脉研究"必须以深刻的哲学洞察力和深厚的文化功力，倾听来自历史深处的江苏文化的脉动，读懂江苏，触摸江苏文脉。

三 通血脉，知命脉，仰望山脉

江苏文化的巨大魅力和强大生命力，在数千年发展中已经形成一种传统、一种脉动，不仅是一种客观呈现的文化，而且是一种深植个体生命和集体记忆的生生不息的文脉。这种文化和文脉不仅成为共同的价值认同，而且已经成为一种地域文化胎记。在精神领域，在文化领域，江苏不仅有灿若星河的文学家，而且有彪炳史册的思想家、学问家，更有数不尽的才子骚客。长江在这片土地上流连，黄河在这片土地上改道，淮河在这片土地上滋润，太湖在这片土地上一展胸怀。一代代中国人，一代代江苏人，在这里缔造了文化长江、文化黄河、文化淮河、文化太湖,演绎了波澜壮阔的历史诗篇,这便是江苏文脉。

　　为了在全球化时代完整地保存江苏文脉这一独特地域文化的集体记忆,以在"后山河时代"为人类缔造精神家园提供根源与资源,为了继承弘扬并创造性转化、创新性发展中国优秀传统文化,2016年江苏启动了"江苏文脉整理与研究工程"。根据"文脉"的理念,我们将研究工程或"研究编"的顶层设计以一句话表达:"通血脉,知命脉,仰望山脉。"由此将整个工程分为五个结构:江苏文化通史,江苏历代文化名人传,江苏文化专门史,江苏地方文化史,江苏文化史专题。

　　"江苏文化通史"的要义是"通血脉",关键词是"通"。"通"的要义,首先是江苏文化与中国文明的息息相通,与人类文明的息息相通,由此才能有民族感或"中国感",也才有世界眼光,因而必须进行关于"中国文化传统中的江苏文脉"的整体性研究;其次是江苏文脉中诸文化结构之间的"通",由此才是"江苏",才有"江苏味";再次是历史上各个重要历史时期文化发展之间的"通",由此才能构成"史",才有历史感;最后是与江苏人的生命与生活的"通",由此"江苏文脉"才能真正成为江苏人的文化血脉、文化命脉和文化山脉。达到以上"四通","江苏文化通史"才是真正的"通"史。

　　"江苏文化专门史"和"江苏文化史专题"的要义是"知命脉",关键词是"专",即"专门"与"专题"。"江苏文化专门史"在框架上分为物质文化史、精神文化史、制度文化史、特色文化史等,深入研究各类专门史,总体思路是系统研究和特色研究相结合,系统研究整体性地呈现江苏历史上的重要文化史,如哲学史、文学史、艺术史等,为了保证基本的完整性,我们根据国务院学科分类目录进行选择;特色研究着力研究历史上具有江苏特色的历史,如民间工艺史、昆曲史等。"江苏文化史专题"着力研究江苏历史上具有全国性影响的各种学派、流派,如扬州学派、泰州学派、常州学派等。

　　"江苏地方文化史"的要义是"血脉延伸和勾连",关键词是"地方"。"江苏地方文化史"以现省辖市区域划分为界,13市各市一卷。每卷上编为地方文化通史,讲述地方整体历史脉络中的文化历史分期演化和内在结构流变,注重把握文化运动规律和发展脉络,定位于地方文化总体性研究;下编为地方文化专题史,按照科学技术、教育科举、文学语言、宗教文化等专题划分,以一定逻辑结构聚焦对地方文化板块加以具体呈现,定位于凸显文化专题特色。每卷都是对一个地方文化的总结和梳理,这是江苏文化血脉的伸展和渗入,是江苏文化多样性、丰富性的生动呈现和重要载体。

"江苏历代文化名人传"的要义是"仰望山脉",关键词是"文化"。它不是一般性地为江苏历朝历代的"名人"作传,而只是为文化意义上的名人作传。为此,传主或者自身就是文化人并为中国文化的发展、为江苏文脉的积累积淀作出了重要贡献;或者虽然自身主要不是文化人而是政治家、社会活动家等,但对中国文化发展具有重大影响。如何对历史人物进行文化倾听、文化诠释、文化理解,是"文化名人传"的最大难点,也是其最有意义的方面。江苏历史上的文化名人汗牛充栋,"文化名人传"计划为 100 位江苏文化名人作传,为呈现江苏文化名人的整体画卷,同时编辑出版一部"江苏文化名人辞典",集中介绍历史上的江苏文化名人 1000 位左右。

一脉千古成江河,"茫茫九派流中国"。江苏文脉研究的千里之行已经迈出第一步,历史馈赠我们一次千载难逢的宝贵机遇,让我们巡天遥看,一览江苏数千年文化银河的无限风光,对创造江苏文化、缔造江苏文脉的先行者们献上心灵的鞠躬。面对奔涌如黄河、悠远如长江的江苏文脉,我们惟有以跋涉探索之心,怵惕敬畏之情,且行且进,循着爱因斯坦的"引力波",不断走近并播放来自江苏文脉深处的或澎湃,或激越,或温婉静穆的天籁之音。

我们一直在努力;

我们将一直努力!

目　录

绪　论

　　郑板桥是我国清代著名的书画家、诗人,扬州画派的代表人物。他拥有多方面的文学艺术成就,同时又是深受百姓赞誉的好官。作为一名廉吏,他的为官思想、民本情怀一直为后人所称道。郑板桥是"扬州八怪"重要代表人物,他的怪是对传统的反叛,表现在政治思想、艺术成就等各个方面,包括对劳动人民的同情和对个性解放的强烈要求。"时势造英雄",郑板桥这样的文学艺术大家,是在清初政治、经济、思想、文化的新局面新景观中,以及扬州府兴化肥沃的土壤中孕育培养出来的。

　　郑板桥的成长背景可从两个方面考察:一是清初的政治经济文化新景观;二是扬州府兴化的深厚人文积淀。

　　郑板桥出生于清朝康熙三十二年(1693 年),去世于乾隆三十年(1765 年),这个时期是清王朝最兴旺的时期,人称"康乾盛世"。他有诗称"我朝开国于今烈,文武成康四圣人"[①],这是将清朝顺治、康熙、雍正、乾隆比作周朝开国的四位贤君"文、武、成、康",很是歌功颂德,不过,清初四朝四帝在文治武烈方面也确实卓有建树。

　　明朝后期,整个统治阶层腐朽不堪,君暗臣昏,社会风气淫靡奢逸,而朝廷对老百姓特别是对农民却严酷剥削,老百姓终日在死亡线上挣扎,最终官逼民反,"盗贼"蜂起。到崇祯年间,明王朝岌岌可危,大厦将倾,李自成、张献忠的造反大军呈燎原之势,"闯"字大旗一经指向京师,朱明王朝就雪崩般倒塌了。崇祯十七年(1644 年),崇祯皇帝朱由检在

---

① 郑燮:《将之范县拜辞紫琼崖主人》,本社编:《郑板桥集》,上海古籍出版社 1979 年版,第 75 页。

煤山用一条绳索结束了生命。清军乘乱而入,在吴三桂等人的帮助下,迅速打败李自成军,进入北京,取朱明而代之,确认了清王朝对中国两百多年的统治。

顺治元年(1644 年)五月一日,顺治将首都从盛京迁到北京,随后挥兵南下,逐渐统一全国并不断巩固统治。从顺治到康熙、雍正、乾隆,几代帝王采取了多项举措以强化文治武烈,其重大措施有几个方面:

一是收买人心。清朝统治者知道明朝上层人士包括军政大臣、各级地方官吏是可以收买的,这些人害怕的不是清军,而是农民起义军,于是清朝统治者就扮演起明朝统治者卫道士的角色。他们为崇祯帝发丧,并宣布替忠于明朝的臣民"报君父之仇",追剿逼死崇祯的"流寇"。在追击农民军的同时清廷又优抚明朝降臣降将,让他们担任各种军政要职,并宣称"倡先投顺者"给以高官显爵,保证他们的身家性命和荣华富贵,对战争中俘获的明朝大员,也千方百计劝降。一进北京站稳脚跟,清廷就宣布废除明朝的苛政,"三饷"①加派一律取消。这样亡明的官僚以及在野的中小地主都有实惠可得,于是纷纷迎降清军。

二是下达薙发令。在实施"优惠"政策的同时,清朝统治者要让明朝官民知道"新主"来了,要按照"新主"的模式生活,于是下了薙发令,即所谓"留头不留发,留发不留头"。薙发,本质上是摧残汉族人的民族自尊心,此举激起汉族人的极大反感,不少地方奋起反抗。有的降而复叛,却遭到清军的残酷镇压。"扬州十日""嘉定三屠"等惨剧陆续上演,江阴以阎应元为首的"头可断,发不可薙"的誓言尤为壮烈,在 24 万大军压城的情况下苦战 81 天,让清军付出了惨重代价。这些反抗虽被镇压下去,但都是压服而不是心服。

三是强令圈地。清廷为了犒赏将士,提高战斗力,又下令圈地,将大量民田分给有功将士和八旗的头面人物②,前后共占耕地十六

① "三饷"为辽饷、剿饷、练饷,是明万历到崇祯年间的田赋增额。参阅赵翼编纂《廿二史札记校正》卷三十六《明末辽饷剿饷练饷》,中华书局 1984 年版。

② 八旗制度由清太祖努尔哈赤于明万历二十九年(1601 年)创立。参阅鄂尔泰等纂修《八旗通志初集钦定八旗通志》,国家图书馆出版社 2013 年版。

万七百九十四顷。未逃走的农民沦为圈者的"庄客",备受欺凌、奴役、剥削。

这些措施,不管是招降、伏民还是赏兵,多属于改朝换代时配合"武烈"的措施,无论如何,鼎革之际的战乱兵燹、人心震荡以及由此而来的社会创痕是无法回避的。战乱中,北方极目荒凉,百姓逃亡,万户萧疏,山东每户只存一二人,田十亩只种一二亩。南方苏、浙、湖广一带"城无完堞、市遍蓬蒿"①。以四川而言,明万历年间有地 13 万余顷,到清顺治时只剩一万多顷,荒芜十分之九。清政府为了防止人民与郑成功联系,强迫山东、江苏、浙江、福建、广东等省沿海居住的人民内迁,又造成大量的民亡地荒。

不过,对于任何统治者而言,夺取政权之后恢复社会运行、重振经济发展是他们的首要任务,清廷发现了圈地政策的流弊,及时作了调整。康熙八年(1669 年),朝廷下诏停止圈地,二十四年(1685 年),又正式规定"自后永不许圈"②。此外,清廷不断推出新政,招抚流亡,鼓励人口繁衍,奖励开荒,并保证"圣世滋丁,永不加赋"③。雍正年间,朝廷改良明朝的"一条鞭法",采取"地丁合一""摊丁入亩"的措施,减轻农民负担。这样,全国人口数量与耕地面积逐渐上升。清廷特派官员治淮治黄、疏浚河塘、兴修水利,并推广经济作物,桑、茶、棉花、甘蔗、烟叶等得到普遍种植。在这些措施的鼓励下,全国手工业和商业获得迅速发展,磨坊、油坊、机坊、纸坊、酱坊、糖坊、棉花坊,以及木、铁、铜、漆等作坊遍布各大小城市和市镇。各地还出现了很多特产工艺品,北京的景泰蓝、牙雕、绢花,南京的刻印,苏州的刺绣、木器,杭州的折扇、剪刀,广东的漆器,福建的茶,安徽的纸墨,江西的瓷器,四川的锦缎,云南的大理石,新疆的玉石,贵阳的皮制品等等,风行全国,享誉海外。

工商业的迅速发展,创造了清王朝前所未有的繁荣局面,到乾隆中期达于鼎盛,故有"康乾盛世"之说。乾隆时,清朝北至恰克图,南至海南岛、团沙群岛,西至葱岭,东至外兴安岭、库页岛,疆域广阔,国势强

① 中央研究院历史语言研究所编:《明清史料丙编》,北京图书馆出版社 2008 年版,第 819、901 页。
② 参阅李鸿章修,黄彭年编纂:《畿辅通志》卷一《诏谕》,河北大学出版社 2017 年版。
③《清圣祖实录》卷二四九。参阅《清实录》,中华书局 2008 年影印本。

绪论

003

盛,成了东方最强的帝国。

社会的稳定,经济的繁荣,为康乾时代思想文化的发展奠定了坚实的基础。但由于清王朝政权的独特性,这种基础带着某种畸形的色彩。

对于一个以少数民族的身份入主中原的政权而言,满汉之间的民族关系是清廷考虑的头等大事。他们格外介意占全国人口绝大多数的汉族人是否能在思想上接受他们的统治,政权的"合法性"问题是他们心中始终无法消除的心病。于是在思想文化的"文治"方面,他们采取了趋于两极的策略。

一方面,清廷大兴"文字狱",以政治高压和思想钳制扑灭朝廷以为的反抗意志和精神异端,以杀一儆百的残酷手段消除汉族士子的"反骨"。康、雍、乾三朝前后见于记载的"文字狱"案就有七八十起,仅列入《中国历史大事年表》的就有:

康熙二年(1663年)五月庄廷鑨明史案;

康熙六年(1667年)三月沈天甫等诗狱;

康熙三十八年(1699年)十一月顺天考官受贿案;

康熙五十年(1711年)十月严查江南科场狱、《南山集》(戴名世)狱;

雍正三年(1725年)十二月,王景祺诗狱;

雍正四年(1726年)九月查嗣庭狱;

雍正七年(1729年)五月吕留良案;六月谢济世案;七月陆生楠案;九月颁《大义觉迷录》;

雍正八年(1730年)十月徐骏诗狱;

雍正十三年(1735年)十二月杀曾静(按指系乾隆继位事)等;

乾隆二十年(1755年)三月胡中藻诗狱;

乾隆二十二年(1757年)彭家屏、段昌绪狱等。

这些罪案案情之离奇,惩办之重,牵连之广,均骇人听闻。明史案,是浙江富户庄廷鑨刊刻了朱国桢编写的明史,增添了明天启、崇祯事,有冒犯当朝文句,被告发。案结时,庄廷鑨虽然已死,但仍被开棺戮尸。

为其作序、刻印、校阅、售书、藏书者被杀72人，流放边远地区者达数百人。① 查嗣庭是礼部侍郎，出任江西考官，出题有"维民所止"四字，清政府认为是有意显示去掉"雍正"二字之头，逮其入狱究罪。查嗣庭在狱中病死，仍被戮尸。

雍正帝搞文字狱不仅以杀戮为能事，还亲自执笔著文、著书驳斥"罪犯"言论，以加强思想文化控制。陆生柟在《封建论》中倡议恢复三代的"封建"，反对清朝的专制统治，雍正帝则作《驳封建论》来驳斥陆生柟的《封建论》。他又著《大义觉迷录》颁行天下，宣传拥清的正统观念，极力批判吕留良的华夷有别论等，要以"大义"来"觉迷"天下士民。由此可见当时文字狱之酷烈，思想控制之严厉。在这样的时代风气中，知识分子自觉地"向书本讨生活"，考据风大盛，就是很自然的变化了。

在这样的背景下，士人的处境变得非常尴尬。他们虽然可以学识宏富、自矜自高，在民众中"鹤立鸡群"，可是对统治者来说，哪怕最高级的知识分子，也不过是养在床前的鹤，可以吃饱，但只能规规矩矩，不能抬头，更不可能一飞冲天。

另一方面，清王朝也着力于发展有利于统治的文化事业。一是笼络民心，如以替汉明子民报君父之仇的名义为崇祯发丧，打下山东后下令保护孔子故里等；二是笼络士人，如恢复科举、开博学鸿词科以网罗人才；三是操办大型文化工程性项目以羁縻士人，如修《明史》，编纂各种大型类书、文化典籍，等等。

康熙、雍正年间，朝廷组织了大批学者编辑了卷帙浩繁的《古今图书集成》。该书共分为历象、方舆、明伦、博物、理学、经济六编，每编又分门别类，搜罗宏富，总计达一万卷，是明朝《永乐大典》后的第一部大类书。乾隆年间，清廷又选派纪昀等著名学者160余人，费时十年编纂了《四库全书》。该书分经、史、子、集四类，收书3 457种，79 070部，是我国自古至清代最大的一部丛书。其中，有朝廷的内府藏本，有私人藏书家的献本，有从明代《永乐大典》中辑出，来源不一，且存在许多挖改删削，但总体上保存了许多珍贵的文献。《四库全书》共抄录七部，分装

---

① 参阅《庄氏史案本末》，上海古籍出版社1983年影印本。

成三万六千余册，分别藏于北京、热河、沈阳、扬州、镇江、杭州六地，是士子学人研究学术的重要参考典籍。

在这样的文化环境中，一些由明入清不甘作新朝顺民的饱学之士，将胸中郁结移注于学术和历史研究，形成一种研究当代历史的风气。以黄宗羲、万斯同、全祖望等人为代表的浙东学派，专门研究明史，特别是明末历史。万斯同（1643—1702年），字季野，浙江鄞县（治今宁波）人，其所主编的《明史稿》成为官修明史的底本；全祖望（1705—1755年）的《鲒埼亭集》和黄宗羲（1610—1695年）的《南雷集》，虽是两部文集，但其中所写大多是抗清史事，温睿临还编辑了一部专记南明史事的《南疆绎史》。这些以史实寓观点的历史著作，对当时学者影响很大。当然，也有不少史学家在清廷的笼络下参与编修前朝史书。由此，清代不仅有官修史著，私家史学著作之丰富更超越历朝历代。

与此同时，历史学研究也形成了注重考据的新特点，对以往史学著作中的文字舛错和名物典章谬误进行仔细的考订整理，从而推动了学术研究的精密和学术理性的生长。众多一流学者的加入和毕其一生的考索，形成了成就巨大、影响深远的"乾嘉学派"。

史学而外，文学领域也成就卓著。曹雪芹的《红楼梦》、吴敬梓的《儒林外史》、蒲松龄的《聊斋志异》，洪昇的《长生殿》、孔尚任的《桃花扇》等都风靡全国，代表着小说、戏剧创作的新高度。清初的诗文成就也值得称道。清代诗词吸取唐宋之长而形成自己的特色，王渔洋、朱竹垞、纳兰性德等人的作品都使唐宋诗词不得专美，其中纳兰性德更是独树一帜，成为满人中卓越的汉学家、文学家、经学家。他多才仗义，为士林推崇，被誉为"重光李煜后身"。在"桐城三子"的率领下，桐城派致力于古文振兴，形成一个声势颇大的古文流派，虽然屡遭诟病，但优秀之作也不让唐宋八大家。

在艺术领域，绘画方面成就突出。"清初四王"王时敏、王鑑、王原祁、王翚，或加上吴历、恽寿平合称"清六家"，继承元明画风，以师前人为圭臬，形成清初"正统派"。而由明入清的石涛、八大山人以及他们的一批崇奉追随者，包括以金农、郑燮为中坚的"扬州八怪"等，多继承明代徐渭画风，善于在泼墨写意中抒情述志，山水人物花卉不脱离优秀传统又不专守古人成法,各辟新径,开拓了清代近三百年绘画史的新局面。

清初的文化成就还体现在科技、医学、天文历算、地图测绘、建筑园林等多个领域,从而在整体上将中国传统社会的文化推向了高峰。这些成就的获得,虽然与历代尤其是明代厚重的积淀分不开,但与清初的社会安定、经济发达、人才涌现有直接关联。

总之,清初的康乾时代是一个需要巨人也产生了巨人的时代,却也是一个扭曲巨人的时代。郑板桥无论幸或者不幸,就生活在这个时代。

郑板桥生养死葬的地方是兴化,其长期寓居、谋生、扬名的地方是扬州城。相对全国而言,江苏是培育郑板桥承前启后、卓然特立的沃土。

扬州是文化名城,自古享有盛誉。由于它地理形势优越,水陆交通发达,历来是地方官府的政治、经济、文化中心。虽历经兵火,但三落三起,久盛不衰。隋唐以前的盛况,鲍照在他的《芜城赋》中记载道:

> 当昔全盛之时,车挂轊,人驾肩、廛闬扑地,歌吹沸天。孳货盐田,铲利铜山。才力雄富,士马精妍。……格高五岳,袤广三坟……出入三代,五百余载,竟瓜剖而豆分。泽葵依井,荒葛罥涂。……通池既已夷,峻隅又以颓。直视千里外,唯见起黄埃。凝思寂听,心伤已摧。

"芜城"就是今日的扬州,其时称"广陵"。赋中未谈及当时城市人口多少,但从此次"浩劫"中可知大概。广陵变"芜城"的缘故是,刘宋大明三年(457 年),刘诞据广陵叛反,沈庆之讨平,城破,杀男子三千多人,俘妇女"为军赏",可以想见广陵应该是万人大城。这个繁华名城被夷为荒原后,不久又繁盛起来,到了隋唐五代,更成为文人学士向往的第一名城。宋朝洪迈在《容斋随笔》中有一段记载,很有代表性:

> 唐世盐铁转运使在扬州,尽斡利权,判官多至数十人,商贾如织,故谚称"扬一益二",谓天下之盛,扬为一而蜀次之也。杜牧之有"春风十里""珠帘"之句,张祜诗云:"十里长街市井连,月明桥上看神仙。人生只合扬州死,禅智山光好墓田。"王建诗云:"夜市千

灯照碧云,高楼红袖客纷纷。如今不似时平日,犹自笙歌彻晓闻。"徐凝诗云:"天下三分明月夜,二分无赖是扬州。"其盛可知矣。自毕师铎、孙儒之乱,荡为丘墟。杨行密复葺之,稍成壮藩,又毁于显德。本朝承平百七十年,尚不能及唐之什,今日真可酸鼻也!①

连大自然的月亮也钟情扬州,偏爱扬州。文人不仅希望一辈子生活在扬州,老死以后也要葬在扬州,相传吴敬梓弥留时就吟咏"人生只合扬州死"而气绝,可见扬州的魅力。然而扬州却也随封建王朝的更替而盛衰,隋唐时的美好繁华,随昏懦的宋朝被金兵的铁蹄又一次践踏成"芜城"。南宋大词人姜夔在宋孝宗淳熙三年(1176 年)冬至日到扬州时写下比洪迈更为"酸鼻"的《扬州慢》,其小序说:"淳熙丙申至日,予过维扬。夜雪初霁,荠麦弥望。入其城则四顾萧条,寒水自碧,暮色渐起,戍角悲吟。予怀怆然,感慨今昔……有黍离之悲也。"词更悲凉:

> 淮左名都,竹西佳处,解鞍少驻初程。过春风十里,尽荠麦青青。自胡马窥江去后,废池乔木,犹厌言兵。渐黄昏,清角吹寒,都在空城。　　杜郎俊赏,算而今,重到须惊。纵豆蔻词工,青楼梦好,难赋深情。二十四桥仍在,波心荡、冷月无声。念桥边红药,年年知为谁生。②

到了元明时代,扬州又恢复了生机,时人最大的愿望是"腰缠十万贯,骑鹤上扬州"。扬州的盛况,也在其时被不少诗人词家咏及。可是无论诗人词家如何咏叹向往,都想象不到清兵的"扬州十日"对扬州的大破坏。清初,为扫荡南明王朝的残余势力,清军对镇守扬州的柱石史可法多次劝降不果,强攻破城以后,纵兵烧杀抢掠,扬州又成了一片废墟。江都王秀楚的《扬州十日记》记下了清兵在扬州城破后屠城,于"四月二十五至五月五日止,共十日"的罪恶:

> 查焚尸簿载其数,前后约记八十万余,其落井投河,闭门自焚,及深入自缢者不与焉。……初四日,天始霁,道路积尸既经积雨暴

---

① 洪迈:《容斋随笔》,南京大学出版社 1996 年版,第 137 页。
② 姜夔:《扬州慢》,唐圭璋编:《全宋词》卷一九三,商务印书馆 1930 年版,第 1 页。

涨,而青皮如蒙鼓,血肉内溃。秽臭逼人,复经日炙,其气愈甚,前后左右,处处焚灼,室中氤氲,结成如雾,腥闻百里。……忆予初被难时,兄弟嫂侄妇子亲共八人,今仅存三人,其内弟外姨又不复论。①

王秀楚亲身经历了这次大劫难,《扬州十日记》中记录了清兵烧杀抢掠、奸淫妇女等罪恶,全城仅官方焚尸就"八十余万",王氏一家八口只存三人,可见浩劫惨绝人寰。从顺治二年(1645年)四月屠城之后到郑板桥出生的康熙三十二年(1693年),经过数十年休整,战争的创伤才渐渐被掩入历史深处,扬州又奇迹般地恢复了繁华,大运河千帆竞发棹声悠长,长江中官私船舶鳞次栉比,瓜州古渡朝晖夕照,各色人物川流不止。这时的扬州,既是朝廷监视南方的前哨,又是漕运盐运的中心,富可敌国的商人尤其是盐商纷纷在此求田问舍、安居享乐。盐商对衣食住行、声色犬马的考究挥霍,也带动了城市商业服务业的发展。建筑、饮食、服饰、车马,各行各业的能工巧匠无不精益求精,舞榭歌台盛于当年"春风十里扬州路",并且变成一种民风时尚,昔日"车挂轊,人驾肩。廛闬扑地,歌吹拂天""才力雄富,士马精妍"的繁荣景象得到再现。郑板桥曾写有"千家养女先教曲,十里栽花算种田"之诗,可见被誉为人间天堂的苏州、杭州也不能与扬州比肩。乾隆帝六次南巡,往返十二次均以扬州为驻驾之所。官僚、盐商在尽情追求物质享受时也附庸风雅,不惜以重金购买文人字画,大批文人画师于是蜂拥而至。有幸的是,掌管扬州经济的官员中时有文化素质较高者,他们"怜才颇重文",不仅拨出款项兴修各种文化设施,举办各种文人雅集,也善于利用自己的地位,为文人们以文会友、以艺会友创造条件。于是,扬州不仅成为中国沿海的政治经济中心,也成为文化艺术中心,古老的扬州城洋溢着活泼生动的文化气象与艺术氛围。

比起扬州,生养郑板桥的兴化又是另一种景象。兴化是一座古老、安定、文化积累深厚的小城,古称昭阳、楚阳、阳山,隶属扬州府。战国时兴化还是黄海边的一片海滩,后为楚怀王时上柱国昭阳食邑。隋大

① 王秀楚:《扬州十日记》,留云居士辑:《明季稗史初编》,上海书店1988年版,第476页。

运河开通后,建昭阳镇,属扬州府海陵县。五代十国杨吴政权将昭阳镇改建为兴化县,"兴化"即"振兴教化"之意。因其地处偏僻,四面环水,湖面宽达数十里,既非兵家必争,又非用武之地,战乱极少,相传只有宋朝梁山泊好汉在此聚集,岳飞义军张荣部亦曾转战到此打败金兵。元末张士诚曾起兵兴化、草堰、戴窑、安丰,不过后来他打向苏州,在那里割据称王。这些战争因规模小,未对兴化造成大的破坏,所以兴化可算是世外桃源、和平之城。

兴化也是一个鱼米之乡。郑板桥家所在的城东南角古板桥,其宅背靠城垣,门临城河,小桥流水,有一片竹园,绿竹猗猗,境安景美,四季宜人。郑板桥有诗词描绘兴化的风光:

鹤儿湾畔藕花香,龙舌津边粳稻黄。

小艇雾中看日出,青钱柳下买鱼尝。①

吾家家在烟波里,绕秋城藕花芦叶,渺然无际。……②

兴化县城虽小,但出了不少政治家和文化名人。如宋代兴化第一个进士时梦琪、明初礼部尚书陆蓉、"五朝元老"宰相高谷、状元宰相李春芳、中原才子宗臣、东海贤人韩贞、左都御史李楠等。明代初年,兴化在城中建有一座"四牌坊",用以纪念有宋以来的兴化四位名人,后来地方名人即在此挂匾,到郑板桥时已悬挂了 30 多块匾额。兴化出的宰辅、尚书、侍郎、御史等有数十个,还有大文学家宗臣、星象学家陆西星、法学家解学龙等,可谓人文荟萃,代有英才。

从新编《兴化市志》中的《兴化人部分著作目录》和《兴化历代进士名录》可知,著作家,在郑板桥之前有 59 人,著作 161 部,标明诗文集的有 54 部;进士,在郑板桥之前有 74 人,之后有 13 人,另有武进士 5 人,与郑板桥年龄相近的文人学士也不乏其人。兴化文化之深厚,郑板桥生活的文化土壤之肥沃是不言而喻的。

综上所述,从时代大环境和郑板桥生活的小环境来看,社会迎接郑

---

① 郑燮:《送职方员外孙丈归田》,本社编:《郑板桥集》上海古籍出版社 1979 年版,第 37 页。
② 郑燮:《贺新郎·食瓜》,本社编:《郑板桥集》上海古籍出版社 1979 年版,第 126 页。

板桥的到来,既有有利方面也有不利方面。有利方面:一是统治者励精图治,需要大量的各类人才;二是国家统一、社会安定、经济发展快速,市民消费旺盛;三是文化名人涌现,文化成果丰富,艺术创造蔚然成风。不利方面:一是江北小县,农耕落后,贫瘠闭塞;二是统治者推行的专制思想和苛刻政策导致各种矛盾此起彼伏,满汉、贫富、廉贪、商农之间的争斗时隐时现,因循守旧、顺时安命等传统思想势力强大;三是现实状况和传统习惯使读书人既感到动辄得咎,又常对别人的求新求变不以为然,在有意无意中否定伤害创新,摧残创新者。

　　总之,这是一个能够提供机遇却也暗伏危机的"盛世",正如《红楼梦》所描述的,这是烈火烹油、鲜花着锦之时,又隐伏着忽喇喇大厦将倾之危机。这样的时代为郑板桥的成功提供了许多机遇,也设置了种种磨难。

第一章　家世和苦学

第一节　书香门第　贫寒童年

郑板桥在《板桥自叙》中叙述家世称："兴化有三郑氏,其一为'铁郑',其一为'糖郑',其一为'板桥郑'"。[①] 他自认是"板桥郑"的后裔,又自述有两位远祖,一位是"书带草堂"主,一位是"风流家世元和老"。"书带草堂"主说的是东汉时期大名鼎鼎的《诗经》专家,名儒郑玄(康成)[②]。郑板桥在作品中几次提到郑氏远祖"风流家世元和老"。其实,他所说的这位由贫贱变富贵的郑氏祖先,只是沿用了唐白行简《李娃传》和明薛近兖《绣襦记》的故事。故事讲述了荥阳人郑元和才高命蹇,流落长安,唱莲花落乞食于市,妓女李亚仙拯救他于困顿之中,后来郑元和做了大官,李亚仙亦封国夫人。此虽是离奇韵事、小说家言,但郑元和则可能确有其人。只是这两位远祖过于遥远,并没有证据表明与郑板桥家族有关,因此郑板桥的说法难免有攀附之嫌。

稍微确切一点的说法是:元末张士诚起义于白驹,首攻兴化戴窑,后来在苏州称王,坚持与朱元璋为敌。朱元璋费了许多财力,许多将士阵亡,才将久围的苏州攻下来。城破时,城内百姓不愿投降,因此朱元

---

① 郑燮:《板桥自叙》,本社编:《郑板桥集》,上海古籍出版社1979年版,第176页。
② 《后汉书·郡国志四》注引《三齐记》:"郑玄教授不其山,山下生草大如薤,叶长一尺余,坚刃异常,土人名曰康成书带。"后人将这草称为"康成书带草"。相传郑玄在不其山授徒时用它来扎书。兴化"板桥郑"氏祠堂也名曰"书带草堂"。参阅范晔撰:《后汉书》,中华书局2000年版。

璋衔恨于兴化、苏州百姓，蓄意移民。洪武年间，他将兴化居民迁到天津良乡，只留顾、陆、时、陈四姓，又将苏州居民迁到兴化，希望造反的种子"迁地为良"。至今，兴化许多居民家谱乃至祖先牌位上都写着"苏迁××世"。这些"苏迁"人中有郑重一，他就是郑板桥的"苏迁始祖"。按谱系，郑板桥是郑重一的第十四代孙。

郑重一的子孙在兴化繁衍开来，并在东门外发财巷北、龙珠庵西、万寿宫侧建起了"昭阳书带草堂郑氏宗祠"。祠堂砖木结构，非同一般，可见当时郑姓已经比较发达，以郑玄为远祖，用"书带草堂"为祠名，用以表示家族文化深厚，源远流长。

郑重一子孙繁衍分为几支，有的仍住北城内，有的住在东城外，有的住在乡下。城内的多为平民及下层士人；乡下的多在得胜湖以东的竹泓港，以农耕捕鱼为生；东城外的一支介于城乡之间，属于经济拮据的城市平民，郑板桥曾在家信中提及这支家族，称："可怜我东门人，取鱼捞虾，撑船结网；破屋中吃秕糠，啜麦粥……"①

据《昭阳书带草堂郑氏族谱》，郑板桥的曾、祖、父三代世系为：郑重一的第十一世长门孙，名新万，字长卿，明末秀才。郑新万长子湜，字清之，曾在县学做过小官。郑湜有二子，长子名之本，字立庵，号梦阳，康熙十二年（1673年）出生，次子名之标，字省庵，康熙十四年出生。在郑湜生活的年代，郑家有祖产田约80亩，又典种了别家一些田。据王锡荣研究，当时兴化全县耕地19 715顷，丁口32 998，郑家田产在人均数以下，收入只能勉强维持家庭生活和孩子读书②。

郑立庵娶兴化汪翊文之女为妻，汪翊文为兴化名士，饱读诗书，隐居不仕。他独生一女，见立庵诚笃好学，便不嫌立庵家贫，嫁女与之，并且时常指导立庵学业。汪氏嫁到郑家后，遭连年水荒，生活更加艰难。汪氏怀孕时，立庵的祖母陈太夫人还健在，她亟盼见到重孙，以圆"四世同堂"之大喜。可是这位陈太夫人在汪氏生产前去世，最终没能见到自己的重孙，却连累汪氏不能在家生产。因为当时兴化的风俗是，如果家

---

① 郑燮：《范县署中寄舍弟墨》，本社编：《郑板桥集》，上海古籍出版社1979年版，第8页。

② 参阅王锡荣：《郑板桥集详注》，吉林文史出版社1986年版。

遭热丧,产妇在家生产,血光就会冲击亡灵。可是,接纳妇女生产的别人家,也因此要晦气好几辈子。立庵的母亲只好听从侍婢费氏的建议,让汪氏到下甸乡下的郑氏本家处"借生",费氏跟去服侍。

这样,在康熙三十二年十月二十五日子时(1693 年 11 月 23 日零时),下甸乡下,郑板桥来到这个世界。所以郑板桥后来当了县官,他捎钱回乡,总要吩咐弟弟郑墨分赠各本家,特为关照:"下甸一家,派虽远,亦是一脉,皆当有所分惠。"①

十月二十五日,是这一年的"小雪节",兴化民间说法又叫"雪婆婆生日"。虽是相传,但与雪婆婆同日生,郑板桥也认可并引以为豪。他刻有一方"雪婆婆同日生"的印章,为官时还常钤在书画上,不以为俗。

郑板桥的出生及童年轶事不仅留下了"雪婆婆同日生"一方印章,还有一枚看似俗怪的"麻丫头针线"闲文印。农耕时代,医学不发达,孩童夭折者众多。为保佑孩童顺利成长,父母便遵民间旧俗,以贱名好养活之故给娃娃取了个很土的乳名,而且故意搞错性别,当无常按勾魂簿的记载来勾魂索命的时候就会找不着人,于是郑板桥便有了乳名"麻丫头"。学者黄俶成说:"麻丫头先天不足,本来就很瘦弱,三四岁出了天花后脸上真的多了麻点,就更丑了。"②这就是说,黄俶成认为小板桥是先有"麻丫头"的乳名后真的成了麻子。但笔者认为,小板桥有"麻丫头"的乳名当在真的成了"麻子"以后才符合常理,或许起初叫"丫头",而在成为"麻子"之后改称"麻丫头"。无论如何,后来郑板桥特地为此刻印"麻丫头针线"以作纪念,"针线"者,女儿家之"活计"也。当然,他的大名叫燮,字"克柔",这是因为算命的说他五行缺"火",故长辈为他取内含两个"火"的"燮"字。"板桥"是他长大后自取的别号,不过因他常常自署此号,"郑板桥"反而成为他最响亮的名字。

郑板桥出生后不仅灾荒连年,而且三岁便失去了母亲,他的幼年与童年都生活在艰苦辛酸之中。在 30 岁的时候他回忆自己的童年时代,特地模仿杜甫《同谷七歌》写下充满悲怆的《七歌》,记载了当年"爨下荒

---

① 郑燮:《范县署中寄舍弟墨》,本社编:《郑板桥集》,上海古籍出版社 1979 年版,第 9 页。

② 黄俶成:《郑板桥小传》,百花文艺出版社 1993 年版,第 25 页。

凉告绝薪,门前剥啄来催债"的"逼侧"生活,和"登床索乳抱母卧,不知母殁还相呼"的幼年丧母之痛。

郑板桥丧母后,乳母费氏承担起一家主妇的责任,对小板桥以沫相濡、无微不至,小板桥亲昵地称她"费妈妈"。郑板桥在《七歌》中说"我生三岁我母无",而在《乳母诗·叙》中又说"四岁失母,育于费氏",两处说法不同,年龄相差一岁,其实前者为实龄,后者为虚岁。日子艰难,费妈妈每天背着小板桥去集市,用一文钱买一块烧饼给他,然后再去做事。而她自己却不在主人家吃,而是在外面随便吃点什么。凡是有好吃的东西,费妈妈总是先给小板桥,然后再考虑自己的孩子和丈夫。小板桥七岁的时候,兴化灾荒,日子实在熬不下去,迫不得已,费妈妈只好随丈夫离开郑家,回自家过活。离别前,她把板桥祖母的旧衣服洗净补好,挑满水缸,备足薪柴,悄然而去。小板桥早晨起床,到处找不到费妈妈,却在锅里看到费妈妈留给他的一碗饭,一碟菜,这让年幼的小板桥伤心不已,不肯吃饭。三年后,灾荒终于过去,费妈妈心中挂念小板桥,又回到郑家,而且这一来就再也没有走了。费妈妈的重新到来,无疑是小板桥心头的一股甘泉,一束阳光。特别是当板桥十二岁的时候,费妈妈的儿子当了官,要接她回去当老太太享福,而她却执意留在郑家,一直呵护小板桥成长。乾隆元年(1736年),郑板桥中了进士,喜报传到家中,76岁的费妈妈开心地说:"吾抚幼主成名,儿子作八品官,复何恨!"于是无疾而终。费妈妈倾注全副身心于郑家,服侍了郑家几代人,这种勤劳淳朴、先人后己的劳动人民美德如无声的雨露,滋润着郑家,滋润着郑板桥幼小的心灵,也在无形中培育着郑板桥的爱心和优秀品德。因此之故,郑板桥对这位乳母崇敬不已,若干年后还饱含深情地写下了《乳母诗》。在诗的"叙言"中郑板桥说:

> 燮四岁失母,育于费氏。时值岁饥,费自食于外,服劳于内。每晨起,负燮入市中,以一钱市一饼置燮手,然后治他事。间有鱼飧瓜果,必先食燮,然后夫妻子母可得食也。
>
> 数年,费益不支,其夫谋去。乳母不敢言,然常带泪痕。日取太孺人旧衣溅洗补缀,汲水盈缸满瓮,又买薪数十束积烛下,不数

日竟去矣。燮晨入其室，空空然，见破床败几纵横；视其灶犹温，有饭一盏、菜一盂藏釜内，即常所饲燮者也。燮痛哭，竟亦不能食矣。

后三年来归，侍太孺人，抚燮倍挚。又三十四年而卒，寿七十有六。方来归之明年，其子俊得操江提塘官，屡迎养之，卒不去，以太孺人及燮故。燮成进士，乃喜曰："吾抚幼主成名，儿子作八品官，复何恨！"遂以无疾终。

这是郑板桥诗作中最长的叙言，它历述乳母费氏忠心抚育自己、胜过亲生，以及患难不弃、舍己育人的高贵品质，语言浅近，感情真挚，如今已被收入中学教材。叙后是一首五律：

> 平生所负恩，不独一乳母。
> 长恨富贵迟，遂令惭恧久。
> 黄泉路迂阔，白发人老丑。
> 食禄千万钟，不如饼在手。

"平生所负恩，不独一乳母"，"食禄千万钟，不如饼在手"，毫无藻饰的语言，直白而深沉地袒露了郑板桥对乳母养育之恩的感激和发迹之后未能报答的愧疚，充溢着一种催人泪下的母子之情，直可与孟郊的《游子吟》相媲美。

给小板桥温暖的还有他的后母郝氏和叔叔省庵。这位后母贤惠善良，勤俭持家，视郑板桥如己出，真心呵护，弥补了小板桥的失母之痛。众所周知，后母是难做的，贫家的后母更难做，当好一位清贫读书人家的后母更难上加难。郑家这位后母做得很好，十年勤俭持家，使这位孤儿"不复忧饥寒"，当小板桥不懂事嫌饭少而"伏地啼呼"弄得满身污垢时，这位母亲不是打骂孩子，而是耐心替孩子洗脸洗衣，这种爱心和耐心，使郑板桥一回忆起就"心悲酸"而"涕泗泪阑干"。可惜她持家只有十年便因病去世，后来郑板桥特地在《七歌》中称颂这位后母"十载持家足辛苦，使我不复忧饥寒"。

由于家贫，父亲"依人墙壁度春秋"，常年在外教馆，比父亲小两岁的叔叔省庵成家较迟，所以郑板桥从小就与叔叔同吃同睡同玩耍，如同兄弟一般。一个细节可以看出叔侄俩的感情：小板桥不仅像杜甫在《茅屋为秋风所破歌》中写的那样"布衾多年冷似铁,娇儿恶卧踏里裂",还经常尿床。寒冬腊月,薄衣破被本已难耐,何况尿床,那种湿被冰冷的夜寒苦况是令人难以忍受的。可是叔叔从不责怪他,反而帮他将湿处焐干,为他"护短论长潜覆匿"。从"纵横溲溺漫不省,就湿移干叔夜醒"的诗句中,可以看出这种相依为命的关爱。

郑板桥到了该读书的时候了,正好父亲立庵先生在家中办私塾教蒙馆,小板桥也随班就读,接受启蒙。后来他在《板桥自叙》中追述:"父立庵先生,以文章品行为士先,教授生徒数百辈,皆成就。板桥幼随其父学,无他师也。"父亲外出坐馆的时候,启蒙的责任就落到外祖父身上。外祖父汪翊文是当地名士,奇才博学,隐居不仕。在独生女儿去世后,他便将全部心血倾注在女儿留下的骨血外孙身上,悉心指导小板桥诵读诗赋文词,所以《板桥自叙》中有"板桥文学性分,得外家气居多"①的指认。

因为家贫,郑板桥的幼年和童年生活是艰窘的,不过也有乐趣,其中最大的乐趣跟竹子有关。

费妈妈常常背着搀着小板桥到离家不远的"竹巷"玩耍。"竹巷"是兴化的古巷,相传宰相李春芳常到此地游玩。这里家家户户栽竹,并经营竹器,是兴化最大的竹器市场,这让小板桥自幼便开始领受竹子的清正之气和灵活奇幻的千姿百态。郑家虽小,堂前院中也都种了竹子,小板桥一年四季都置身于"凤尾森森、龙吟细细"的氛围之中。特别是冬日,费妈妈用旧围屏竹竿做成窗棂,糊上白纸,既明亮又防风聚暖。小板桥在窗下读书时,看阳光将竹影投射在窗纸上,正是一幅墨竹图。日光推移,风吹影动,这幅"墨竹图"又不时变幻出各种姿态。小板桥越看越有趣,时不时抓起毛笔在窗纸上将竹影勾勒下来,这样就真的成了墨竹图了。一幅图勾好了,比照比照,换一张窗纸再画,在这个过程中,小板桥便也感受到许多趣味。后来郑板桥对竹子情有独钟并以善画墨竹而享誉艺坛,其源头恐怕要追溯到这里。在这个意义上,费妈妈不仅是小板桥生活的守护神,也是他窥探艺术堂奥的启门人。

① 郑燮:《板桥自叙》,本社编:《郑板桥集》,上海古籍出版社 1979 年版,第 176 页。

第一章 家世和苦学

郑板桥后来回忆这段经历,写下了有名的一段话:

> 余家有茅屋三间,南面种竹。夏日新篁初放,绿荫照人,置一小榻其中,甚凉适也。秋冬之际,取围屏骨子,断去两头,横安以为窗棂,用匀薄洁白之纸糊之。风和日暖,冻蝇触窗纸上,冬冬作小鼓声。于时一片竹影零乱,岂非天然图画乎!凡吾画竹,无所师承,多得于纸窗粉壁日光月影中耳。①

郑板桥在十一二岁的时候,随父亲来到真州毛家桥。当时郑父正在那里教馆,把儿子带在身边,便于督促儿子读书。"真州"即今日仪征,在扬州南数十里,属扬州府管辖。毛家桥是真州的一个村庄,在县城东三十几里的长江边。对于这一段的生活和读书经历,郑板桥没有留下什么记载,倒是在题画中叙说了毛家桥特殊的景况:

> 余少时读书真州之毛家桥,日在竹中闲步。潮去则湿泥软沙,潮来则溶溶漾漾,水浅沙明,绿荫澄鲜可爱。时有鲦鱼数十头,自池中溢出,游戏于竹根短草之间,与余乐也。

真州毛家桥水竹连天的景象颇异于家乡兴化,给郑板桥留下了深刻的印象。在这里,他发现了他喜欢的"水竹"艺术的天然老师。后来,郑板桥又续写了题画:

> 未赋一诗,心常痒痒。今乃补之曰:风晴日午千林竹,野水穿林入林腹。绝无波浪自生纹,时有轻鲦戏相逐。日影天光暂一开,青枝碧叶还遮覆。老夫爱此饮一掬,心肺寒僵变成绿。展纸挥毫为巨幅,十丈长笺三斗墨。日短夜长继以烛,夜半如闻风声、竹声、水声秋肃肃。②

诗中之描述,正与童年时代的毛家桥生活相对应,可以说是郑板桥毛家桥之后画艺进入新境的总结和深化。

郑板桥的童年生活艰难竭蹶,伤心凄苦,但得到的关爱是深厚的,受到的文学艺术熏陶也是独特的。

---

① 郑燮:《竹》,本社编:《郑板桥集》,上海古籍出版社 1979 年版,第 154 页。
② 郑燮:《为马秋玉画扇》,本社编:《郑板桥集》,上海古籍出版社 1979 年版,第 158 页。

第二节　师从乡贤　诗书并举

郑板桥的父亲郑立庵成为廪生后,身份地位有了改变,经济状况也有所好转,可以不必再在外地"依人墙壁"了。他回兴化在家设馆,也把郑板桥带回了家乡。此时郑板桥已十四五岁了,父亲的蒙馆已经不适合他了。古人多奉行"易子而教",父亲便将郑板桥的教育事宜委托给了乡贤种园先生陆震。

《重修兴化县志卷八·人物志·文苑》记载:"陆震,字仲子,一字种园。廷抡子。少负才气,傲睨狂放,不为龊龊小谨。……震澹于名利,厌制艺,攻古文辞及行草书。……诗工截句,诗余妙绝等伦,郑燮从之学词焉。"①陆种园祖孙几代都上过兴化用于表彰乡邦杰出人物的四牌坊匾,可说是世代书香。祖先陆蓉是洪武、永乐年间的名臣,曾任礼部主事,诗书画被明成祖誉为"三绝"。叔祖陆西星,是一位非常有名的道士,相传《封神演义》即为其所作。父亲陆廷伦博学多才,崇尚民族气节,明亡后坚不仕清,居小楼三十年不下楼,以示"不踏大清国土"。跟从这位前辈乡贤读书,不仅可以学到知识学问,亦可于无形中受到先生爱国忧民、坚贞正直、洁身自好的精神品质的熏陶。

陆种园不仅是一位良师,也是一位学殖深厚的文人。他词学造诣非同一般,著有《陆仲子词稿》。其词婉约豪宕兼具,且多深意。郑板桥对这位道德文章惊世警俗的良师充满感情和敬意,不仅在《七歌》中大书"吾师"引以为豪,还在《词钞·自序》中提及"燮幼从之学词"的事,并在自己的《词钞》中将陆词"刊刻二首,以见一斑"②。两首词作一为《满江红·赠王正子》,记一位同好来访,从"吾辈无端寒至此,富儿何物肥如许"的愤然中,感慨世道不公的郁勃之气;另一首《贺新郎》更耐人寻味,题为《吊史阁部墓》:

① 刘熙载等:《重修兴化县志·人物志·文苑》,转引自卞孝萱编:《郑板桥全集》,齐鲁书社1985年版,第581—582页。
② 郑燮:《词钞·自序》,卞孝萱编:《郑板桥全集》,齐鲁书社1985年版,第134页。

孤冢狐穿蟀,对西风招魂剪纸,浇羹列鲊。野老为言当日事,战火连天相射,夜未半层城欲下。十万横磨刀似雪,尽孤臣一死他何怕,气堪作,长虹挂。 难禁恨泪如铅泻,人道是衣冠葬所,音容难画。敧仄路傍松与柏,日日行人系马,且一任樵苏尽打。只有残碑留汉字,细摩挲不识谁题者,一半是,荒苔藉。①

"十万横磨刀似雪,尽孤臣一死他何怕。"如此慷慨悲歌,壮怀激烈,史可法英勇抗清、至死不降的浩然正气跃然纸上,陆震的愤激和对史可法的崇敬也溢于笔端。从郑燮录以示人的这"一斑",亦可知郑板桥对"吾师"种园先生情有独钟之所在。

陆种园此类佳作甚多,再如《北城晚眺,时康熙乙亥,兀鲁特入寇,调寄沁园春》:

十月荒乡,海气增寒,晚眺层楼。飞西风飒飒,千林木落,斜阳淡淡,万井烟浮。侧帽微吟,凭栏北望,顿起边关万里愁。长城下,怅笳声动地,兵气横秋。 中朝羽檄如流,早刻日移师出帝州。看前军夜渡,长河滚滚,燕山暮宿,铁骑赳赳。我拟从戎,伊吾之北,博个人间万户侯。缘何是,却名争蜗角,利觅蝇头?②

"康熙乙亥"即康熙三十四年(1695 年),那时陆震尚还是青年,板桥才三岁。"兀鲁特入寇"指边疆噶尔丹等少数民族"入寇"。作者想象边境烽火,战事动荡,于是心潮澎湃,也想投笔从戎,飞渡燕山,横跨黄河,靖边宁国,却并不是为个人争名夺利。词作苍凉雄劲而有弦外之音,如与《吊史阁部墓》参看,可悟其借题发挥、扫净胡尘之意。

因为师事种园先生,郑板桥结识了两位同窗好友:竹楼王国栋、桐峰顾于观。郑板桥曾在《七歌》中,以专门的笔墨记述乃师和两位同窗:

种园先生是吾师,竹楼桐峰文字奇,
十载乡园共游憩,壮心磊落无不为。

① 陆种园:《吊史阁部墓》,本社编:《郑板桥集》,上海古籍出版社 1979 年版,第 126 页。
② 陆种园:《北城晚眺,时康熙乙亥,兀鲁特入寇,调寄沁园春》,程千帆主编:《全清词·顺康卷》第 20 册,中华书局 2002 年版,第 11 565 页。

二子辞家弄笔墨,片语干人气先塞;

先生贫病老无儿,闭门僵卧桐阴北。

呜呼七歌兮浩纵横,青天万古终无情!①

　　这首歌并注有所歌之姓名:"种园先生陆震,竹楼王国栋,桐峰顾于观"。这三人在兴化都可说是佼佼者。

　　《重修兴化县志》记:"王国栋,字殿高,一字竹楼。乾隆六年副榜,工诗,尤善书。客居扬、通、润等州。每日求书者甚多。尝与黄慎、李鱓等往还酬唱。著《秋吟阁诗钞》。"②桐峰,即顾万峰,名于观,或字桐峰、锡耕。刘熙载等编《重修兴化县志卷八·文苑》及《扬州画舫录》均载有其事迹。他工诗书,性嗜古,不屑攻举子业,有《澥陆诗钞》四卷。三人同窗的交游内容如今已不可考,但从县志的记载中,可见郑板桥的两位同窗皆品学兼优、德才俱备;从郑板桥"十载乡园共游憩,壮心磊落无不为"的诗句中,更可见三人"同气相求",过从甚密。

　　郑板桥二十三四岁时,顾于观要到济南郡守常建极处"入幕",郑板桥于是写下《贺新郎》二首以赠。第一首写自己壮志难酬,"掷帽悲歌起,叹当年父母生我,悬弧射矢。半世销沉儿女态,羁绊难逾乡里。健羡尔萧然揽辔"③,去幕高就,充满大丈夫应挣脱藩篱、闯荡江湖建功立业的豪迈之气。第二首更为激动:

　　　　独有难忘者,宁不见慈亲黑发,于今雪洒。检点装囊针线密,老泪潺潺而泻,知多少梦魂牵惹。不为深情酬国士,肯孤踪独骑天边跨?游子叹,关山夜。　　　颇闻东道兼骚雅,最羡是峰峦十万,青排脚下。此去唱酬官阁里,酒在冰壶共把,须勖以仁风遍野。如此清时宜树立,况鲁邹旧俗非难化,休沉溺,篇章也。④

　　写祖国山河壮阔,写时代呼唤人才,写主客文采风流,写同窗情谊深切,想象泪别慈亲以酬国士,孤踪独骑关山夜迟,期盼努力前行不负

① 郑燮:《七歌》,本社编:《郑板桥集》,上海古籍出版社1979年版,第32页。

② 刘熙载等《重修兴化县志·文苑》,转引自王同书:《郑板桥评传》南京大学出版社2002年版,第14页。

③ 郑燮:《贺新郎》,本社编:《郑板桥集》,上海古籍出版社1979年版,第122页。

④ 郑燮:《贺新郎》,本社编:《郑板桥集》,上海古籍出版社1979年版,第122页。

年华,虽不脱赠别的通常套路,却并无小儿女感伤矫揉,而是激楚苍凉,气魄宏大,情深词切,感人肺腑,词风颇得乃师韵味,非只是"少年游冶学秦柳"。这两首郑板桥写于青年时代的词,保留在他的《词钞》中,为后人观察郑板桥的早年生活提供了一些信息。

不过,除《七歌》而外,另一同窗王国栋在郑板桥的《板桥集》中却没有留下任何记载,颇不正常。而且,郑板桥去世不久出版的板桥《诗钞》"竹楼"后注的"王国栋"三字也被铲掉了。据此推测,这可能与王国栋卷入东台举人徐述夔的"一柱楼诗案"有关。这个"诗案"在柴萼《梵天庐丛录》卷十二有载:"徐述夔者,世居东台之枍茶场。幼负才名,隐以魁天下自命,后不售,满腹牢骚,有触即发,排满之言,于焉出矣,自号其堂曰维止,隐取雍正二字而去其首。师查嗣庭之故智也。建楼名一柱,绘紫牡丹悬其上,征人题咏,有'夺朱非正色,异种也称王'之句,夏日曝书,风吹翻之,叹曰:'清风不识字,何必乱翻书。'"①后为仇家举报,遂兴大狱。又《东华录》载乾隆四十三年十月上谕:"徐述夔所作逆词,若非刘墉据实陈奏,几至漏网,其诗有:'明朝期振翮,一举去清都'之句,显系借朝夕之朝,作朝代之朝,且不言到清都,而言'去清都'显有去本朝而兴明朝之意。实为罪大恶极,是以提犯来京,令廷臣集议",定徐述夔"以大逆不道之罪"②。上谕如此,案情之重大可以想见。城门失火,殃及池鱼,王国栋受株连遭重惩,《秋吟阁诗》《甲戌春吟》等著作被列为"全禁书目"③。《甲戌春吟》是乾隆十九年编的朋友唱酬集,这时郑板桥正是罢官回兴化的第二年,他可能也参与了《诗集》的校订。为了避免文字狱的残酷迫害,郑板桥后人或朋友将《板桥集》中"王国栋"字样及有关内容删去完全在情理之中。

郑板桥从父、从师、偕友求学时有一门必修的功课是学写字。在科举时代,要想登科中举立身扬名,乃至入馆糊口,都需要有一笔好字。因之老师教子弟,都要子弟在书法上狠下苦功,郑板桥在青少年时正是受到父师的严格训练。郑板桥学书法,从横平竖直、帖法、应试体学起。

---

① 参阅柴小梵:《梵天庐丛录》卷十二(中华书局影印本),故宫出版社 2013 年版。
② 陈登原:《国史旧闻》,中华书局 1980 年版,第 449—452 页。
③ 参阅姚觐元编、邓实增补:《清代禁毁书目》,商务印书馆 1957 年版。

楷书主要学钟繇、王羲之、赵孟頫、董其昌,特别是赵董"帖学",郑板桥写得精熟出色,被官修的《清史列传》称为"少工楷书"。此外,郑板桥也习过狂草,他的从孙郑銮在《跋郑燮临兰亭序》中写道:"公少习怀素,笔势奇妙,惜不多见。"受清代书风重"碑学"的影响,郑板桥也看重碑学,精研隶书,"字学汉魏,崔、蔡、钟繇,古碑断碣,刻意搜求"①。对篆书他也下过一番功夫,虽无整幅篆书存留,但他的书法作品中随时可见篆体的笔意,或一两笔,或一两字都令人精神一振、耳目一新,往往有"点石成金"之效。从这些地方可以看出,郑板桥于书法方面以楷、隶为基础而广涉名家,确实下过扎实功夫。

这时候,他的书法有三种:一种是楷书帖体、馆阁体,用于应试、呈官长,字体工整挺秀;一种是行用,用于亲友间书牍往还,字体自由潇洒;另一种就是萌芽时期的"板桥体"——"六分半书"。当然,在青少年时代,他的字还是以行楷为主。

"六分半书"是郑板桥对自己书法的一个戏称。他将汉隶与楷书结合,加上行草笔意,偶用篆体点缀,再参以兰竹笔意创造的一种前无古人的字体。因隶书古称"八分",而板桥的书法是以八分为基础进行改进变化的,比八分减了点儿,故戏称为"六分半书"。板桥体的成熟、为外人所知是后话,但打基础孕育都是在青少年时,因为他这时"学诗不成,去而学写"②。精熟各体后,他开始考虑写出有异于各体、能见出自己面目的字来,这才能"领异标新"。正是在"领异标新"观念的主导下,他才逐渐创造了"板桥体"。

郑板桥在《署中示舍弟墨》诗中又说自己"学写不成,去而学画"。从"学写不成"到"去而学画",可以看出郑板桥在青少年时代是书画并进的。学画是"师法自然",没有拜过老师,他的作画源于对周围耳濡目染之兰竹的喜欢,时不时加以勾画模仿,后来逐渐兴趣来了,就有意识地表现自然中的兰竹。由于中国古代书与画使用相同的笔墨材料,于是郑板桥书法的"板桥体"与绘画中的"板桥兰竹"交融并进,"闭门只是

① 郑燮:《署中示舍弟墨》,卞孝萱编:《郑板桥全集》,齐鲁书社 1985 年版,第 111 页。
② 郑燮:《署中示舍弟墨》,卞孝萱编:《郑板桥全集》,齐鲁书社 1985 年版,第 111 页。

画兰竹,留得春光过四时"。

就在郑板桥的兰竹画刚刚起步的时候,兴化大画家、名满天下的李鱓辞官回家乡了。李鱓(1686—1756年),字宗扬,号复堂,别号懊道人、磨墨人,是兴化明代状元宰相李春芳六世孙,康熙举人。他幼年即喜爱丹青,绘画师法黄公望、蒋廷锡、石涛等多家,曾被招为内廷供奉,因不愿受宫廷画风束缚而辞官。后来,他被乾隆帝用为山东临淄知县,又调任藤县知县,但终因性格潇洒不拘而被罢官。他"花卉翎毛虫鱼皆妙绝,尤工兰竹",画风明丽严谨,形神皆备,极受时人喜爱,称"求画必曰复堂"。他善用破笔泼墨作画,形成了"水墨融成奇趣"的独特画风,对晚清花鸟画影响很大。他返回家乡后以卖画为生,不仅求画者门庭若市,更有四方慕求者拜师学画。板桥对他极为崇敬,但从不以师视之,而以良友称之。他将自己所画兰竹与李鱓的画比较,感觉李鱓的画"笔精墨妙",而自己的画则是"家数小小"。好心的友朋提醒他不要与李大官人的画风相距太远,但郑板桥依然"我行我素"。想不到李鱓看了郑板桥所画的兰竹却很惊喜,不仅不批评他是"野狐禅",反而称赞他"是能自立门户者"。可见郑板桥当时年龄虽小,但书画技艺已经得到大师的赞赏,在同辈中脱颖而出,可以"日卖百钱,以代耕稼"了。不过,板桥的主业还是读圣贤书,孜孜以求的是"桂影功名",四书五经读得滚瓜烂熟,自述能一字不差地默写出来。

由于史料有限,我们无法用更多的细节去展开郑板桥少年、青年时代生活的内容,好在郑板桥自己有一段文字,对此有一个总体描述:

> 幼时殊无异人处,少长,虽长大,貌寝陋,人咸易之。又好大言,自负太过,漫骂无择。诸先辈皆侧目,戒勿与往来。然读书能自刻苦,自愤激,自竖立,不苟同俗,深自屈曲委蛇,由浅入深,由卑及高,由迩达远,以赴古人之奥区,以自畅其性情才力之所不尽。人咸谓板桥读书善记,不知非善记,乃善诵耳。板桥每读一书,必千百遍。舟中、马上、被底,或当食忘匕箸,或对客不听其语,并自忘其所语,皆记书默诵也。书有弗记者乎?
>
> 平生不治经学,爱读史书以及诗文词集,传奇说簿之类,靡不览就。有时说经,亦爱其斑驳陆离,五色炫烂。以文章之法论经,

非六经本根也。①

从这段文字中,我们对青少年时期的郑板桥得出两点印象:

第一,郑板桥并不是一目十行的天才,幼年跟常人没有区别。但开蒙以后,他读书刻苦发奋,在船上、马上、睡前都在读书,甚至吃饭忘记筷子汤匙,对客时听不见别人的说话;读书方式以反复诵读为主,必求烂熟于心。在诵读的过程中由浅入深、由近及远,深入领会古人意旨,却又不拘绳墨时有发挥,有自己的独立见解而且始终坚持,后来他把这种精神概括为"怒不同人",即发愤自雄、发愤独创的意思;读书兴趣不在十三经等儒家经典,而在史书和文学,对文学正统的诗古文辞和通俗的传奇小说均兴趣浓厚,广泛阅读。即使对于儒家经典,也常常看重其斑驳陆离、五色绚烂的文章之趣,而不在意其正统路径的字句注疏、义理阐发,颇为"旁门左道",但亦见不俗才气。

第二,郑板桥长相丑陋,性格倔强直率磊落洒脱,情感丰富激越爱憎分明,行事张扬随性不拘小节,好臧否人物肆言无忌,又自命不凡志存高远,不守谨敛克己、规规矩矩的本分,所以颇不受乡中前辈喜爱。前辈们深恐乡中子弟后生受他跳脱不羁、野性未驯脾性的影响而走歪了正途。这种个性,在古人所说的"狂狷"气质中更近于"狂"。或许,正由于家境贫寒、相貌丑陋和乡中前辈不喜等因素的综合作用,倒更加激发他发奋苦读并且坚持己见我行我素。

从这两点,或许我们可以做一些合理推测:尽管家境贫寒,生活艰苦,但郑板桥的童年基本处于自由生长的状态,他的本真天性没有遭受太多的戕伐,没有如龚自珍《病梅馆记》所刻画的病梅一样,被束缚成一个毫无个性、唯唯诺诺的拘谨小老头,而是具有自己的独立人格。这种元气淋漓也棱角分明的独立人格伴随了他一生,并在他的诗文和书画中得以充分体现。他的诗书画,誉之者称之为"三绝",毁之者称之为"野狐禅",尽管评价差异巨大,它们却恰恰从正反两面证实了他的鲜明个性。当然,这种飞扬的个性也为他日后的官场受挫埋下了伏笔。在更深的层面上,郑板桥读书的兴趣、个性的养成也深受江南文化的熏

---

① 郑燮:《板桥自叙》,本社编:《郑板桥集》,上海古籍出版社 1979 年版,第 176 页。

陶。清代兴化县隶属于扬州府,而扬州虽地处江北,却向来是江南文化的有机组成部分。在江南文化的氛围中,士人精神世界的追求表达有更丰富的向度,文化个性的伸展发扬有更广阔的空间,郑板桥生活的时代又适逢新王朝建立后的上升期,这种地域的时代的文化风尚为郑板桥的成长发展提供了比较充足的文化养分和多种可能性。

第三节　坐馆谋生　自学画艺

郑板桥于 23 岁时结婚,妻子徐氏是一位贤妻良母,对郑板桥体贴关怀,二人育有一子二女。郑板桥在《贫士》诗中借一位"贫士"表达了对妻子的感激之情:"归来对妻子,局促无仪威。谁知相慰藉,脱簪典旧衣。入厨燃破釜,烟光凝朝晖;盘中宿果饼,分饷诸儿饥。"[①]这首诗颇似唐元稹写妻子的《遣悲怀三首》诗:"谢公最小偏怜女,自嫁黔娄百事乖。顾我无衣搜荩箧,泥他沽酒拔金钗。"从诗中的旧衣、破釜、饥儿等语来看,婚后他们的生活仍然是相当贫寒的。不过,他的家庭生活还是有特殊的乐趣:"荆妻试砚磨新墨,弱女持笺索楷书",这就好比杜甫的"老妻画纸为棋局,稚子敲针作钓钩",另有书法家的一番特色。后来徐氏去世,郑板桥又续娶妻郭氏,收妾饶氏。不过,在上述这些女人之外,郑板桥还有一个青梅竹马的初恋情人王一姐。

后母郝氏是王一姐的姨母,郑板桥与王一姐是"庶姨内表",或称"中表姻亲"。郑板桥对后母感情深厚,小时候常随后母到郝家庄去,由此得识姨妹王一姐,二人青梅竹马,留下许多甜蜜的回忆。不幸的是,郝母抚育了板桥十年就去世了,后母一去世,郑板桥没了去郝家庄的机会,与王一姐也就失去了联系。不过,郑板桥是个情重的人,仍把王一姐藏于心中,有时则忍不住流于笔端。他有一首《贺新郎》,更直接写下"赠王一姐"。此是他唯一提到王一姐名字的一次,该是彼此都有家室之后。借回忆二人两小无猜的当年往事,郑板桥内心充满了温暖:

① 郑燮:《贫士》,本社编:《郑板桥集》,上海古籍出版社 1979 年版,第 62 页。

竹马相过日,还记汝云鬟覆颈,胭脂点额。阿母扶携翁负背,幻作儿郎妆饰,小则小寸心怜惜。放学归来犹未晚,向红楼存问春消息,问我索,画眉笔。　　廿年湖海长为客,都付与风吹梦杳,雨荒云隔。今日重逢深院里,一种温存犹昔,添多少周旋形迹!回首当年娇小态,但片言微忤容颜赤,只此意,最难得。①

上半阕写二十年前"竹马相过日"的儿时情事,下半阕写二十年后重逢"温存犹昔"的难忘之处,青春相爱,长大相离,白首重逢,深情不移,两相对照,更见"风吹梦杳,雨荒云隔",无限眷恋,无限惆怅。与《贺新郎·赠王一姐》关联密切的还有《踏莎行·无题》《酷相思·本意》,缠绵悱恻,感人肺腑,恐怕也是为她而作:

中表姻亲,诗文情愫,十年幼小娇相护。不须燕子引人行,画堂得到重重户。　　颠倒思量,朦胧劫数,藕丝不断莲心苦。分明一见怕销魂,却愁不到销魂处。②

盈盈十五人儿小,惯是将人恼。撩他花下去围棋,故意推他劲敌让他欺。　　而今春去花枝老,别馆斜阳早。还将旧态作娇痴,也要数番怜惜忆当时。③

当年青梅竹马、纯真美丽的初恋,二十年后仍然历历在目,郑板桥作品中独有的细节烘托出"颠倒思量,朦胧劫数,藕丝不断连心苦"的刻骨相思与终生追悔,令人触目惊心,中夜徘徊。当然,这些"无题"词也可能是写给另外人的,但确实排除不了这位"中表姻亲"王一姐的身影。

郑板桥二十五岁时,叔叔省庵生下儿子郑墨,妻子徐氏也先后为郑板桥生下一双儿女。家中人口骤然增多,负担加重,父亲又多病,郑板桥也只好步父亲后尘开始了自己的教馆生涯。

郑板桥的教馆先是设在兴化东乡的竹泓港,在得胜湖之东,管阮庄

---

① 郑燮:《贺新郎·赠王一姐》,本社编:《郑板桥集》,上海古籍出版社 1979 年版,第 123 页。
② 郑燮:《踏莎行·无题》,本社编:《郑板桥集》,上海古籍出版社 1979 年版,第 130 页。
③ 郑燮:《虞美人·无题》,本社编:《郑板桥集》,上海古籍出版社 1979 年版,第 132 页。

第一章　家世和苦学

之西,这里曾是"书带草堂"郑氏部分族人的聚居点。但郑板桥在这里坐馆的时间不长,可能是年少气盛为当地富户不喜,也可能是生源不足束脩微薄,一年后就结束了。郑板桥的新教馆设在仪征,但不在父亲当年的毛家桥,而是仪征镇上游击署前的江村,在当地富户张均阳自办的家塾中坐馆。塾师管吃住,年终有薪俸,生徒以东家子弟为主,加上一些亲属邻人子弟。在这里,如同在竹泓港一样,郑板桥深感寄人篱下的穷窘局促。有二诗可以参看:

> 飘蓬几载困青毡,忽忽村居又一年。
> 得句喜拈花叶写,看书倦当枕头眠。
> 萧骚易惹穷途恨,放荡深惭学俸钱。
> 欲买扁舟从钓叟,一竿春雨一蓑烟。①

> 教馆本来是下流,傍人门户度春秋。
> 半饥半饱清闲客,无锁无枷自在囚。
> 课少父兄嫌懒惰,功多子弟结冤仇。
> 而今幸得青云步,遮却当年一半羞。②

两首诗中,前者写于江村的可能性大,因为该诗列在《寄许生雪江三首》之后,许雪江是郑板桥的江村学生。另外诗中有"忽忽村居又一年"句,很明显是在这里不止一年了。而在竹泓港一年后就离开了,无从谈"又"字。后者是别人所作,郑板桥发迹之后抄录下来,借此表达自己的景况心情。但不管是自作的还是抄录的,都确乎能表达出郑板桥教馆时真实的生活状态和心理状态。比较起来,郑板桥在江村的时候还有点乐趣,原因大致有二:一是教到一两个如"许生雪江"那样的好学生,颇有成就感;二是景色秀美的江村足堪怡情悟道,有助于书学画艺的提升。离开江村以后,郑板桥曾赠诗三首给当年的学生许生:

---

① 郑燮:《村塾示诸徒》,本社编:《郑板桥集》,上海古籍出版社 1979 年版,第 34 页。
② 郑燮:《教馆诗》,本社编:《郑板桥集》,上海古籍出版社 1979 年版,第 198 页。

诗去将吾意，书来见尔情。

三年俄梦寐，数语若平生。

雨细窗明火，鸦栖柳暗城。

小楼良夜静，还忆读书声。

金紫人间事，缥缃我辈需。

闲吟聊免俗，极贱到为儒。

妙墨疑悬漏，雄才欲唾珠。

时时盼霄汉，待尔入云衢。

不舍江干趣，年来卧水村。

云揉山欲活，潮横雨如奔。

稻蟹乘秋熟，豚蹄佐酒浑。

野人欢笑罢，买棹会相存。①

在前二首诗中，郑板桥追忆教读岁月，对学生寄予厚望，更倾诉自己心头愤懑，直把许生当作知己友朋看待。第三首则描绘了一幅烟雨乡村的自然美景和田家之乐，记录了郑板桥在教书读书之外于艺术上的乐趣和收获。对此，郑板桥在《贺新郎·西村感旧》中还再次提及："最是江村读书处，流水板桥篱落，绕一带烟波杜若。密树连云藤盖瓦，穿绿阴折入闲亭阁，一静坐，思量着。"②像毛家桥一样，江村美妙的自然风景给郑板桥的书画以深刻的启示，他后来在《题画》中对江村所得作了概括：

江馆清秋，晨起看竹，烟光日影露气，皆浮动于疏枝密叶之间。胸中勃勃遂有画意。其实胸中之竹，并不是眼中之竹也。因而磨墨展纸，落笔倏作变相，手中之竹又不是胸中之竹也。总之，"意在笔先"者，定则也；"趣在法外"者，化机也。独画云乎哉！③

① 郑燮：《寄许生雪江三首》，本社编：《郑板桥集》，上海古籍出版社1979年版，第31页。
② 郑燮：《贺新郎·西村感旧》，本社编：《郑板桥集》，上海古籍出版社1979年版，第122页。
③ 郑燮：《题画》，本社编：《郑板桥集》，上海古籍出版社1979年版，第154页。

这个"眼中之竹""胸中之竹""手中之竹"的三大不同、两次飞跃,是他对绘画理论的重要贡献,而这一重要贡献,正是受惠于江村大自然。当然,过往江村的人无数,能否如郑板桥般从江村美景中悟出这些并提炼为理论,则看各人的"化机"和禀赋了。

康熙六十一年(1722年),郑板桥三十岁。

这一年,十一月康熙帝去世,板桥的父亲郑立庵病逝。在笔者看来,郑立庵病逝的时间可能在六月底到七月末之间。因为这一年郑板桥参加考秀才,二月县考,四月扬州府考,六月泰州院考,发榜时间在七八月之交。郑板桥的《七歌》一开始就说"郑生三十无一营",后来又说"今年父殁遗书卖",可见此时尚未有中秀才的消息。如果父亲在二月份前去世,因为要守孝,也不可能参加考试。如果父亲在发榜后去世,则不至于说"无一营""皆不成",也不至于赶快卖父亲的"遗书"。所以,板桥父亲去世时间最大可能是在板桥考试完毕但尚未发榜的七八月之交。郑立庵时年五十岁,尚未到垂老之年,或许是因急症很快去世,所以家中立刻陷入极大困境,卖遗书可能是为料理丧事。

因此之故,郑板桥的心情也极度恶劣。卖尽了遗书,葬完了父亲,面对着一大堆债务,面对着家里无米缺炊的境地,自己今后如何来安养这一家老小? 而今年的考秀才说不定又像往年一样空忙而已。心中万转千回,满腔幽愤,就像杜甫写《同谷七歌》一样,他写下了自己的《七歌》:

> 郑生三十无一营,学书学剑皆不成;
> 市楼饮酒拉年少,终日击鼓吹竽笙。
> 今年父殁遗书卖,剩卷残编看不快;
> 爨下荒凉告绝薪,门前剥啄来催债。
> 呜呼一歌兮歌逼侧,皇遽读书读不得!
>
> 我生三岁我母无,叮咛难割襁中孤;
> 登床索乳抱母卧,不知母殁还相呼!
> 儿昔夜啼啼不已,阿母扶病随啼起;
> 婉转噢抚儿熟眠,灯昏母咳寒窗里。

呜呼二歌兮夜欲半，鸦栖不稳庭槐断！

无端涕泗横阑干，思我后母心悲酸；
十载持家足辛苦，使我不复忧饥寒。
时缺一升半升米，儿怒饭少相触抵；
伏地啼呼面垢污，母取衣衫为溎洗。
呜呼三歌兮歌彷徨，北风猎猎吹我裳！

有叔有叔偏爱侄，护短论长潜覆匿；
倦书逃药无事无，藏怀负背趋而逸。
布衾单薄如空橐，败絮零星兼卧恶；
纵横溲溺漫不省，就湿移干叔夜醒。
呜呼四歌兮风萧萧，一天寒雨闻鸡号。

几年落拓向江海，谋事十事九事殆；
长啸一声沽酒楼，背人独自问真宰。
枯蓬吹断久无根，乡心未尽思田园；
千里还家到反怯，入门忸怩妻无言。
呜呼五歌兮头发竖，丈夫意气闺房沮。

我生二女复一儿，寒无絮络饥无糜；
啼号触怒事鞭朴，心怜手软翻成悲。
萧萧夜雨盈险庀，空床破帐寒秋水；
清晨那得饼饵持，诱以贪眠罢早起。
呜呼眼前儿女兮休呼爷，六歌未阕思离家。

种园先生是吾师，竹楼桐峰文字奇；
十载乡园共游憩，壮心磊落无不为。
二子辞家弄笔墨，片语干人气先塞；
先生贫病老无儿，闭门僵卧桐阴北。

呜呼七歌兮浩纵横，青天万古终无情。①

《七歌》可以说是郑板桥对自己前三十年人生的一个总结。以前是"父母在不远游"，母亲早就去世了，现在父亲也去世了，而家中依然穷困不堪，朝不保夕，再"悲守穷庐"就永无出头之日了，因此，他决心外出闯荡一番。他对孩子们说："眼前儿女兮休呼爷，六歌未阕思离家。"科考发榜后他知道中了秀才，但这个功名太小了，只是一个起步，不过也说明科举之路还是走得通的。当然，这也更加坚定了他外出游历的决心，离开眼前的困境，寻求发展，寻找更多的机遇，即使是卖字画，外地也比兴化更有市场。于是他告别妻儿和乡亲，踏上了漫漫的谋生、发展之路。

长歌当哭的《七歌》也是郑板桥早期诗歌艺术才能的展露。《七歌》师承屈原、杜甫，屈委达情，奔放遒劲，大气磅礴，一气呵成而又质朴天然，郑板桥的艰苦家世、未展的壮志、难酬的亲师深恩，以及其不甘蛰伏、倔强傲岸的性格历历如绘。

---

① 郑燮：《七歌》，本社编：《郑板桥集》，上海古籍出版社 1979 年版，第 32—33 页。

第二章　应试和求官

第一节　游历交友　艰难应试

郑板桥自述是"康熙秀才，雍正举人，乾隆进士"。可是这段经历，不仅坎坷多，疑问也多，有一些疑问、难解之事，至今尚在争论之中。这些疑难虽无碍评述郑板桥的大局，但仍以辨明为宜。

第一，郑板桥中秀才与父殁时间。

关于郑板桥中秀才的时间，歧见较多，专家学者纷纷发表意见。王家诚《郑板桥传·郑板桥年谱》认为是十七岁；周积寅《郑板桥年谱》认为是二十四岁；杨士林《郑板桥评传》同此说，认为郑板桥"24岁上，他中了秀才，取得了设塾课徒的资格"[①]；黄俶成《郑板桥小传》则认为郑是"三十岁中秀才"，但并未加以考证。

笔者认为，定郑板桥三十岁中秀才比较合理。杨士林的郑氏二十四岁才"取得……资格"，不能作为二十四岁中秀才的"硬证"。当时的兴化，无秀才功名设塾者亦有，中了秀才只是塾师资格硬一点，薪俸高一点，生源多一点，而不是不中秀才就无资格设塾。陆种园拒绝应试，什么功名也没有，不也成为当地的名塾师吗？所以不能以郑板桥在二十四岁那年设塾，就说他那年中了秀才。再说如果二十四岁中了秀才，他就不至于说"三十无一营"了。

---

① 杨士林：《郑板桥评传》，安徽人民出版社1992年版，第19页。

以下两个重要材料相互印证，可以确证郑燮是三十岁中秀才：

一是他三十岁时所作《七歌》。其第一首有"郑生三十无一营"，"今年父殁遗书卖"。这既可证三十岁前无功名，又可证郑父殁于他三十岁时，正是因为父殁才卖遗书。

二是板桥《家书》第一封，时郑板桥四十岁，内有"愚兄为秀才时，检家中旧书簏，得前代家奴契券，即于灯下焚去，并不返诸其人"①等词句。这个材料讲了两件事：一是"为秀才时，检家中旧书簏"；二是发现前代家奴契券，即于灯下烧掉。这两件事虽没明说与"父殁"有关，却从不同侧面证明与父殁、卖书紧密关联，检旧书簏、烧契券与父殁、卖书在同一时间段。因为"检旧书簏"正是为了清理可卖的遗书，更耐人寻味的是，"检旧书簏"时发现了"前代家奴契券"马上自作主张"即于灯下焚去"。之所以能"自作主张"，是因为父亲已离世，郑板桥顺理成章成为一家之主。所以，这个烧契券之时正是父殁不久卖遗书时。两个材料综合起来就会发现：

1. 卖遗书、检旧书簏、烧契券都是在"父殁"之时；

2. "父殁"是在郑板桥三十岁时；

3. 卖遗书、检旧书簏、烧契券都是在郑板桥三十岁时；

4. 检旧书簏、烧契券是郑板桥"为秀才时"。

从这四种情况的排比"代换"，就可看出郑板桥中秀才时间是在三十岁时，且在父亲刚殁之后。再参照他四十岁中举时写的诗"十载征途发达迟"，说明仕宦"征途"从中秀才开始经历十年才中举，四十减去十正是三十，因此，郑板桥三十岁中秀才可以得到确证。

第二，郑板桥二十三岁时的"北京之行"。

时贤对此有两种看法：一种略而不谈，如黄俶成《郑板桥小传》从叙述板桥二十二岁（另一作二十三岁，可能是虚实年龄之分，不论）与徐氏结婚等，继而就跳到"郑板桥二十五岁时"，未提及去北京事。该书在另一处又说"有资料说板桥在康熙五十四年到过北京一次，但无旁证"，但他举《贺新郎·送顾万峰之山东常使君幕》中"半世消沉儿女态，羁绊难

---

① 郑燮：《雍正十年杭州韬光庵中寄舍弟墨》，本社编：《郑板桥集》，上海古籍出版社 1979 年版，第 3 页。

逾乡里"的词句以为佐证,表示对板桥此次进京之说存疑。①

　　另一种看法是肯定该年郑板桥有北京之行。如杨士林《郑板桥评传》、周积寅《郑板桥年谱》。两者的证据都是今存于"上海、陆平恕藏墨迹"《小楷欧阳修秋声赋轴》。② 该轴有署名"板桥郑燮"的跋:

　　　　乙未九秋,山中寻菊,感黄叶之半零,望孤云而不返,残阳水面,渺渺寒涛,古寺山腰,凄凄晚磬,栖鸦欲定而犹惊,凉月虽升而未倾,偶翻欧赋,遂录是篇,讽咏未终,百端交集,村醪数盏,任凉露之侵衣,清梦半床,听山鸡之送晓,聊书所历,有愧前贤。　　板桥郑燮写于瓮山之漱云轩。

　　　　　　　　　　(印):"克柔"(朱文)、"板桥"(朱文)、"郑燮"(朱文)

　　《年谱》并有"按语"谓:"此蝇头小楷为板桥二十三岁作,已有相当功力,据目前所知,是他的书法作品流传迄今最早的一幅。他参加考秀才、举人、进士时,皆书此体,属馆阁体。南京许莘农藏板桥《小楷秦观水龙吟册页》,所书年代与此书接近。"③《郑板桥评传》则认为北京之行为实有,又认为"此次赴京究竟出于何种动机,板桥诗文中从未提及","可能便是为走科举之路而打探行情"④。

　　笔者以为"此蝇头小楷"是"孤证",有诸多问题必须思考:第一,该年郑板桥结婚,去北京如在结婚前,他为了筹备结婚是否有时间去? 如在婚后,新婚燕尔是否会去? 第二,此时老父尚在,遵"父母在不远游"之古训,他是否会北上? 第三,二十三岁时,郑板桥是否有这三枚印章?⑤ 这三枚印章各刻于何时? 郑板桥曾否以此三章同印于一幅书法? 尤其是"板桥"印章启用于何时? 第四,郑板桥记忆力极好,"四书"能全部默写,《秋声赋》为其所熟读,若要书何必"偶翻""遂录"? 第五,郑板桥书画的题跋都交代该书画为何而作,赠与谁,等等,而如此是何原因?

① 黄俶成:《郑板桥小传》,百花文艺出版社 1993 年版,第 68 页。
② 参阅杨士林:《郑板桥评传》,安徽人民出版社 1992 年版;周积寅、王凤珠:《郑板桥年谱》,山东美术出版社 1991 年版。
③ 周积寅、王凤珠:《郑板桥年谱》,山东美术出版社 1991 年版,第 25 页。
④ 杨士林:《郑板桥评传》,安徽人民出版社 1992 年版,第 18 页。
⑤ 《郑板桥年谱》注释③④记为:《板桥先生印册》:"'克柔'徐柯亭刻";"'郑燮',高邮米先生刻"。参阅周积寅、王凤珠:《郑板桥年谱》,山东美术出版社 1991 年版。

第六，这幅书法究竟从何而来？陆平恕何许人也？他怎会有此藏品？"漱云轩"是什么所在？该幅笔迹与《小楷秦观水龙吟》是否作过科学鉴定？笔迹是否为同一个人所写？再有，是否存在"干支"写错的可能，等等。这些问题得到清晰合理的解答后，上述证据虽是"孤证"，也还是可以成立的。去北京的原因可能很多，未必是为了"打探""科举之路"的"行情"，也可能是应友人之邀，或如顾于观入谁之幕，或是小住游览，或是代什么人写字作画。此事后来再无提及，可能因为这是一次失败之行，或者是有碍于当局（例如会牵连入文字狱）之行，所以诗集、词集、文集皆一字不提，抑或提到却如"王国栋"名字一样被铲去了，这些都有可能。再如楷书问题，郑板桥完全可能在二十三岁时写长幅蝇头小楷，因为当时他一心想应试，当然会写这种馆阁体，但问题在于，如系偶然借此述怀，就不必正经八百地写这种楷书了。需要注意的倒是那几枚印章，如确有二十三岁后才由徐、米等刻赠，就可以完全否定这幅字为板桥所写了。另外题跋惯例，称自己的"字"并盖上"克柔"的印章就更少了。笔者觉得，郑板桥在二十三岁时不过是一名不出兴化的青年书画爱好者，功名上连秀才也不是，不大可能有外地高手、名家为之刻印，而且到北京去还带在身边。这些都有待于深入考证。在此之前，郑板桥二十三岁上京之事实难以认定。

这两大疑难有了初步判断后，可以进一步追踪郑板桥的"生活征途"了。

郑板桥虽然中了秀才，但这小小的功名根本无法改善他窘迫的家境，各项债务逼得他只得悄然离家，开始浪迹天涯，寻师结友，同时也为了躲债。这一阶段漫游交友、卖画、应试、待官的主要情况分述如下。

第一次游历，是到海陵（治今泰州）和焦山，躲债、散心、读书。

父亲去世后，郑家家道更落，刻薄的讨债面孔实在让郑板桥受不了，于是"六歌未阕思离家"。他先到海陵、焦山躲了一阵子，既可静心读书以求进取，也可寻找机会多卖一点字画还债救急。其时穷士子外出游历访学，多寄住于亲友家或寺院。尤其是寺院，确是寒门士子的好去处，因为较大的寺院多有客房，住持多有文化，寒士们吃住方便还可与和尚论文谈艺，郑板桥这次外出就是如此。他在海陵结识了梅鉴和尚,到焦山结识了同为兴化人的别峰庵住持,都得到他们的悉心照顾。焦山又称"浮玉山",在大江之中,是京口三山之一。它建筑巍峨,气势雄壮,寺殿丛丛,碑林隐隐,满山林木,青翠如玉,古迹众多,景色宜人。别峰庵更是面临浩瀚的大江,水天一色,江浪澎湃,在这里读书正是难得。更吸引板桥的是焦山的《瘗鹤铭》石刻①,这是元明书法家梦寐以求难得一见的"大字之祖"。郑板桥有幸亲睹,临摹研究,体悟书法,欢喜非常。在焦山,郑板桥还幸运地遇上了大盐商马曰琯,这是他成长后遇到的幸运之友中的第一个。这位扬州大盐商兼诗人学者,喜爱文士且乐善好施,他倾倒于郑板桥的才华,得知郑板桥是为躲债来到此地,就一边邀他到自己的住处做客,谈诗论文,一边悄悄派人送了几百两银子到兴化郑家以解燃眉之急。数十天后,郑板桥不放心家里,回兴化看到一家生活安定,衣着也好了点,感到很是惊奇。当妻子问他派人送回的银子是哪来的,板桥这才悟到是马曰琯派人送的,对马感念不已。这几百两银子并非区区之数,靠着它,郑板桥还清了债务,安排好家庭,还有多余的银子可作壮游之资。为此,郑板桥赋诗《感怀》以抒发内心的激动:

> 新霜昨夜落梧秋,班马萧萧赋远游。
> 半世文章鸡肋味,一灯风雨雁声秋。
> 乘槎东海涛方壮,射虎南山气更遒。
> 颜白衰亲阙甘旨,为儿犹补旧羊裘。②

第二次游历,因为有马曰琯赠送的银两打底,郑板桥胆气壮了许多,于是出了远门。他从家乡到扬州,又去了庐山、两湖、四川、长安、洛阳、北京等地。他饱览名胜,结交了很多文人学士,写下很多诗词,自己的书画技艺也有很多长进。

在庐山,他寻访了八大山人的遗踪,深化了对八大谲怪画风的理解,更有幸结识了无方上人。无方上人是禅宗名师,他的一套禅宗理论

---

① 此碑于宋代后崩落江中,康熙年间有人捞起部分安置在碑林中。参阅王同顺:《镇江古代石刻及焦山碑林书法研究》,天津人民美术出版社 2005 年版。
② 郑燮:《感怀》,转引自黄俶成:《郑板桥小传》,百花文艺出版社 1993 年版,第 65 页。

启迪了郑板桥不少悟性。"任他非心非佛,我只管即心即佛",与郑板桥从小发愤图强、我行我素的心理性格极为吻合,所以他们相见恨晚。在无方上人处,又认识了满人保禄,保禄任笔帖式,是掌管满汉奏章的翻译官,此人才思敏捷,风趣幽默,他给俗姓马的无方和郑板桥撰了一副对联:

西江马大士,南国郑都官。①

用禅宗和郑谷的典故比拟他俩,非常雅切。此联称颂得宜,实为妙联,一经写出立即不胫而走,为众所称道。板桥此后也常自比郑谷,并治印"都官""鹧鸪"钤于书画。在庐山,郑板桥还结识了八大山人的嫡传弟子万个,此时八大山人已经去世二十年。万个也像八大一样,能一笔画出石头的凹凸深浅曲折肥瘦,有所谓"一笔石"之称,这令郑板桥敬佩不已。

离开庐山,郑板桥来到潇湘饱览胜景。他特意填词《浪淘沙·和洪觉范潇湘八景》,为洞庭的"红蓼花残""乱流飞瀑"流连忘返,又拜谒供奉娥皇女英的黄陵庙,在此作画并题诗《题画·为黄陵庙女道士画竹》赠黄陵庙女道士。此诗想象奇特,极类李贺作品:

湘娥夜抱湘云哭,杜宇鹧鸪泪相逐。

丛篁密篠遍抽新,碎剪春愁满江绿。

赤龙卖尽潇湘水,衡山夜烧连天紫。

洞庭湖渴莽尘沙,惟有竹枝干不死。

竹梢露滴苍梧君,竹根竹节盘秋坟。

巫娥乱入襄王梦,不值一钱为贱云。

值得注意的是,这首诗反复写斑竹的各种形象,并且认为这里的斑竹比其他地方的崇高,这就不仅表现了他对湘娥女神的崇敬,也蕴含了他对竹子的钟情。

---

① "马大士"指马祖,禅宗六祖慧能弟子,曾在江西传授禅宗;"郑都官"指郑谷,唐诗人,少为司空图所重,以《鹧鸪诗》闻名于世。参阅郑燮:《绝句二十一首·保禄》《怀无方上人》,本社编:《郑板桥集》,上海古籍出版社 1979 年版,第 86、65 页。

离开湖南,郑板桥来到湖北。他登黄鹤楼,又溯江到重庆、成都,在青城山崖壁上留下"江源第一峰"五个大字,为郑板桥探过长江源头作见证。此后他又辗转蜀道离开四川游历长安、洛阳。一路上郑板桥诗兴大发,对各处的名胜古迹都作诗讽咏。郑板桥《诗钞》中的《邺城》《泜水》《易水》就写于此时。

雍正三年(1725年)春,郑板桥来到北京,寓居慈仁寺,以书画会友。此时,郑板桥是在饱览了天下名胜之后与人相识相交,无形中扩大了视野和活动范围,也因此结识了许多高僧和将领,特别是结识了对他的命运起决定性作用的皇室成员允禧。允禧(1711—1758年),字谦斋,是康熙帝第廿一子,雍正之弟,乾隆之叔,被封为慎郡王,康熙帝很喜欢他,狩猎出巡常常带着他。他自幼好学,喜爱文史书画,爱才礼贤,敬客好施,相传曾与曹雪芹为友,《红楼梦》中的北静王就以他为蓝本。他淡泊名利,长大后自号紫琼崖道人,不参加宫廷争夺,雍正即位时,他还只有十一岁。结识郑板桥时,他才十四岁,而郑板桥已经三十三岁,虽然主客年龄差距不小,但脾性相投,友情甚笃。允禧诗集中曾有诗追记当时的情景:

> 二十年前晤郑公,谈谐亲见古人风。
>
> 东郊系马春芜绿,西墅弹棋夜炬红。
>
> 浮世相看真落落,长途别去太匆匆。
>
> 忽看堂上登双鲤,烟水桃花锦浪通。①

与允禧的谦谨恬淡之风相反,郑板桥却常常放言无忌。《本朝名家诗钞小传·板桥诗钞小传》说他"壮岁客燕市,喜与禅宗尊宿及期门、羽林诸子弟游。日放言高谈,臧否人物,无所忌讳,坐是得狂名"②。交友得王,求官得狂,郑板桥此次北京之行,可说是喜忧相参。他在《燕京杂诗》中说:

> 不烧铅汞不逃禅,不爱乌纱不要钱;
>
> 但愿清秋长夏日,江湖常放米家船。

---

① 允禧:《紫琼岩诗钞·喜郑板桥书自潍县寄到》,转引自卞孝萱编:《郑板桥全集》,齐鲁书社1985年版,第613—614页。

② 郑方坤:《本朝名家诗钞小传·板桥诗钞小传》,转引自卞孝萱编:《郑板桥全集》,齐鲁书社1985年版,第546页。

偶因烦热便思家,千里江南道路赊;

门外绿杨三十顷,西风吹满白莲花。

这次在北京,郑板桥还写了些散文小品,提出"书法与人品相表里"的《题宋拓虞永兴破邪论序册》,表示"书非绝妙,赠之须得其人;意有堪传,藏者须防其蠹"的《花品·跋》等,都在其中。在北京,郑板桥虽然游朱门若蓬户,但对家庭疗贫仍是无法,求官更是茫然。长安米贵,居大不易,他打定主意回扬州了。

第三次游历,是由家乡去扬州,或从扬州去外地再返回扬州,兜了一个小圈子。大约在雍正五年(1727年),郑板桥三十四岁,他客居于长江北岸的南通州(治今南通市)并写下《游白狼山诗》一首。狼山位于南通市南,相传白狼居此,故又名白狼山,今狼山准提庵藏有郑板桥所书横额木刻"十子成林"。以此可以推论,这段时间郑板桥主要在扬州的周边地区活动。

第二节　雍正举人　乾隆进士

雍正三年(1725年)下半年,郑板桥回到扬州。他觉得扬州才能使自己如鱼得水,既有理想的卖画市场,又有志同道合的学友,离家还不太远,可常通音讯,有急事归亦不难。

此时的扬州,正处于盐商们富得流油的全盛时期,资产百万者只是"小商"。他们的生活灯红酒绿声色犬马,挥金如土穷奢极欲,花钱如流水,还常常争奇炫富,比《世说新语》所载王恺、石崇斗富的故事还要不可思议。据《淮鹾备要》载,有次几个盐商设赌一万金比谁花得快,一个盐商让人将万金买了金箔,带到镇江金山宝塔上,随风撒手挥出,顷刻散完,沿江树木上挂满了金箔。另一人则用数千金买苏州产的不倒翁,尽数倾入河中,河道都被堵塞了起来。① 在盐商的带动下,城市中各种消费设施、娱乐场所争奇斗艳,围绕衣食住行开办的城市服务业迅速发

---

① 参阅李斗撰、周光培点校:《扬州画舫录》,广陵古籍刻印社1984年版。

展,这也吸引着各类人物纷至沓来。当然,来者的目的未必相同,有的求财,有的求发达,有的为观光,有的则是到这"销金窟"寻欢作乐,像郑板桥这样身怀才艺却生活窘蹙的才子也不在少数。

这些大大小小的盐商们还有一个癖好,就是喜欢附庸风雅,厅堂之上张挂字画就成为时髦,字画愈名贵,主人的身价愈高。流风所及,也影响了小康人家,因而字画作者就大有用武之地。

当然,扬州的盐商也不全是浑身浸满铜臭的"龌龊商",也确有文化素质较高的风雅商,如在焦山遇上郑板桥即对其极为欣赏并为之排难解忧的马曰琯。马曰琯(1687—1755 年),字秋玉,与他的弟弟马曰璐(1701—1761 年)人称"扬州二马",是扬州八大盐商之一,原籍安徽祁门。兄弟俩性格豪爽,雅好诗文,经商之余以诗文会友,广结文人学士。他们在扬州建有"小玲珑山馆",内有丛书楼、觅句廊、藤花书屋等十多处亭楼景观,时人称为南方园林杰作。丛书楼更藏有图书十余万卷,"甲大江南北",任凭各地文人借阅,《清史列传》称规模"江北第一"。马氏兄弟并且重修扩建了崇雅书院,因地处梅花岭旁,改名"梅花书院",重金礼聘名师执教讲学。他们还在天宁寺西侧建别墅"行庵",广栽古木修篁四季花卉,优礼八方文士,凡过境名士,或"淹雅恬退之人、阒寂荒凉之辈",皆敦请留连,济难解困。郑板桥到扬州就寓居在与"行庵"一墙之隔的天宁寺枝上村,"墙东便是行庵竹,长向君家学化工"[①],由此成为马氏兄弟的座上客。在此处,郑板桥衣食有着落,卖画有收入,读书会友,济家立业,甚为安心。

乐善好施、热心文化的扬州盐商不只是马氏兄弟,总商汪应庚曾捐银五万,用于修学舍、购学田、置乐器用品,大力兴办多座书院。这些书院滋养了大批学者,汪中、任大椿、段玉裁、王念孙等著名学者都出于扬州盐商们资助的书院学府。盐商们还赞助了许多大型丛书,九百余卷的《全唐诗》一年多就刊行天下,《太平广记》《雅雨堂丛书》等也是盐商资助刊刻的,吴敬梓和《儒林外史》、曹雪芹和《红楼梦》,作者与作品都直接间接得到盐商的助益。像马氏兄弟一样,扬州盐商程梦星、郑侠

---

① 郑燮:《为马秋玉画扇》,本社编:《郑板桥集》,上海古籍出版社 1979 年版,第 157 页。

如、汪玉枢等也分别建造筱园、休园、南园,优礼四方文士。在这些有识重文的儒商协助下,扬州文风大盛,各地怀才挟艺之士纷集扬州,形成"海内文士、半集维扬"的盛况,创造了文商双辉双促的局面。

扬州如此繁华,一住数年的郑板桥以他特有的感受写下了《扬州》七律四首,反映了诗人敏锐的眼光:

> 画舫乘春破晓烟,满城丝管拂榆钱。
> 千家养女先教曲,十里栽花算种田。
> 雨过隋堤原不湿,风吹红袖欲登仙。
> 词人久已伤头白,酒暖香温倍悄然。
>
> 廿四桥边草径荒,新开小港透雷塘。
> 画楼隐隐烟霞远,铁板铮铮树木凉。
> 文字岂能传太守,风流原不碍隋皇。
> 量今酌古情何限,愿借东风作小狂。
>
> 西风又到洗妆楼,衰草连天落日愁。
> 瓦砾数堆樵唱晚,凉云几片燕惊秋。
> 繁华一刻人偏恋,呜咽千年水不流。
> 借问累累荒冢畔,几人耕出玉搔头?
>
> 江上澄鲜秋水新,邗沟几日雪迷津。
> 千年战伐百余次,一岁变更何限人。
> 尽把黄金通显要,惟余白眼到清贫,
> 可怜道上饥寒子,昨日华堂卧锦茵。①

这四首七律酣畅淋漓地描绘了扬州的春夏秋冬四季风物,也从历史兴衰的角度写出了扬州繁华中隐含的危机,在哲理高度以古证今,提醒扬州盛衰倚伏要预留地步。其"千家养女先教曲,十里栽花算种田"

---

① 郑燮:《扬州》,本社编:《郑板桥集》,上海古籍出版社 1979 年版,第 30 页。

句，表面上赞颂易书声为歌声、废农田为花圃的繁盛，内里则隐含畸形的世风易将社会引向败亡之道的忧思，是颇具郑板桥特色的春秋笔法，成为咏扬州、评扬州的千古名句，其价值当胜过杜牧"春风十里扬州路"不知多少倍。

在扬州，郑板桥每日的必修课是读有关应举的书，这是他的主业，他对这些书不感兴趣，可是为了敲开科举的大门不得不读；而书画，虽是他的衣食所赖，却是业余。难能可贵的是，郑板桥读书像学画一样边读边思考，不断改进方法，提高效率，创造了很多经验，给后代很大启示。然而，此时灾难也不断袭来。

首先是儿子夭折。郑板桥三十岁时在《七歌》中说："我生二女复一儿"，可见这时徐氏所生的"犉儿"还安然无恙。再后不久，《诗钞》中就有《哭犉儿五首》，从其一"天荒食粥竟为长，惭对吾儿泪数行。今日一匙浇汝饭，可能呼起更重尝"，到其五"蜡烛烧残尚有灰，纸钱飘去作尘埃。浮图似有三生说，未了前因好再来"[①]，可以想见其万分悲痛。何况郑板桥只有这一个儿子，在"不孝有三，无后为大"的传统社会，这个打击是太大了，作为孩子的母亲，妻子徐氏更是伤心不已。但夫妻终日"牛衣对泣"也无法度日，活着的人仍然要过日子，郑板桥游历北京可能就在儿子去世之后。自编集《诗钞》中《哭犉儿》诗紧靠在《七歌》诗之后，再后才是游历时的《项羽》《邺城》等诗。

雍正九年（1731 年），郑家又发生了一件大事，与郑板桥结婚十六年之久的徐氏因病去世了。十六年患难与共的妻子，赖以持家的内助，在贫困中离开了他，这对郑板桥的打击也是难以言说的。灾难何以不断降临到他的头上？人生是什么？是痛苦忧愁，还是欢乐幸福？是人生如梦如烟，还是只有这不幸的现实？他自己无法得到解答，只好到笔墨中去抒发自己的痛苦哀伤与无可奈何。雍正三年，他曾写有十首《道情》，在其中祖露自己的心路历程，遇到心有所感就拿出改改，为此"屡抹屡更"，到雍正七年初步定稿，乾隆二年，他又为《道情》增加了跋语：

雍正三年，岁在乙巳，予落拓京师，不得志而归，因作《道情》十

---

① 郑燮：《哭犉儿五首》，本社编：《郑板桥集》，上海古籍出版社 1979 年版，第 34 页。

首以遣兴。今十二年而登第,其胸中尤是昔日萧骚也。人于贫贱时,好为感慨。一朝得志,则讳言之,其胸中把鼻安在。西峰老贤弟从予游,书此赠之。异日为国之柱石,勿忘寒士家风也。

《道情》是郑板桥的重要作品,可以看作他对自己十年历程的总结。他以激荡的语言显世道之不公,写旷达之襟怀,抒胸中之愤慨。但因"屡抹屡更",不同时期不同事件的触发又给以不同的点染,如乾隆二年,这次是勉友"勿忘寒士家风",并不讳言贫穷的牢骚:

枫叶芦花并客舟,烟波江上使人愁;劝君更尽一杯酒,昨日少年今白头。自家板桥道人是也。我先世元和公公,流落人间,教歌度曲。我如今也谱得道情十首,无非唤醒痴聋,销除烦恼。每到山青水绿之处,聊以自遣自歌。若遇争名夺利之场,正好觉人觉世。这也是风流世业,措大生涯。不免将来请教诸公,以当一笑。

老渔翁,一钓竿,靠山崖,傍水湾;扁舟来往无牵绊。沙鸥点点轻波远,荻港萧萧白昼寒,高歌一曲斜阳晚。一霎时波摇金影,蓦抬头月上东山。

老樵夫,自砍柴,捆青松,夹绿槐;茫茫野草秋山外。丰碑是处成荒冢,华表千寻卧碧苔,坟前石马磨刀坏。倒不如闲钱沽酒,醉醺醺山径归来。

老头陀,古庙中,自烧香,自打钟;兔葵燕麦闲斋供。山门破落无关锁,斜日苍黄有乱松,秋星闪烁颓垣缝。黑漆漆蒲团打坐,夜烧茶炉火通红。

水田衣,老道人,背葫芦,戴袱巾;棕鞋布袜相厮称。修琴卖药般般会,捉鬼拿妖件件能,白云红叶归山径。闻说道悬岩结屋,却教人何处相寻?

老书生,白屋中,说唐虞,道古风;许多后辈高科中。门前仆从雄如虎,陌上旌旗去似龙,一朝势落成春梦。倒不如蓬门僻巷,教几个小小蒙童。

尽风流,小乞儿,数莲花,唱竹枝;千门打鼓沿街市。桥边日出犹酣睡,山外斜阳已早归,残杯冷炙饶滋味。醉倒在回廊古庙,一任他雨打风吹。

掩柴扉，怕出头，剪西风，菊径秋；看看又是重阳后。几行衰草迷山郭，一片残阳下酒楼，栖鸦点上萧萧柳。撮几句盲辞瞎话，交还他铁板歌喉。

邈唐虞，远夏殷。卷宗周，入暴秦；争雄七国相兼并。文章两汉空陈迹，金粉南朝总废尘，李唐赵宋慌忙尽。最可叹龙盘虎踞，尽销磨燕子春灯。

吊龙逢，哭比干。羡庄周，拜老聃。未央宫里王孙惨。南来薏苡徒兴谤，七尺珊瑚只自残。孔明枉作那英雄汉；早知道茅庐高卧，省多少六出祁山。

拨琵琶，续续弹；唤庸愚，警懦顽；四条弦上多哀怨。黄沙白草无人迹，古戍寒云乱鸟还，虞罗惯打孤飞雁。收拾起渔樵事业，任从他风雪关山。

风流家世元和老，旧曲翻新调；扯碎状元袍，脱却乌纱帽，俺唱这道情儿归山去了。

是曲作于雍正七年，屡抹屡更。至乾隆八年，乃付诸梓。刻者司徒文膏也。①

因世道不公，生活穷困，亲人相继去世，郑板桥时时萌发出世之想。不过，他占主导地位的思想仍是发愤自雄，要以自己的才学撞开科举的大门，走上"修齐治平"的道路，实现于国勤政爱民、于家光宗耀祖的理想。他埋葬了妻子，安排好家庭，又开始准备应试。可是时近年关，面对家徒四壁、三餐难周，这个年怎么过？而第二年的"乡试"是冲进士的重要台阶，一旦耽误就又要等三年。而且，即使熬过了年，到南京应举人乡试的盘缠又从何而来？可以用"白水"供祖宗以代孝心，可以用看梅赏花以代早餐，可是赴南京的旅费含糊不得，怎么办呢？父亲的遗书，名贵的早已卖了，剩下不值钱的也无人要，没奈何，只好去求人了。他听说兴化汪县令"怜才颇重文"，就像李白写《与韩荆州书》一样，写下了《除夕前一日上中尊汪夫子》：

---

① 郑燮：《道情》，本社编：《郑板桥集》，上海古籍出版社1979年版，第150—151页。

琐事家贫日万端,破裘虽补不禁寒。

瓶中白水供先祀,窗外梅花当早餐。

结网纵勤河又冱,卖书无主岁偏阑。

明年又值抡才会,愿向秋风借羽翰。①

这位汪县令果然名不虚传,接读这首诗后,赠了一大笔银子给郑板桥,让他顺利度过年关,安心温习功课到八月应试。

雍正十年,江南乡试在南京秦淮河畔的贡院举行,内阁学士王兰生、翰林院检讨吴大受担任正副主考官,省地方官任同考官。郑板桥和一众考生于八月初八入场,初九首场,十二日二场,十五日三场。

到十六日,一众考生三场已了,各自西东,郑板桥却没有立即回去。既然来到这六朝古都,他趁便游览了南京的名胜古迹,也乘兴写下了《念奴娇·金陵怀古十二首》《满江红·金陵怀古》等诗词。如他以往的诗词一样,这些诗词有他独特的怀古幽思:石头城上"万点征鸿","叫尽六朝兴废事,叫断孝陵殿阁";周瑜宅里"至今遗恨,秦淮夜夜幽咽";劳劳亭"达将何乐,穷更不若株守";莫愁湖"风流何罪,无荣无辱无咎";长干里"一丘一壑,吾将终老于此";明孝陵"蛋壳乾坤,丸泥世界,疾卷如风烛";方、景两先生祠"世间鼠辈,如何妆得老虎";弘光"国事兴亡,人家成败,运数谁逃得"。对于六朝兴废、王谢风流的金陵古城,郑板桥的总体印象是"才子总缘杯酒误,英雄只向棋盘闹。问几家输局几家赢,都秋草","碧叶伤心亡国柳,红墙堕泪南朝庙"。从这些词作里也可窥见,郑板桥对当局并非总是"天王圣明",也不是不懂华夷之分,只是不敢说,或希望立朝之君要爱民而已。

九月初八日,江南乡试发榜,郑板桥榜上有名,经过十年寒窗,终于是中举了。中举和中秀才大不一样,清代秀才只有成了廪生才小有补助,总体地位仍等于平民。而一旦中了举人则身份陡然提高,可以见县官长揖不拜,也可以被朝廷任为县官或临时小官,如郑板桥后来被任为浙江乡试外帘官一样,可以说是踏入仕途的第一步。且中举以后就可进入士绅之列,县令、乡绅会常来拜访,并例有馈赠,乃至赠宅赠佣。总

① 郑燮:《除夕前一日上中尊汪夫子》,本社编:《郑板桥集》,上海古籍出版社1979年版,第43页。

之,一中举就算是发达了。所以,中举是一大喜事,应立即向家报喜,并筹划衣锦荣归。可是,这时郑板桥家中,男丁只剩年幼的堂弟,自己只两个女儿,再加上照顾他们的乳母费氏,双亲、爱妻和儿子都已去世,再无法分享这样的喜悦。想到此郑板桥悲从中来,含泪写下《得南闱捷音》:

> 忽漫泥金入破篱,举家欢乐又增悲。
>
> 一枝桂影功名小,十载征途发达迟。
>
> 何处宁亲惟哭墓,无人对镜懒窥帷。
>
> 他年纵有毛公檄,捧入华堂却慰谁?①

按清朝科举制,乡试次年就举行考进士的全国大比,中进士才是科举的顶峰。时间紧迫,郑板桥南京小游后,即到杭州韬光庵安居读书备考,松岳和尚提供食宿。可是遗憾得很,雍正十一年这个大比之年,郑板桥却未能参加。究其原因,细节不详,但郑板桥明确说是"为忌者所阻,不得入试"②,他只好等到三年后期待时来运转了。

既然如此,郑板桥又来到扬州卖画。

也许郑板桥真的时来运转了,雍正十三年(1735 年)的一天,见屋外春光明媚,他信步漫游,出了扬州北门,来到离城十几里的玉勾斜。这一带流传着关于隋炀帝的一些风流故事,板桥也为此曾作过《广陵曲》,只见:

> 树木丛茂,居民渐少,遥望文杏一株,在围墙竹树之间。叩门迳入,徘徊花下。有一老媪,捧茶一瓯,延茅亭小坐。其壁间所贴,即板桥词也。问曰:"识此人乎?"答曰:"闻名,不识其人。"告曰:"板桥,即我也。"媪大喜,走相呼曰:"女儿子起来,女儿子起来!郑板桥先生在此也。"是刻已日上三竿矣,腹馁甚。媪具食。食罢,其女艳妆出,再拜而谢曰:"久闻公名,读公词,甚爱慕,闻有《道情十首》,能为妾一书乎?"板桥许诺。即取淞江蜜色花笺,湖颖笔,紫端

---

① 郑燮:《得南闱捷音》,本社编:《郑板桥集》,上海古籍出版社 1979 年版,第 44 页。

② 郑燮:《刘柳村册子》,本社编:《郑板桥集》,上海古籍出版社 1979 年版,第 189 页。

石砚,纤手磨墨,索板桥书。书毕,复题《西江月》一阕赠之,其词曰:"微雨晓风初歇,纱窗旭日才温;绣帏香梦半朦腾,窗外鹦哥未醒。 蟹眼茶声静悄,虾须帘影轻明;梅花老去杏花匀,夜夜胭脂怯冷。"母女皆笑领词意。①

这里节录的是郑板桥所写《偶记》,也是他的艳遇记,这位女子即后来给郑板桥做妾的饶氏——饶五姑娘。郑板桥有《贺新郎·有赠》一首,可能与他的此次艳遇有关:

> 旧作吴陵客,镇日向小西湖上,临流弄石。雨洗梨花风欲软,已逗蝶蜂消息,却又被春寒微勒。闻道可人家不远,转画桥西去萝门碧,时听见,高楼笛。 缘悭觌面还相失,谁知向海云深处,殷勤款惜。一夜尊前知己泪,背着短檠偷滴,又互把罗衫扰湿。相约明年春事早,嚼花心红蕊相思汁,共染得,肝肠赤。②

这首词似乎是写杜牧的扬州恋,其实很可能是为饶五姑娘而写,写人生的难得缘分、可人情事。上半阕写自己在胜日良辰寻花问柳,到"可人家"去。下半阕则写通过与可人儿相谈,顿时"一夜尊前"共洒"知己泪"。可是刚刚相识却相离,只能"相约明年春事早,嚼花心红蕊相思汁,共染得,肝肠赤"。

《偶记》中还记载了姑娘许嫁,及后来生活艰难,富贾欲以七百金娶之,但饶五姑娘坚决不允,一定等板桥归来。幸得江西蓼洲人程羽宸(子骏)相助,解了饶氏母女之困。再得程羽宸相助,郑板桥与饶五姑娘终成眷属。饶氏可称是郑板桥的红颜知己,婚后红袖添香,与郑板桥相依为命,给了郑板桥无限关爱,也促进了他天才的发挥。郑板桥对程羽宸的相助无限感念,作诗数首,并在叙中交代:"余江湖落拓数十年,惟程三子骏奉千金为寿,一洗穷愁。羽宸是其表字":

> 世人开口易千金,毕竟千金结客心。

---

① 郑燮:《板桥偶记》,卞孝萱编:《郑板桥全集》,齐鲁书社 1985 年版,第 238 页。
② 郑燮:《贺新郎·有赠》,本社编:《郑板桥集》,上海古籍出版社 1979 年版,第 124 页。

自遇西江程子骏，扫开寒雾到如今。①

这是郑板桥考进士前的一个插曲，不过难得的是，郑板桥并未沉入温柔乡，而是带着佳人的爱意继续努力读书。定亲之后，他暂别饶五姑娘，又一次来到焦山别峰庵，系统地温习四书五经和各种应试诗文。读书之余也写了些诗文，主要是家书，与堂弟和朋友分享自己的心得体会，偶尔也为读书处的主人、邻居画点画。入京大比的前一年，他得到一个到杭州任浙江乡试外帘官的临时差事。外帘官主要负责考场监考之类，考生一考完他就闲了。正好时值中秋，他乘兴夜泛西湖。中秋之夜的西子湖更加妩媚，远胜扬州瘦西湖。湖光月色，古今胜事，使他感到人生岁月易逝，自己已经青春不再而功名未就，万种思绪，涌上心头，于是写下《沁园春·西湖夜月有怀扬州旧游》：

飞镜悬空，万叠秋山，一片晴湖。望远林灯火，乍明还灭；近堤人影，似有如无。马上提壶，沙边奏曲，芳草迷人卧莫扶。非无故，为青春不再，著意萧疏。　　十年梦破江都，奈梦里繁华费扫除。更红楼夜宴，千条绛蜡；采船春泛，四座名姝。醉后高歌，狂来痛哭，我辈多情有是夫。今宵月，问江南江北，风景何如？

这首词颇像张岱的西湖小品，但比张岱多了一些激昂慷慨之气，表现了赞江山美景、叹年华易逝、欲奋发有为的豪情壮志。

在杭州，郑板桥还去看了钱塘潮，写下了《观潮行》。这天下第一壮观的钱塘大潮，其排山倒海的声势，冲散了他心里的抑郁，他不禁高歌："银龙翻江截江入，万水争飞一江急……我辈平生多郁塞，豪情逸气新搔痒"②。他特别赞赏弄潮儿，又作了《弄潮曲》："舵楼一人如铸铁，死灰面色睛不摇"，他从中悟到："世人历险应如此，忍耐平夷在后头"③，这显示他要学弄潮儿，到科考仕宦的海洋里去大显身手。

刚刚观罢钱塘大潮，郑板桥就迎来了清朝的政治大潮。雍正十三年（1735年）八月二十三日，郑板桥在杭州知道了当今皇上雍正帝驾崩

---

① 郑燮：《怀程羽宸》，本社编：《郑板桥集》，上海古籍出版社1979年版，第65页。
② 郑燮：《观潮行》，本社编：《郑板桥集》，上海古籍出版社1979年版，第47页。
③ 郑燮：《弄潮曲》，本社编：《郑板桥集》，上海古籍出版社1979年版，第48页。

了。这位伴随着谣言与杀戮威严地坐了十三年龙庭的皇帝突然驾崩，是全社会一次不小的政治地震，举国惶惶。幸亏大臣在开启传位密诏时，密诏上面写着"传位于第四子弘历"，这位弘历就是清朝历史上当了六十年皇帝的乾隆帝。当时弘历已经长大成人，颇有识见，很快接过大位稳住局面，包括士子最关心的科考事仍然照章办理，于是士子们安心下来。这年冬天，郑板桥来到北京，准备迎接第二年春天进行的大比。

乾隆元年（1736年），会试按期举行，考生共七千多人，录取三百人左右。三月初九在礼部第一场考试，考四书五经七题；十二日第二场考论、判、表七题，十五日三场考时务策五题。三月底发"杏榜"，按地区名额录取贡士三百四十四名，郑板桥喜在其中。但"贡士"不等于"进士"，只是会试及格，大比中选，还要经过皇帝亲自主持的殿试中选，才能成为进士。进士由皇帝亲自批准，张榜公布，那才叫"金榜题名时"。

"杏榜"公布不久就在皇宫太和殿举行殿试。太和殿高大雄伟，是紫禁城里最大的建筑，只有重要庆典，皇帝方才升此殿主持。

四月初二子夜，郑板桥和贡士们一起列队入宫来到太和殿参加殿试。乾隆帝亲自主持，贡士们答完策题离场，在寓所等候消息。三天后阅卷毕，主考鄂尔泰、迈桂将预拟名次的前十名试卷送乾隆批阅。四月初四晚上，郑板桥接到喜报和进士冠服，次日被皇帝接见。

四月初五凌晨，鸿胪寺官引领新科进士列于文武百官之后分立两旁，仍在太和殿陛见皇帝。乾隆亲自宣布："乾隆元年丙辰，四月戊子日，策天下贡士，第一甲三名，赐进士及第；第二甲九十名，赐进士出身；第三甲二百五十一名，赐同进士出身。"接着传胪官唱名，第一甲三名，状元、榜眼、探花要出班下跪，谢恩，并示出众，其他就不用出班了。郑板桥的名次是二甲第八十八名，在全部三百四十四名进士中算是名列前茅。

皇帝接见后还要叩拜黄榜，进士才得回寓。初六礼部还有"恩荣宴"，初九到午门领取御赐彩花银三十两，牌坊银三十两。郑板桥十一日又随状元金德瑛上表谢恩，又见了一次皇帝。到这时，郑板桥才算完成了中进士的全部手续。

且不说历年付出，仅此次考进士郑板桥便着实忙了一阵子，现在终于中了，好不开心。稍事休息，他就想到作画作诗。中举时他曾写"一枝桂影功名小"，现在是最高科名了，而且这次进士中在上等内，胸中郁闷尽吐，要作新诗新画以为纪念。于是，郑板桥画了一幅《秋葵石笋图》，意含今后要像石笋般坚贞、矢志不渝，像秋葵般成熟、奉献、谦逊，"终身不改向阳心"，并在画上题诗一首：

> 牡丹富贵号花王，芍药调和宰相祥。
> 我亦终葵称进士，相随丹桂状元郎。①

他立即飞书报家传递喜讯，自己则留在京中候官。虽然中了进士，但实授职官还是要经过殿试评议，包括年龄、仪止、成绩三方面综合考察，当然更要"朝中有人"。四月底，郑板桥参加了评议考试，因为年龄已经四十四岁，相貌仪止不出色，且朝中无人，郑板桥还是落选。但郑板桥不死心，他仍留在京城，广交朋友，广找门路，期望能早日得个一官半职，以免中个空头进士。他写了一首《读昌黎上宰相书因呈执政》：

> 常怪昌黎命世雄，功名之际太匆匆；
> 也应不肯他途进，惟有修书谒相公。②

他对"执政"者如此干谒，对执政者的亲属也着意称颂，如和大学士张廷玉儿子张若霭诗："烟霞文字本关情，袍笏山林味总清。两两凤凰天外叫，人间小鸟更无声。"他称这些衙内们为"凤凰"，自称"小鸟"，就是希望得到提携，早日"送我上青云"。他对允禧更是加倍恭敬称道，以求推荐。

等了一年，进士的冠服旧了，汪县令及友人们的赞助银子也要用完了，当官的事连影子都没有。无奈之中，他只得于乾隆二年开春后离京回家。

"朝为田舍郎，暮登天子堂"，这是传统读书人梦寐以求的。郑板桥却没有这么幸运，从十几岁应试，三十岁中秀才，四十岁中举人，四十四岁中进士，熬了几十年才"登"上天子堂。可是"而今幸得青云步"只是

① 郑燮：《题画·秋葵石笋图》，卞孝萱编：《郑板桥全集》，齐鲁书社 1985 年版，第 406 页。
② 郑燮：《读昌黎上宰相书因呈执政》，本社编：《郑板桥集》，上海古籍出版社 1979 年版，第 55 页。

一个空头进士，请人提携，上书执政，实职官位仍然是可望而不可即，他只得怅然返里，到扬州打起进士卖画的招牌，徐图进取。这一段经历，对郑板桥影响巨大，使他对人生的认识，对社会的认识，对历史的认识，对艺术的创造都上了一个新台阶。

第三节　卖画养家　郡王荐任

回到家，郑板桥的亲人，包括堂弟、两个女儿和费妈妈，当然是欢喜不已，可未想到七十六岁的费妈妈，竟然在说完"吾抚幼主成名，儿子作八品官，复何恨"的兴奋中无疾而终去世了。郑板桥像亲儿子一样给费妈妈办了丧事，回想起乳母的大恩大德，特作《乳母诗》以志纪念。诗中"平生所负恩，不独一乳母"，"食禄千万钟，不如饼在手"是发自内心的血泪文字，既是赞乳母，也是感叹世道之不公。

料理好乳母的丧事，郑板桥意识到，进士的头衔虽不能当饭吃，但可以增加卖画的身价，与其"悲守穷庐"，不如仍到扬州卖画，既可以得到养家之银，又可以待机谋官。另外，与饶氏的婚事也可以践约了。于是，这位新科进士整顿行装上扬州了。

这次郑板桥到扬州，虽然说不上春风得意，却也是顺风顺水，可称是爱情结硕果，画艺上层楼。程子骏已经为他安排好成婚的一切，他与饶氏喜结良缘，婚后租住在天宁寺后的勺园。这时，郑板桥四十五岁，饶氏只有十九岁，这对老夫少妻却生活得幸福和美。郑板桥曾作《怀扬州旧居》写两人的恩爱甜蜜："楼上佳人架上书，烛光微冷月来初。偷开绣帐看云鬓，擘断牙签拂蠹鱼。"[1]他的《细君》诗写饶氏尤其如此：

> 为折桃花屋角枝，红裙飘惹绿杨丝。
> 无端又坐青莎上，远远张机捕雀儿。[2]

郑板桥的《细雨》诗还描绘了一幅家庭生活场景：在阴雨连绵的日子里，平日苦于应酬的主人见访客稀少，不禁稍觉冷清，尽管"回廊足散

---

① 郑燮：《怀扬州旧居》，本社编：《郑板桥集》，上海古籍出版社1979年版，第77页。

② 郑燮：《细君》，本社编：《郑板桥集》，上海古籍出版社1979年版，第60页。

步,把书行且温",依然无法平复寂寞之感。正好"家酿亦已熟",于是他赶紧呼唤童仆斟满酒杯,在"小妇便为客,红袖对金尊"[1]的温馨中享受人伦之乐。全诗平易清新,活泼轻快,传递出一种心满意足的心情,看得出饶氏成为郑板桥坎坷生活中的一抹亮色。不过,郑板桥并不甘居温柔乡而不思长进,他念念不忘进入宦海,也念念不忘进入艺苑。

郑板桥以进士身份在扬州卖画,以及与艺术家们的切磋琢磨,在郑板桥的个人绘画史上,在中国绘画艺术史上,都留下了亮眼的一页。这一页至少有四个亮点:

第一,他将自己的书画艺术提升到一个新的水平。这时,他已经不再有拘泥于馆阁体的必要,可以放胆写他的"板桥体""六分半书"了。他的兰竹画也因为在强手如林的绘画市场要获得人们的欣赏喜爱、肯光顾出价,必须要出新,要真正使人感到能"留得春光过四时"。主观的心境加上客观的需要,促成了郑板桥艺术个性的进一步成熟。这时,他不仅创作出不少书画精品,在理论上也领悟总结了不少新论,使创作更趋理性化,也为当时和后代提供了创作指导和理论借鉴。

第二,他推动了中国艺术史上一个重要流派——"扬州画派"的创立、成熟与壮大。"扬州画派"又叫"扬州八怪","八怪"的成员,先后有三种不同的说法,共涉及十五位画家。关于"八怪"的内涵和组成,近年来有不少专家论及,不乏有价值的观点。本书下文有详述,此处不赘。值得重视的是,每一种说法中都少不了郑板桥,可见郑板桥在当时扬州画坛的地位是相当稳定的。有专家指出,扬州八怪中学问最高的是金农,名气最大的是郑板桥。之所以如此,或许因为郑板桥不仅是进士,而且诗词脍炙人口,书画雅俗共赏,既在文坛得到公认,又为盐商和市民广泛接受,加之他的出身和性格决定了他易于且善于与各色人等接近,从而具有独特的声望和凝聚力。当然,"扬州八怪"的名号乃后人所封,当时的他们,虽是一个旨趣相似相近的画家群体,在画法上承继石涛、八大山人的艺术传统,在画坛上经常互相切磋砥砺,开文人相亲的优秀风气,但毕竟不是一个组织、一个团体,没有领袖也没有明确的创

---

① 郑燮:《雨中》,本社编:《郑板桥集》,上海古籍出版社 1979 年版,第 60 页。

始人。由此,我们很难确定扬州八怪的代表人物是谁。但我们可以这样说:"八怪"中达到为中国人家喻户晓、妇孺皆知的画家,唯郑板桥一人。郑板桥不仅以自己的诗书画"三绝"站在"八怪"前列,也获得了广泛的社会声誉,让"八怪"群体崭露头角。郑板桥诗集中有《绝句二十一首》,为当时的落拓才俊立传,其中被后人认可列入"八怪"的就有罗聘、黄慎、李鱓、边寿民、金农、高凤翰等六人,因而从很大程度上可以说,是郑板桥的名望推升了"八怪"的名望。或是"板桥"与"八怪"互相推动,使扬州画派具有了超出黄山派、华亭派、姑熟派乃至吴门诸画派的特殊地位。

第三,郑板桥与"扬州八怪"的卖画行为,直接推动了高雅的书画艺术的商品化市民化,为书画艺术的市场化作出了成功的尝试。郑板桥《润格》里说的"给现银则书画皆佳",表面上看似乎充满铜臭,其实包含了金钱面前人人平等的观念,也打破了官僚富豪对艺术品的专有权。一等货一等钱、精品有高价的观念,前所未有地促进了书画艺术的发展。

第四,文人与官员和商人互动互促,也推动了扬州文化事业的繁荣。郑板桥此次扬州卖画,幸运地碰上一位真风雅的三品大员——两淮盐运使卢雅雨。这位"矮卢"个子虽矮可是心胸不矮、品德不矮,他巧妙地运用权力让盐商们出钱举办各种文化活动,邀请书画家们雅集聚会,从而聚拢起一大批文士艺人,为他们提供了充分发挥才能的条件。比起当年的平山堂主欧阳修,卢雅雨似乎更能与艺术家们"醉能同其乐,醒能述以文"①。所以郑板桥的这次扬州卖画生涯,虽然官运蹇迫,但画运倒是亨通,为自己创下了前所未有的业绩。

可惜好景不长。乾隆四年,也许是得罪了上司,或者是遭到了忌恨,卢雅雨这位风雅盐官被罢官核查,最后冤枉地流放到偏远之地。对于郑板桥他们,这是一个严重的打击,但文人们敬重这位开明卓识、恩德有加的文昌大吏,没有噤若寒蝉,而是纷纷作画写诗送别,表达怀念同情和鸣不平的心情。画家们画了一幅《雅雨山人出塞图》,画上有吴

---

① 参阅欧阳修:《醉翁亭记》,阴法鲁主编:《古文观止译注》(修订本),北京大学出版社 1997 年版。

敬梓题写的七言古诗。板桥的送别诗《送都转运卢公讳见曾》更有代表性：

扬州自古风流地，惟有当官不自怡。
盐策米囊销岁月，崖花涧鸟避旌旗。
一从吏议三年谪，得赋淮南百首诗。
昨把青鞋踏隋苑，壶浆献出野田儿。

清词颇似王摩诘，复以精华学杜陵。
吟撼夜窗秋纸破，思凝寒涧晓星澄。
楼头古瓦疏桐雨，墙外清歌画舫灯。
历尽悲欢并喧寂，心丝袅入碧云层。

尘埃吹去又生尘，汩尽英雄为要津，
世外烟霞负渔钓，胸中宠利愧君臣。
去毛折项葫芦熟，豁齿蓬头婢仆真。
两世君家有清德，即今风雅继先民。

何限鹓鸾供奉班，惭予引对又空还。
旧诗烧尽重誊藁，破屋修成好住山。
自写簪花教幼妇，闲拈玉笛引双鬟。
吹嘘更不劳前辈，从此江南一梗顽。①

　　此诗将自己的落拓与雅雨的不幸交织在一起，高贤高才如雅雨尚且如此不幸，黄钟毁弃，苍天何在？自己只会也只能"从此江南一梗顽"了。如此骊歌也当是长歌当哭吧。

　　本来，郑板桥以为自己的靠山倒了，将会永无出头之日了。可是天佑吉人，就在卢雅雨谪戍后不久，喜神的彩球又一次投到他身上，这就是当今皇叔、已经晋升为内庭行走的允禧。一直关爱着郑板桥、比卢雅

----

① 郑燮：《送都转运卢公讳见曾》，本社编：《郑板桥集》，上海古籍出版社 1979 年版，第 58—59 页。

雨权势更大的慎郡王,特派易祖式、傅凯亭两个专差带着郡王的亲笔信来招他入京。峰回路转,机不可失,于是郑板桥安顿好家小,随即择日随易、傅二人上京了。

到了慎郡王府,慎郡王给了郑板桥隆重的礼遇,开旁门、列仪仗、奏鼓乐,郡王身穿礼服出迎。他不等郑板桥行完大礼就拉着郑板桥的手,直到进入雍正帝御题匾额的后进正厅——"花间堂"。进了"花间堂",允禧更衣着便服陪郑板桥叙谈,极道契阔。一盏茶罢,接风酒席就摆上来了。想不到的是,这位王亲亲自解衣卸冠执刀切肉递与郑板桥,并笑着说:"昔太白御手调羹,今板桥亲王割肉,后先之际,何多让焉!"①将郑板桥比作李太白,可见器重之至,郑板桥也常对此引以为豪、引以为荣。

慎郡王对郑板桥如此礼遇,并非仅仅是爱才若渴,原来他想出两本诗集《随猎诗草》与《花间堂诗草》,要找个文才出众、书法高明的人来编辑书写,想来想去,首选是郑板桥。十多年前他就结识了郑板桥,对他很是佩服,现在郑板桥已经成为诗书画名家,当然非他莫属。另外,允禧此时也非雍正帝在世时可比,那时虽是皇弟,但眼看雍正杀戮其他兄弟,凶狠残暴绝不留情,自己如何不心惊胆颤?按雍乾时代的规矩,亲王之间、大臣之间、亲王与大臣之间,皆不准结党,过从甚密就会受到怀疑,所以当时允禧虽有心帮郑板桥也不敢推荐。现在呢,允禧身为皇叔,又曾做过帝师,且早已进位郡王,爱上个书画才子,谁也不会有什么微词,运用自己的影响力让郑板桥得个官职,既表示自己爱才,也表示朝廷礼贤,还遂了个人心愿——找到了最佳的编书人选,一举三得,何乐不为。而郑板桥之所以愿为允禧效犬马之劳,不完全是被郡王引为知己并得到如此礼遇,也不完全是还有赖郡王荐官,更因为这位郡王有郑板桥值得为之效劳之处。

在皇族中,这位郡王的文才可算佼佼者。《清史稿·列传·圣祖诸子》载:"允禧诗清秀,尤工画,远希董源,近接文徵明"②。乾隆时文坛泰斗沈德潜在《清诗别裁集》中称:允禧"勤政之暇,礼贤下士。画宗元人,

---

① 郑燮:《板桥后序》,卞孝萱编:《郑板桥全集》,齐鲁书社 1985 年版,第 248 页。
② 赵尔巽等:《清史稿卷二二○·列传第七·圣祖诸子》,中华书局 1977 年版,第 7 272 页。

诗宗唐人。品近河间、东平，而多能游艺，又间、平所未闻也。"①由此可知，允禧为人谦逊有礼，诗画书法皆有一定造诣。

在慎郡王府住下，郑板桥开始为允禧编辑并书写诗集。允禧并没有把郑板桥当作一个"圣手书生"，而是将他当作一个艺术家，一位师友，请郑板桥为他的诗集修改定稿并作序。郑板桥也知进退分寸，没有作序，而是作了跋。跋写得别致得体，充分显示了郑板桥的才华、学识和眼光。

《跋》首先介绍作者的身份个性和好学善读的特点："其胸中无一点富贵气，故笔下无一点尘埃气。专与山林隐逸、破屋寒儒争一篇一句一字之短长，是其虚心善下处，即是其辣手不肯让人处。"艺术上的"不肯让人"，正是学者美德。"主人读书好问"，"问一人不得，不妨问数十人，要使疑窦释然理进露。故其落笔晶明洞彻，如观火观水也"。"读书精而不骛博"，"深得读书三昧，便有一种不可羁勒之处"。这就突出了诗集主人虽是皇亲贵胄，但不恋富贵而好学爱才，有这样的襟怀勤奋，读书是必然有成了。

其次是评述允禧的诗艺："曰清、曰轻、曰新、曰馨。'一兽奔来万众呼'是大景；'毡帏戏插路傍花'是小景。偶然得之，便尔成趣。"这是说他的诗是妙手偶得，这正是讲究灵性妙悟的诗的特点。郑板桥特地指出："主人深居独坐，寂若无人，辄于此中领会微妙"，"一旦心花怒发，便如太华峰头十丈莲矣"，能静心顿悟，才下笔神来，这也是郑板桥的深刻体会。郑板桥也点出允禧诗哪些地方似杜甫、王维、韦应物、杜牧、韩愈，"种种境地，已具有古人骨干。不数年间，登其堂、入其室、探其钥、发其藏矣"，这就是说还要过几年才成熟，才能入古人之堂奥。最后郑板桥总结道："问琼崖之诗已造其极乎？曰：未也。主人之年才三十有二，此正其勇猛精进之时。今所刻诗乃前矛，非中权，非后劲也。执此为陶谢复生，李杜再作，是谄谀之至，则吾岂敢。"这就得体地将主人诗作摆在一个比较恰当的位置，作者的身份、作品的特色、评者的眼光与主人的情谊都曲曲写出。

① 沈德潜：《清诗别裁集·卷三十·允禧》，上海古籍出版社 1984 年版，第 1 251 页。

第三,郑板桥又结合作者的诗艺作综合比较,在吸收前人评论的基础上提出自己的看法:"主人有三绝:曰画、曰诗、曰字。世人皆谓诗高于画,燮独谓画高于诗,诗高于字。盖诗、字之妙,如不云之月,带露之花。百岁老人,三尺童子,无不爱玩。至其画,则荒河乱石、盲风怪雨,惊雷掣电,吾不知之,主人亦不自知也。世人读其诗,更读其画,则不知足之蹈之,手之舞之。"评论完了并交代这是"跋","此题后也,若作叙,则非燮之所敢当矣。故段段落落,随手写来,以见不敢为序之意。"下面记下年月日:"乾隆七年六月二十五日,板桥郑燮谨顿首顿首。"①

全跋敬重而不曲谀,赞美而不逢迎,美誉有度,箴在言外,随手挥洒,散而不散,有郡王的个性,也有板桥的个性,是对别人诗艺的评论,也是对自己艺术观点的表述,在郑板桥的序跋文字中是一重要篇章。郑板桥于乾隆六年(1741年)秋到北京,此《跋》作于乾隆七年夏,这就是说,郑板桥为慎郡王编辑并书写诗集几乎花了一年时间,确是尽心尽力。

允禧为郑板桥谋官也是尽心尽力。乾隆七年春,郑板桥就接到朝廷任命为范县县令的诏书。这恰恰说明,此时,郑板桥编辑书写诗集的工作尚在进行之中,为诗集所作的《跋》,应是在范县任上写就。

接到朝廷任命诏书,郑板桥即辞别允禧赴任。离京前,郑板桥特作《将之范县拜辞紫琼崖主人》拜辞允禧:

> 红杏花开应教频,东风吹动马头尘。
>
> 阑干首藿尝来少,琬琰诗篇捧去新。
>
> 莫以梁园留赋客,须教七月课豳民。
>
> 我朝开国于今烈,文武成康四圣人。②

此诗对允禧充满感激,对新职充满信心。亲王也赋诗送行,盼他能像古代贤官一样,为国展才,为民效力,并希望不断联系,常寄佳作:

> 万丈才华绣不如,铜章新拜五云书。

---

① 郑燮:《随猎诗草、花间堂诗草跋》,本社编:《郑板桥集》,上海古籍出版社1979年版,第175页。
② 郑燮:《将之范县拜辞紫琼崖主人》,本社编:《郑板桥集》,上海古籍出版社1979年版,第75页。

朝廷今得鸣琴牧,江汉应闲问字居。

四廊桃花春雨后,一缸竹叶夜凉初。

屋梁落月吟琼树,驿递诗筒莫遣疏。①

两首诗各有风华,各有警句,各具情性,国事友情颂勉得当,是二人集中的重要作品。

---

① 允禧:《紫琼崖主人送板桥郑燮为范县令》,本社编:《郑板桥集》,上海古籍出版社 1979 年版,第 75 页。

第三章　施政和研画

第一节　简政约吏　违例救灾

孔子自称"五十而知天命"，郑板桥则在五十岁时得到了"天命"——任山东范县县令的诏令。此时，他正在慎郡王府为这位王亲好友编撰诗集，书未编写完任命就下来了。皇命在身，不羁晷刻，他带着没编辑完的亲王诗集就走马上任了。于是，从乾隆七年春开始，郑板桥在宦海浮沉十二年，先是在范县（治今濮阳）任县令，同时兼署朝城县（今已撤销，并入范县、阳谷县等）。因为朝城县太小，通常无县令，一向由范县兼管，因此郑板桥一上任就身兼二任。他在范县、朝城县任职四年，政绩甚佳，口碑甚好；任满例假回乡省亲后，调任潍县（治今潍坊市）县令。十二年间，郑板桥显示了能员廉吏、文昌县令的风范，也领略了险恶的宦海风波。

范县和潍县的情况很不一样，比较以下两组基本数据便可得出一个直观印象：

县名	人口（丁）	年赋银	薪俸	养廉
范县	18 868	15 583 两 8 钱 8 分	29 两 2 钱 5 分 9 厘	1 000 两左右
潍县	155 021	57 541 两 9 钱 9 分	45 两	1 400 两

可以看出，两个县一穷一富，差别很大，郑板桥由范县到潍县虽是

平调,实际上却可以视为提拔,只是郑板桥在两个县所费心力和所得效果却大不一样。在范县,包括兼理朝城县,郑板桥都可以"清和得意"甚至"卧而理之",可是在潍县,却是天灾加人祸,吃力不讨好,最后背了一身黑锅,落得罢官回籍。

如果对这十二年的宦海生涯作一点检视,郑板桥的主要政绩可以概括为抗灾自救、减政息讼、兴文教化。

初到范县,郑板桥看到范县虽历史悠久却很贫穷,连县府衙门都只是东倒西歪的破草屋,但民风淳朴,人民安贫顺时,乐业躬耕,大有古风。正如他在《破屋》诗中所描绘:

> 廨破墙仍缺,邻鸡喔喔来。
> 庭花开扁豆,门子卧秋苔。
> 画鼓斜阳冷,虚廊落叶回。
> 扫阶缘宴客,翻惹燕鸦猜。[①]

县衙的破墙上爬着扁豆花,邻家的鸡大模大样地进进出出,门丁懒洋洋地高卧不起,落叶在晚风中打着转儿,偶尔为宴客的扫地倒惊动了院子里的鸟雀。如此的荒芜破败,跟人们印象或理解中府院高墙的衙门毫不沾边。不过,郑板桥倒不觉得让他来此是投荒置秽,他确是想要认真理政,一上任,他就表达了就任心声:"君是天公办事人,吾曹臣下二三臣;兢兢奉若穹苍意,莫待雷霆始认真。"[②]他只是惭愧自己这个父母官让老百姓生活这么苦。他在诗里说,"一杯白水荒涂进,惭愧村愚百姓心"[③],这个"惭愧"正是韦应物的"邑有流亡愧俸钱"的"愧"。既然领了朝廷俸禄,自然需要担起责任,所以他有时不坐轿子,芒鞋布袜深入乡间地头了解民情俚俗。他有一首长诗《范县诗》,描绘了当地自然风情以及乡风民俗,节录如下:

> 十亩种枣,五亩种梨,……春花淡寂,秋实离离;……
> 桑下有梯,桑上有女;不见其人,叶纷如雨。……

① 郑燮:《破屋》,本社编:《郑板桥集》,上海古籍出版社 1979 年版,第 94 页。
② 郑燮:《君臣》,本社编:《郑板桥集》,上海古籍出版社 1979 年版,第 89 页。
③ 郑燮:《喝道》,本社编:《郑板桥集》,上海古籍出版社 1979 年版,第 80 页。

蒲桃在井，萱草在坪；枣花侵县，麦浪平城。……
臭麦一区，饥鸡弗顾；甜瓜五色，美于甘瓠。……
鹅为鸭长，率游于池；悠悠远岸，漠漠杨丝。
人牛昼卧，高树荫之；赤日不到，清风来吹。……
九月霜花，雇役还家；腰镰背谷，脚露肩霞。……
四十聘妇，我家实寒。亦有胜村，童儿女孙；
十五而聘，十七而婚。……六十者佣，不识妻门，……
驴骡马牛羊，汇费斯为集；或用二五八，或以一四七。
期日，长吏出收租，借问民苦疾；老人不识官，扶杖拜且泣。
官差分所应，吏扰竟何极；最畏硃标签，请君慎点笔。……
朝歌在此，濮水在南；维兹范邑，匪淫匪娄。……
垦垦力力，物土之宜。①

　　这首诗分九节，描绘了范县的风土人情、农桑景观，有点像桃花源，其实也很贫苦。诗中也写了县官、县吏到乡下收租搅扰，"老人不识官，扶杖拜且泣"。在这里为民父母，有苦恼也有快乐。这位"鸣琴牧"经常到乡下"借问民苦疾"，有时竟倦卧田野呼呼大睡，以至于上司来访，找不到坐衙的"醒板桥"，却找到田垄上的"睡板桥"。好在这位上司欣赏他，体谅他，并不以为怪。

　　在朝城县，郑板桥就更加轻松省劲了，乃至闲得有点寂寞。他想起几位好友，一口气画了三幅石头分寄高凤翰、图清格和李鱓三位"石友"，又用余墨在县衙的墙壁上画卧石一块，并题："朝城讼简刑轻，有卧而理之之妙，故写此以示意。三君子闻之，亦知吾为吏之乐不苦也。"②本来"卧而理之"指的是治理者有才能，郑板桥却用来表示民风淳朴，衙门清闲无事，县令可整天睡觉，这叫作无为而治，"清和得意"。在淳朴民风的熏陶下，郑板桥可以吟诗作画，可以倦眠田垄，真是得其所哉。他的《止足》诗写足了在范县、朝城县的生活和心情：

　　年过五十，得免孩埋；

① 郑燮：《范县诗》，本社编：《郑板桥集》，上海古籍出版社 1979 年版，第 80—81 页。
② 郑燮：《题画·石》，本社编：《郑板桥集》，上海古籍出版社 1979 年版，第 164 页。

情怡虑淡,岁月方来。

弹丸小邑,称是非才。

日高犹卧,夜户长开。

年丰日永,波淡云回。

鸟鸢声乐,牛马群谐。

讼庭花落,扫积成堆。

时时作画,乱石秋苔。

时时作字,古与媚皆。

时时作诗,写乐鸣哀。

闺中少妇,好乐无猜。

花下青童,慧黠适怀。

图书在屋,芳草盈阶。

昼食一肉,夜饮数杯。

有后无后,听已焉哉!①

　　诗歌的主要功能在抒情,而情有所触,绪有起伏,郑板桥一得意,便把自己的日子说得如小神仙一般。只是,诗的结尾显出点遗憾,因为自己年过五十,虽有美妾在旁,却未生子,在"不孝有三,无后为大"的时代,不免惆怅。郑板桥到了五十二岁,小妾饶氏居然为他生了个儿子。郑板桥无后之忧得以解除,真是天随人愿,优哉游哉,"情怡虑淡,岁月方来"。

　　说来有趣,在范县任上,郑板桥还做了一件与公务无关的事。他看到当地不少古董被当作废物,感到实在可惜,闭塞的范县又无法开发古董市场,于是他就不时买一点带回老家,或到扬州出售求利。他对此还很得意,在家书中写道:"我已买得滚盘珠十二颗,虽颗头略小,亦可值二十金。有买得古镜一百面,亦可直百金。"②他本来打算将来卖去这些古镜买一所市房,作为两位夫人的养老之所,可是时任山东学政的金德瑛来看他,这些古镜便成为礼物。县太爷做小生意,颇为不类,不过不

---

① 郑燮:《止足》,本社编:《郑板桥集》,上海古籍出版社 1979 年版,第 91 页。

② 郑燮:《与四弟书》,卞孝萱编:《郑板桥全集》,齐鲁书社 1985 年版,第 266 页。

拘小节的郑板桥浑不在意,在他看来,这也是"搬有运无,皆有便民之处",它化无用为有用,以智慧劳动换取利润,与刮地皮有天壤之别,至少不是不义之举。

与范县形成强烈对比,郑板桥一到潍县,看到的则是赤地千里,草木枯槁,路上逃荒的人群拖儿带女,络绎不绝。于是郑县令写下了潍县任上的第一首纪实诗:"十日卖一儿,五日卖一妇,来日剩一身,茫茫即长路……千里山海关,万里辽阳戍。"①他刚刚上任,面对此情此景,心情的沉重是可以想象的。

更可怕的是,潍县疫、卤、旱、涝的自然灾害交替发生,从乾隆十年(1745年)到乾隆十四年(1749年),一直持续了五年。郑板桥到潍县正是大灾的第二年。

本来"潍县原是小苏州",经济基础比较好,出现一两年灾害,还是能够应对的。但这次灾害面积特别大,持续时间特别长,而且诸灾丛集反复摧残,再加上地方官吏为求升迁不肯如实上报灾情,豪绅乘机囤积居奇抬高粮价,广大贫民只好背井离乡。前任知县因此待不下去而离任,于是才有了郑板桥的继任。

面对如此严峻的局面,郑板桥一改在范县时的无为而治,采取了多项救灾措施:

第一,如实上报灾情。当时山东的巡抚、知府等地方大员,讨好皇上求天下安定的心理,认为报了灾情会引起皇上不安,殃及自己升迁,于是匿灾不报,甚至当皇帝查问时还说小灾已过。他们一看到郑板桥上报灾情的公文,非常恼怒,认为搅乱了他们的升官梦,不仅不采取救灾措施,反而指责郑板桥谎报灾情,意图不良,于是"记大过一次"。可是郑板桥并未因为记了大过就此平复,还是辗转将灾情上报,终于上达天听。后来乾隆帝多次向军机大臣、山东巡抚发"上谕"查问灾情,布置救灾,并派专人到山东督办救灾事宜。

第二,开官仓赈贷。清代各县均设有常平仓,镇设有义仓,乡村设有社仓。县级的官仓归国家管,各省委派道员专门负责,主要用来春夏

---

① 郑燮:《逃荒行》,本社编:《郑板桥集》,上海古籍出版社1979年版,第98页。

出粜,秋冬籴还,平价生息,遇灾即向灾民放赈。县以下的义仓、社仓由当地公推人管理,也是春借秋还,意在便民。这些仓粮一般都采取低息政策,平日每石收息一二斗,灾荒时减息或全免。像潍县这样的大县,仓粮一般都在二万石左右。若要使用仓粮,必须严格申报请示,得到批准方可动用;由于报批不便,雍正后期这些便民措施反而成了贪官污吏渔利的门路。贪官污吏利用权力,平粜时囤积居奇,灾荒时高价出售,化便民为虐民。因往返请示费事延时,等到批准开仓,灾民早已成为饿殍,所以郑板桥一到潍县看到如此灾情,就"不俟申报,即出仓谷以贷"。此事迹辑录在《重修扬州府志》卷四十八。好心人为他着想劝阻他等待批准,他却说:"此何时。俟展转申报,民无孑遗矣,有谴我任之。"这一段史实也记载在《重修兴化县志》卷八中。

第三,对"积粟之家,谕其平粜"。郑板桥不仅开官仓赈民,还晓谕县里富厚之家"积粟"大户,立即平粜粮食给灾民。富户们虽不乐意,却也不敢违抗。这样官绅齐出力,特别是"积粟之家"分布面比官仓广,他们平粜利于灾民就地取粮。再由于谕令明确,奸商们不得不收敛,也不敢见死不救。在这些得力举措下,"活万余人"。

第四,催促朝廷调拨粮食。乾隆十二年时,乾隆帝年少气盛、励精图治,当他辗转得知山东灾荒实情、地方大员救灾不力而且匿报灾情,非常恼怒,连下几道圣旨,斥责地方大员,责成勉力救灾,调粮济民。四月初九、初十他连下两道圣旨,委任时任江南河道总督的亲信高斌为文渊阁大学士兼吏部尚书,到山东视灾放赈。高斌以一品大学士又兼吏部尚书的身份到山东,有权调拨邻省粮食救灾,地方大员谁敢不遵。乾隆帝担心有人办事不力,五月十六日又发下紧急诏谕:

> 上谕军机大臣等:山东登、莱、青三府亦有被旱欠收之处。前据阿里衮只报安邱、诸城二县,朕闻不止于此。不知近日麦收如何?民间情形如何?可传谕询问。若有应须酌量筹画接济者,一面奏闻,一面速行办理,务使贫民不致失所。因目前时日已迫,不可再迟![1]

---

[1] 参阅杨士骧修,孙葆田等纂:《山东通志·列圣训典》,商务印书馆,1934 年影印本。

这就连山东巡抚阿里衮都批评了，谁还敢道个"不"字。高斌又是雍乾两朝的亲信能员，山东的救灾粮终于迅速调拨到位。

高斌是郑板桥在扬州卖画时的熟人。他一到山东就调郑板桥陪同巡察各地灾情，马不停蹄。天从人愿，五月中旬山东下起喜雨，长达十个月的大旱终于结束。高斌特别高兴，结合恰逢自己生日便写诗庆贺，郑板桥也连忙奉和："相公捧诏视东方，百万陈因下太仓。天语播时人尽饫，好风吹处日俱长。村村布谷催新绿，树树斜阳送晚凉。多谢西南云一片，顿教霖雨遍耕桑。"在另一首诗中他又写道："愚民攀拽无他嘱，为报君王有瑞禾。"① 郑板桥抒发了天降甘霖带来的喜悦，也赞颂了高斌的救灾行动和浩荡皇恩。

第五，以工代赈，生产自救。随高斌而来的喜雨，虽然解除了旱象，为君王赢得了几株瑞禾，可遗憾的是，这次降雨却时小时大连月不止，山东转眼又变成大涝。潍县人民刚离"火热"又陷"水深"，四处啼饥号寒。郑板桥这时为朝廷抽调两度离开潍县，一次是调到济南任山东乡试同考官，一次是因乾隆帝登泰山被调任"乾隆东封书画史"。可他却是身在省城心系潍县，一经脱身就赶回属地，筹措救灾。

经过此次赈灾，郑板桥逐渐有了经验。他知道，单靠朝廷调拨粮食不是办法，救灾粮钱又常不能到灾民手中；另外，让百姓坐吃皇粮也只能救一时，何况灾荒也不知何时停止，得从治本上想办法，让百姓有劳有食才是长久之计。于是，他考虑在潍县修建一些公共工程，如周公祠、潍县城墙之类，用以工代赈的方式让灾民有工可做。潍县城墙原是崇祯年间修的坚固石城，雍正八年夏天，白浪河水上涨，冲倒城墙一千四百余尺，以后又继续倒塌，达一千八百余尺。郑板桥就与乡绅计议修复，议定每尺工本费六千文，各富户出钱自认修多少尺，由公推的地方贤人郭伟业、郭耀章全面负责集款督修，"本县一钱一物，概不经手"。

为推动此事，郑板桥也捐出自己的薪俸和养廉银，承修六十尺，后来又加捐修二十尺。县官带头，乡绅敢不凛遵。工程从乾隆十三年九

---

① 郑燮：《和高相公给赈山东，道中喜雨，并五日自寿之作》，本社编：《郑板桥集》，上海古籍出版社 1979 年版，第 103 页。

月正式动工,到乾隆十四年三月竣工。郑板桥特作《修城记》刻石:

> 潍县旧土城,崇祯十三年易土而石。不费国帑,诸绅士里民自为之。雍正八年六月二十四日,白浪河水涨,齐城腰,一时倒坏千四百余尺。是后渐次倾圮千八百尺有余。板桥郑燮来莅兹土,顾而伤之,谋重修。诸绅士慨然乐从。遂于乾隆戊辰十月开工,明年三月讫工。燮以邑宰捐修八十尺,其代修者郭伟业、郭耀章也。①

这些得力的抗灾措施,终于使在死亡线上挣扎的灾民渡过难关,白浪河水又唱起欢乐的歌声。官也罢,民也罢,终于如郑板桥在《潍县竹枝词》里描写的那样"薄暮回车人半醉,乱鸦声里唱歌还"②了。

出门在外,总难免乡思之情,因为家乡有自己的亲人,还有许多本族乡人。在县官任上,郑板桥衣锦还乡的理想终于实现,特别是在范县任满时,吏部给假省亲,等候再任,所以就举家回故里荣耀了一番。多少年来,郑板桥发奋要登科中举,当然是为了实现自己大丈夫"修齐治平"的理想,但毋庸讳言,他也有光宗耀祖的想法。他曾特地填了一阕《满庭芳·村居》,"老夫三十载,燕南赵北,涨海蛮天。喜归来故旧,情话依然。提起髫龄嬉戏,有鸥盟未冷前言。欣重见,携男抱幼,姻娅好相联"③,融融的欢乐之情溢于言表。回到家,他不仅受到家人的欢迎,也受到乡邻的欢迎,因为他在县官任上已向家乡回馈了很多。譬如,他一拿到薪俸就捎银回家,并在《范县署中寄舍弟墨第一书》中交代墨弟分金送与同族:

> 可怜我东门人,取鱼捞虾,撑船结网;破屋中吃秕糠,啜麦粥,擎取荇叶蕰头蒋角煮之,旁贴荞麦锅饼,便是美食,幼儿女争吵。每一念及,真含泪欲落也。汝持俸钱南归,可挨家比户,逐一散给:南门六家,竹横港十八家,下佃一家,派虽远,亦是一脉,皆当有所分惠。骐驎小叔祖亦安在?无父无母孤儿,村中人最能欺负,宜访求而慰问之。自曾祖父至我兄弟四代亲戚,有久而不相识面者,各

---

① 郑燮:《修城记》,卞孝萱编:《郑板桥全集》,齐鲁书社1985年版,第257页。
② 郑燮:《潍县竹枝词》,本社编:《郑板桥集》,上海古籍出版社1979年版,第201页。
③ 郑燮:《满庭芳·村居》,本社编:《郑板桥集》,上海古籍出版社1979年版,第145页。

赠二金，以相连续，此后便好来往。①

郑板桥不仅对穷亲戚是这样，对其他朋友、同学亦是如此。如徐宗于、陆白义辈"亦当分俸以敦夙好"，"其余邻里乡党，相瞩相恤，汝自为之，务在金尽而止"。可以看到，郑板桥对家乡父老的关心是真诚而慷慨的，正如他在《乳母诗》中说"长恨富贵迟，遂令惭恶久"，所以他的亲戚、邻里、友朋对这位念旧的施恩之人回乡报以同样的热情，捧出欢迎的美酒。

郑板桥不仅分金与人，后来有了一点积蓄，也想买地建房，改善居住条件。他在《范县署中寄舍弟墨第二书》中就具体设计了房屋结构：八间两进、大院小花圃、书房会客室等等，以"为狂兄娱老之资"。后来，墨弟总算有了新居，而他自己设计的房屋，则始终是一纸蓝图。后来他还想到乡下买一百亩地，这样在老家的根就更深了，不过这个愿望并没有实现。幸运的是，在十二年的官任上，他的家庭非常稳定和睦，家财、人丁都比较太平兴旺。关于父亲的坟墓，他也有推己及人、泽及孤魂的安置。他非常感激祖坟的风水，说："刹院寺祖坟，是东门一枝大家公共的，我因葬父母无地，遂葬其傍。得风水力，成进士，作宦数年无恙。是众人之富贵福泽，我一人夺之也，于心安乎不安乎！"②这样，郑板桥对自己对家人乡人，对生人对死者都安排得当，心中也就没有后顾之忧了，这也是他县官任上公务以外的一件大事。

当然，郑板桥在范、朝二县的日子并非终日昏昏，无所事事。郑板桥《诗钞》里就有在范县写的《孤儿行》《后孤儿行》《姑恶》，这从另一个角度反映了范县民间的愚昧和落后。这些是范县的另一面，也是令郑板桥揪心的一面。虽然诗中所述是个别家庭的个别行为，但绝非是个别现象，这些陋习对于朝廷的"鸣琴牧"来说，是不能漠然置之的，他要书以"激劝"。

在范县和朝城县，郑板桥虽然满眼破败，但日子还算安定，也留下对范县的美好印象。离任时他还表达对范县的美好祝福：

范县民情有古风，一团和蔼又包容；

老夫去后相思切，但望人安与岁丰。①

"老夫去后相思切"，是写郑板桥对范县百姓的怀念，但又何尝不是写范县百姓对郑县令的怀念呢。正如他对扬州的怀念："我梦扬州，便想到扬州梦我"。"但望人安与岁丰"，正是对杜甫"在家常早起，忧国愿年丰""穷年忧黎元，叹息肠内热"的诗思的继承。

第二节　清官断案　抑豪护贫

在农耕社会，县官集行政司法于一身，郑板桥认为一个县官是否贤能，如何审案是一个试金石，而最主要也是最花时间最显才干的工作是断案。郑板桥为国为民勇于任事、急公好义的才具，在救灾中得到崭露，而"板桥式"的对官员责任的理解，在日常断案中则得到更多的体现。今天我们当然无法重现这位县令是如何升堂断案的，当年的许多案卷早已荡然无存，但幸运的是，他有共254条判词被后人作为书法手迹，分别为中国历史博物馆、李一氓、高象九及日本藏家等机构和私人所收藏。② 这些判词，其中一些还有后人的批语，有的赞成，有的则持异议。如李一氓所藏判词中有三页夹有光绪年间陈介祺的批语，郑板桥判词为："尔既遭丧，便不合与人争讼。仍着徐日诚调处可耳。"陈介祺批道："衰绖入公门，大干教化，调处轻矣。"③不论后人对郑板桥判词作何评价，它们确实给我们观察郑板桥当年的审案情况提供了一个具体切实的路径。

他的判词一般只有几句，短的仅四个字：如"从宽准息""遵依附卷"等，最长的是：

王朴庵被王六戳伤身死，尔将其全家兄弟人等悉行告上，已拖死王奋笃一人。王六叠夹几次未得真情，现在严审。刑房理当伺

① 郑燮：《赠范县旧胥》，本社编：《郑板桥集》，上海古籍出版社1979年版，第199页。

② 郑燮：《判词四种》，卞孝萱编：《郑板桥全集》，齐鲁书社1985年版，第292—311页。

③ 郑燮：《判词四种》，卞孝萱编：《郑板桥全集》，齐鲁书社1985年版，第300页。

候,有何偏袒?从来杀人者死,一人一抵,有何徇纵之处?因该犯病未痊愈,不能招解,何得听信讼师倚恃尸亲,屡行刁渎,凛之!慎之!①

如今我们无法还原案情,对郑板桥的判决是否得当无从判断,此处略过。不过从这个判词看,缘由当为受害人亲属不服判决,认为官府"偏袒"施害者,有"徇纵"之嫌,遂闹腾起来,加之讼师推波助澜,于是"屡行刁渎"。此判词便是据理对受害人亲属无端指责的驳回,是对其不当言行的告诫。不过判词依然是说理的,口气并不居高临下咄咄逼人,既有威严,又心存善意。

从今人所藏的郑板桥判词中,我们大致可以看出郑板桥办案的特点:

第一,"事无大小,悉以咨之"。占田霸户,盗砍茔木,固然告到官府,连"口角细故"也告入公门。郑板桥的县衙并非"八字衙门朝南开,有理无钱莫进来",让人望而生畏,而是像个茶馆,大事小事都可以来说说理出出气。从这里我们可以看出郑板桥的爱民,如果他不爱民,百姓哪敢如此。

第二,息事宁人,调解为主。例如"孀居寡媳,应善为抚恤,何得纵子逼嫁?故从宽准息,再犯倍处",针对的该是逼嫁寡妇事。再如"尔女十五,婿年二十岁,年甲未为不当,亦难审判分拆,业经做亲,应成连理。彼此当堂具销案",针对的应该是退婚事,郑板桥不准,并要具结销案,今后和好。

第三,扣紧主犯,放宽胁从。重大案子,则拘捕、审问主犯,而不扩大拘禁从犯,更不牵连无辜,亦不在犯人病中逼供,前引"王朴庵被王六戳伤身死"条即是如此。从方苞《狱中杂记》中,人们可以了解到恶吏为勒索钱财巴不得多抓人,一人犯案多家遭殃是常事,官吏们常常"吃完被告吃原告"。郑板桥却坚决不允许,认为"从来杀人者,一人一抵"就行了,"拖死"别人是不应该的,"凶手""病未痊愈,不能招解"。这也是郑板桥的德政之一。

---

① 郑燮:《判词四种》,卞孝萱编:《郑板桥全集》,齐鲁书社1985年版,第295—296页。

第四，注重证据，戒备讼师。如李一泯所藏判词中有"尔宅卖与李小好，系何人作中？果否李斌等分肥？着词证据实禀覆夺"；"尔被孙万年等毒打，受伤何处？未据声明，自是节外生枝。不准"；"尔既不知地被人种去，又何知是赌账准折？刁词可恶！但是否坟地出典？词证确查覆夺"；"所粘并非合同，且字迹新鲜，未足为据。座自邀人理说"；"张凤池究系何人？想亦奉先自写自递，乱闹官衙，可恶之至，不准"等。在王六伤人致死案中，郑板桥更写明"何得听信讼师倚恃尸亲，屡行刁渎"。

第五，多依情理，少按法令。郑板桥断案述情而不引法，看似随意，其实爱民。如山东高象九所藏墨迹就有"自向理讲领回团聚可也"；"着潘可启自同族众理说"；"尔欲守贞，谁能逼尔改嫁"；"买卖地亩，理应随时税割，今被他人告发，未便从轻，候当堂讯夺"；"九百年树，谁敢盗窃？必有卖树之人，开明另禀"；"昨已明白批示，不得倚妇人混渎"；"邀同族庄乡众理逐可也"；"尔不令尔妇出官，又告人妇女，何也？候讯夺"等等，下笔落墨都是揆情按理，从无"王法"二字领头，可知这位县令"胸中无法"也。清人曾衍东在《小豆棚》中记录了郑板桥在范县的一些案例，其中一例是：一对年轻的僧尼私通，被邻居捉住缚送县衙，要县令判罪。本来这可算是一件有伤风化的大事，既违清规，又犯王法。可是郑板桥讯问后得知，他俩自小青梅竹马，后来为殉情削发出家，现在旧情难忘至犯色戒。郑板桥于是判他俩还俗以去掉僧尼身份，如此就不再触犯清规，然后令二人结为夫妻，成全了二人的情缘。年轻僧尼千恩万谢，百姓也纷纷赞叹，当时就有人写诗传为美谈：

> 一半葫芦一半瓢，合来一处好成桃。
> 从今入定风规寂，此后敲门月影遥。
> 鸟性悦时空即色，莲花落处静偏娇，
> 是谁勾却风流案，记取当堂郑板桥。①

李斗在《扬州画舫录》中也记载了一则故事：郑板桥在范县任上时，

① 曾衍东：《小豆棚·杂记·郑板桥》，转引自卞孝萱编：《郑板桥全集》，齐鲁书社 1985 年版，第 802 页。

一富室嫌弃女婿家贫打算悔婚,便以做寿的名义送郑板桥千金。郑板桥佯作答允,收富室女为义女,待此女拜见义父的时候,郑板桥以千金作为义女嫁妆,唤出事先藏在衙中的穷小伙,让二人当堂成亲。郑板桥让小伙携女与金而去,也让富室赔了女儿又折金。这个故事既嘲笑了富室的嫌贫爱富,又彰显了郑板桥的道义和风趣,在民间广为流传。后来这个故事又有了发展,增添了更多的细节。《清朝野史大观》卷十一《清代述异·郑板桥判案》记载:郑板桥在潍县任上,一穷书生控告富室想悔婚,郑板桥将书生留下,把富室叫来,从容对他说,你只考虑不想把女儿嫁给穷书生,为什么不考虑你女婿的境地呢? 如你拿出千金,我就为你重新安排。待富室如数缴上千金,郑板桥又从容说道:若你不想让女儿一辈子不嫁人,我就给你挑一个更好的,即以"千金"作为陪嫁。富室感激不尽,郑板桥立刻唤出穷书生,判令当堂完婚,让穷书生携女与金而去,也让此事的记载者大呼"此事颇快人意"①。

第六,"右窭子,左富商"②。郑板桥办案还有一个原则是尽力保护穷人,对富人却不假辞色。法坤宏在他的《书事》中记载了一件往事,他曾与潍县的一群商人在酒席上相遇,商人对这位郑县令的为官倒也不吝赞辞,只是说到他在办案时对富商的态度则有不恭:

> "讼事则右窭子而左富商。监生以事上谒,辄庭见,据案大骂,驮钱驴有何陈乞,此岂不足君所乎! 命皂卒脱其帽,足塌之,或捽头黥面驱之出。"余曰:"令素怜才爱士,此何道?"曰:"惟不与有钱人面作计。"余笑而言曰:"贤令,此过乃不恶!"群贾相视愕起坐去。③

郑板桥在办案时不仅"唯不与有钱人面作计",甚至骂那些仗势兴讼的监生为"驮钱驴",弄得富豪们"无奈一时骄吝者,惭他呼作'驮钱

---

① 参见李斗:《扬州画舫录·虹桥录》;小横香室主人:《清朝野史大观·清代述异·郑板桥判案》,转引自卞孝萱编:《郑板桥全集》,齐鲁书社1985年版,第800—801页。
② 在中国传统文化中,右常为上位尊位,左常为下位卑位,故这里的"左右"即含褒贬之意。
③ 法坤宏:《书事》,[清]李桓辑:《国朝耆献类征初编》卷二百三十三,本社编:《郑板桥集》,上海古籍出版社1979年版,第241页。

驴'"①。《小豆棚》还记载了这样一件事:

> 盐店商送一私贩求惩,郑见其人蓝缕,非枭徒,乃谓曰:"尔求责扑,吾为尔枷示之如何?"商首肯。郑即令役取芦席编成一枷,高八尺阔一丈,前成一孔,令贩进首带之,郑于堂上取纸十余张,用判笔悉画兰竹,淋漓挥洒,顷刻而就,命皆贴枷上,押赴盐店,树塞其门,观者如堵,终日杂沓,若闭门市。浃辰,商大窘,苦哀郑,郑乃笑而释之。②

朝廷明文规定盐业专卖,没有许可私自卖盐即为非法,就此,盐店老板此举并不违法。这种扭送私盐小贩见官要求惩处的情况在潍县很普遍,郑板桥在《潍县竹枝词》里就写了"可怜北海穷荒地,半篓盐挑又被拏","行盐原是靠商人,其奈商人又赤贫? 私卖怕官官卖绝,海边饿灶化冤磷"③。他见到那小贩衣衫褴褛,知道他不是那种杀人越货的枭匪,只是为了养家糊口谋一点升斗微利,而商人唯恐影响到自己的利益,连这一点都不放过,未免过分。郑板桥内心自有一杆秤,于是他依律让私贩"枷号示众",其实却用一种戏谑的方式既保护了穷人,也让贪心的商人吃一点哑巴亏。

郑板桥这样断案方式,颇类似于昏官断案,在别人看来真是"糊涂"。郑板桥也就顺水推舟装糊涂,并说"难得糊涂"。其实,郑板桥断案有一个共同的倾向或者说原则,那就是扶助弱者,保护底层,这种倾向,与郑板桥的人生经历息息相关,也是郑板桥重农爱民思想的一个表现。

郑板桥从小生活在社会下层,几十年生活坎坷在底层挣扎,多与下层人民为伍。入仕以后,他也不断接触下层人民的痛苦生活,因之形成了比较系统的重农爱民思想。这个思想随着阅历的丰富而不断加深,具有鲜明的特色。他自己也从不隐瞒这一观点,在诗词、绘画、书法尤其是《家书》中都一再表明反复陈说,有时甚至大声疾呼。譬如在范县任上所作《范县署中寄舍弟墨第四书》:

---

① 郭麐:《海上庐集·潍县竹枝词》,转引自卞孝萱编:《郑板桥全集》,齐鲁书社 1985 年版,第 646 页。
② 曾衍东:《小豆棚·杂记·郑板桥》,转引自卞孝萱编:《郑板桥全集》,齐鲁书社 1985 年版,第 802—803 页。
③ 郑燮:《潍县竹枝词四十首》,本社编:《郑板桥集》,上海古籍出版社 1979 年版,第 202 页。

第三章 施政和研画

十月二十六日得家书,知新置田获秋稼五百斛,甚喜。而今而后,堪为农夫以没世矣!要须制碓、制磨、制筛罗籭箕、制大小扫帚、制升斗斛。家中妇女,率诸婢妾,皆令习春揄蹂簸之事,便是一种靠田园长子孙气象。……嗟乎!嗟乎!吾其长为农夫以没世乎!我想天地间第一等人,只有农夫,而士为四民之末。农夫上者种地百亩,其次七八十亩,其次五六十亩,皆苦其身,勤其力,耕种收获,以养天下之人。使天下无农夫,举世皆饿死矣。我辈读书人,入则孝,出则弟,守先待后,得志泽加于民,不得志修身见于世,所以又高于农夫一等。今则不然,一捧书本,便想中举、中进士、作官,如何攫取金钱、造大房屋、置多田产。起手便错走了路头,后来越做越坏,总没有个好结果。其不能发达者,乡里作恶,小头锐面,更不可当。夫束修自好者,岂无其人;经济自期,抗怀千古者,亦所在多有。而好人为坏人所累,遂令我辈开不得口;一开口,人便笑曰:汝辈书生,总是会说,他日居官,便不如此说了。所以忍气吞声,只得捱人笑骂。工人制器利用,贾人搬有运无,皆有便民之处。而士独于民大不便,无怪乎居四民之末也!且求居四民之末而亦不可得也!愚兄平生最重农夫,新招佃地人,必须待之以礼。彼称我为主人,我称彼为客户,主客原是对待之义,我何贵而彼何贱乎?要体貌他,要怜悯他,有所借贷,要周全他;不能偿还,要宽让他。……吾家业地虽有三百亩,总是典产,不可久恃。将来须买田二百亩,予兄弟二人,各得百亩足矣,亦古者一夫受田百亩之义也。若再多求,便是占人产业,莫大罪过。天下无田无业者多矣,我独何人,贪求无厌,穷民将何所措手足乎!或曰:世上连阡越陌,数百顷有余者,子将奈何?应之曰:他自做他家事,我自做我家事,世道盛则一德遵王,风俗偷则不同为恶,亦板桥之家法也。①

这里虽是节选,亦不惮烦劳征引许多。之所以如此,是因为从这封

---

① 郑板桥:《范县署中寄舍弟墨第四书》,本社编:《郑板桥集》,上海古籍出版社1979年版,第12—13页。

信中,我们可以比较完整地看到郑板桥关于农民和士农工商"四民"的几个重要观点:

其一,全心全意想当"农夫"。尽管好不容易挤入仕途,可郑板桥想的不是如何取悦上官再图升迁,而是想当"农夫"。信一开头就说,得知家中新置的田收获庄稼五百斛,心里"甚喜"。这个高兴不仅仅是家里财富增加,而是新置的田在家人管理下有了收获。这就是说,他家从自家土地上种出庄稼来。地虽是佃夫种的,却都是他的家人亲自管理的。这是郑家持家方向的重大转折,以前是离开土地靠舌耕和小本经营过日子,现在由无业市民转为能种好地的农夫了。所以,他马上关照家人要制作碓、磨、筛罗、簸箕乃至大小扫帚和斗斛等多种农具,并要家中妇女都要学会使用,而且将学好这些技术提升到"是一种靠田园长子孙气象"的高度。

其二,将"士农工商"的排序改为"农工商士"。"家书"第二段即提出:"我想天地间第一等人,只有农夫,而士为四民之末"。"士农工商",士子因读书多学问大向来排在首位,这也是士子引以为傲的地方。而郑板桥认为,农夫最勤苦,无论耕种百亩还是五六十亩,"皆苦其身,勤其力,耕种收获,以养天下之人",他更直截了当地说:"使天下无农夫,举世皆饿死矣。"可见,他认为从对社会的贡献来说,农民当居四民之首。农民之外,"工人制器利用",制造出多种用具,供全社会包括农民使用,对社会有贡献;商人"搬有运无",使各地互通有无各得其所,有利生产生活,与工人一样"皆有便民之处"。比较起来,士人则又当别论。

以前郑板桥则认为,士是为国为民贡献才智之人,比农夫更"劳心",更自觉地为他人而奋斗。士人居乡是众之楷模,出仕则为国之栋梁,国君得一士可以安天下,当然应该"高于农夫一等"列为四民之首,即所谓"学以居位曰士"[①]。可后来士德士行越来越差,如今则是"而士独与民大不便",所以郑板桥愤怒地把"士"排到了"四民"之末。郑板桥注意到,当今之世,士子"一捧书本,便想中举人,中进士,作官如何攫取金钱,造大房屋,置多田产。起手便错走了路头,后来越做越坏"。"发

---

① 参阅班固:《汉书·食货志》,《二十四史》,中华书局,2011年版。

达"做了官的,"三年清知府,十万雪花银",鱼肉百姓,中饱私囊;没有做成官的,则"乡里作恶,小头锐面,更不可当",再与恶吏贪官勾结,为虎作伥,百姓更是遭殃。发达之"士"与未发达之"士"都一样祸害百姓,自然只能居"四民"之末了。当然,郑板桥也看到士的行列中有坚持不与恶士同流合污的,然而"好人为坏人所累"①,"士德士行"的高楼大厦已倾,优秀士人"独木难支",既然同流,难免合污,"流到前头浑是卤,更何人辨识清泉",如不同流合污,不是被赶走就是被杀头。更有甚者,社会已积非成是,为官想要保持理想保持节操就要被人否定,甚至无法自我辩护,"一开口,人便笑曰:汝辈书生,总是会说,他日为官,便不如此说了。所以忍气吞声,只得捱人笑骂。"故而,本是"四民"先进分子的士,现在却只落得成为危害人民的人,"无怪乎居四民之末也"。不仅如此,还可进一步推测,如果此趋势持续下去,士人"且求居四民之末而亦不可得也"。就此,郑板桥对士人的认识虽不够全面却十分深刻,但在某种意义上,是对李白"文籍虽满腹,不如一囊钱"和杜甫"纨绔不饿死,儒冠多误身"的进一步深化。他在《寄许生雪江三首》诗的第二首中也愤慨地说"极贱到为儒",可见他对四民之末的士是如何的失望了。

其三,洁身自好,不同为恶。在这样恶浊的社会中,郑板桥何以自处呢?他的答案是:"他自做他家事,我自做我家事,世道盛则一德遵王,风俗偷则不同为恶,亦板桥之家法也。"这就是说,如果"世道盛",国家兴旺,政治清明,就一心一意替国家办事;如果世风日下,忠不必用,贤不必以,那就"不同为恶"。郑板桥的选择建立在对现实清醒认识的基础上,自己无力回天,只能洁身自好,从我做起。这不仅是个人自律,也是板桥"家法"。这个"不同为恶"说得伤心,也说得愤慨而有力。可贵的是,郑板桥的这一思想,对士人的历史和现状作了深刻解剖,不仅发展了孟子民贵君轻的民本思想,更将对社会现实的批判与自我解剖自我约束结合起来,给当时和后人都极有启迪。

基于这样的思想,郑板桥对贫苦百姓抱有深深的同情。在同一封信中,郑板桥还有一段文字:

---

① 郑燮:《范县署中寄舍弟墨第四书》,本社编:《郑板桥集》,上海古籍出版社1979年版,第12页。

天寒冰冻时,穷亲戚朋友到门,先泡一大碗炒米送手中,佐以酱姜一小碟,最是暖老温贫之具。暇日咽碎米饼,煮糊涂粥,双手捧碗,缩颈而啜之,霜晨雪早,得此周身俱暖。①

这些安排设身处地,虽属杯水车薪以沫相濡,但也算尽心尽意了。郑板桥刚拿到薪俸就捎钱回家,并交代墨弟:

汝持俸钱南归,可挨家比户,逐一散给……无父无母孤儿,村中人最能欺负,宜访求而慰问之。……有久而不相识面者,各赠二金……其余邻里乡党,相赒相恤,汝自为之,务在金尽而止。②

分金济贫,尽自己心力疗救乡里贫民的一时之急,纯是仁人长者的共情之心,而且想得如此周到,交代得如此细致,可见郑板桥确实是真心诚意的。郑板桥的这种分金义举,一直保持到老年。相传他由山东罢官回扬州卖画时,"尝置一囊,储银及果食,遇故人子及乡人之贫者,随所取赠"③。

同情贫苦百姓,也是郑氏"家法"。他特地抄录了一些悯农诗,如"二月买新丝""锄禾日当午""昨日入城市""九九八十一"等,要墨弟"令吾儿且读且唱"④,可见他希望孩子们从小就要知道民生疾苦,同情百姓。

得知他人同情穷人做了好事,郑板桥也赞颂不已。有一个人为弟"买妾,既成价矣,闻其有夫,即还之,不责其值,且赠以金"。郑板桥认为"此义举也",特赋诗一首:

一夜花枝泣别离,东风无复订佳期。
樱桃熟后凭人摘,梅子酸时只自知。
何幸荆钗完凤契,怎教破镜惹相思。
人间处处风波在,莫打鸳鸯与鹭鹚。⑤

---

① 郑燮:《范县署中寄舍弟墨第四书》,本社编:《郑板桥集》,上海古籍出版社 1979 年版,第 12 页。
② 郑燮:《范县署中寄舍弟墨》,本社编:《郑板桥集》,上海古籍出版社 1979 年版,第 9 页。
③《清史列传·郑燮传》,转引自本社编:《郑板桥集》,上海古籍出版社 1979 年版,第 237 页。
④ 郑燮:《潍县寄舍弟墨第三书》,本社编:《郑板桥集》,上海古籍出版社 1979 年版,第 20 页。
⑤ 郑燮:《为顾世永代弟买妾事手书七律一首》,本社编:《郑板桥集》,上海古籍出版社 1979 年版,第 198—199 页。

他又不仅歌颂别人的"义举",在判案中碰到此类事时也勉力玉成。前述《小豆棚》中记一财主嫌婿贫,求令判退婚案,郑板桥判其女与原婿结婚,财主人财两空。这桩官司的判罚纯属捉弄近乎欺骗,严格说来并不合法。但这奇妙的骗局却是一场下给穷人的甘霖,使正义得伸,使世间少了一双怨女旷夫。

郑板桥不仅将自己的同情给予了那些普通百姓,甚至对那些所谓"不法之徒"的"盗贼",也以自己的特有方式予以同情谅解。他认为"盗贼亦穷民耳",如果自己家中入了贼,那么他就会"开门延入,商量分惠,有甚么便拿甚么去;若一无所有,便王献之青毡,亦可携取质百钱救急也"[1]。这也是杜甫的"盗贼本王臣"的观点,但杜甫是泛谈当时乱而为盗者,郑板桥所言则是自己的切身体会,这种"开门揖盗"既有"梁上君子"故事的遗风,也见《世说新语》中放诞风流的遗韵。当年王献之假寐观偷儿偷家财,一点不干扰,只希望将"青毡"留下,可以说极为洒脱宽容。[2] 而郑板桥还要更进一步,他认为如果真的家徒四壁、偷儿没"收获"的话,像王献之"青毡"一类的"旧物"也可以先拿去"质百钱救急",这就是尽己之所有周济为盗贼的贫民了。"开门延入"比"假寐任取"还要"礼数周到",因为在郑板桥心中,"盗贼亦贫民耳"。

这种"尊盗"流风,郑板桥内心是欣赏的。曲阜县文管会所藏郑板桥墨迹,有郑板桥调侃老友索画、全文照抄李涉"世上如今半是君"诗,并写了模仿作品,可见郑板桥对穷民急而为盗是充满同情的,甚至是"尊重"的。这种同情心不仅表现在分财物、赞义举、尊盗贼,也贯穿在郑板桥的艺术活动中,他在给靳秋田的画上题字曰:"凡吾画兰画竹画石,用以慰天下之劳人,非以供天下之安享人也。"[3]此点下文再展开详论,这里不赘。

郑板桥不仅对世上的贫苦大众充满同情之心,而且还泽及泉下之

---

[1] 郑燮:《范县署中寄舍弟墨第二书》,本社编:《郑板桥集》,上海古籍出版社 1979 年版,第 10 页。

[2] 王献之,东晋书法家。"青毡旧物"典出《晋书·王献之传》"夜卧斋中,而有偷儿入其室,盗物都尽。献之徐曰:青毡我家旧物,可特置之! 群盗惊走"。参阅何良俊撰:《语林》二,(卷十四·雅量第七),上海古籍出版社 1983 年版,第 12 页。

[3] 郑燮:《靳秋田索画》,本社编:《郑板桥集》,上海古籍出版社 1979 年版,第 165 页。

人。前文曾述及他父亲想买一块看中的墓地，但该地有无主孤坟一座，必须刨去，他父亲因而未买。现在郑板桥想买，因为"吾家不买，必有他人买者，此冢仍然不保"，所以希望弟弟替他买下来，将来"以葬吾夫妇"又可保住此孤坟，并且"刻石示子孙，永永不废"，清明上坟也要具礼祭此孤坟。他不仅要求自家能注意"泽及枯骨"，对社会上此类公益之事也是极力提倡、极力赞美。《兴化县志》载有郑板桥撰的《自在庵记》，说到兴化"自在庵"的情况：

> 庵始于邑侯张公蔚生，廉明慈惠，念水乡穷民棺骨无葬地，于城北九里平望东偏买地为义冢，凡一十二亩三分。即于是庄建佛殿，招僧为住持；固以奉佛，实以修护穷民之冢也。张公去后，佛舍荒，冢地荡，过者伤之。慧圆上人毅然以重修为己任，众亦敬其素操，翕然从之。……山田足供僧众，而自在庵永不废矣。有庵有僧，耕渔之暇，持一畚一锸以修冢，而枯骨于兹有托矣。佛舍修、枯骨聚，而张公仁民爱物之心，传于千古矣。凡庵有兴有废，而是庵泽及枯骨，深得佛理，当久而弗替也。[1]

郑板桥之所以要写此《自在庵记》，就因为这个庵是守护"义冢"的，是"泽及枯骨，深得佛理"。这就将守护义冢与礼佛连在了一起，就为义冢找到了永不凋敝的靠山。这是郑板桥的心愿，希望泽及枯骨之事"永永不废"，希望他一家的泽及枯骨的思想成为社会的一种风尚，将"老吾老以及人之老"的精神深入到"葬吾葬以及人之葬"的层面。

第三节　兴文教化　革除弊端

郑板桥在十二年的宦海生涯中，不仅有着不错的政绩，体现出能员廉吏的功业，而且这种功业还透着他个人特有的文人气息，有时候后者更加浓烈，从而显示出他的"文昌"县令的特质。

在潍县，他主持修缮文昌祠、城隍庙等文化设施，努力教化百姓。

① 郑燮：《自在庵记》，本社编：《郑板桥集》，上海古籍出版社1979年版，第185页。

潍县有座文昌祠,又叫文昌阁,坐落在县城内东南角,原为地方士子倡建。文昌祠供奉的是文昌帝君,即世人所谓"文曲星"。其实这位尊神本来是人,相传姓张名亚子,四川梓潼人,公元三世纪仕晋战死,后人立庙纪念,又称梓潼帝君,被道教尊为掌管文昌府和人间禄籍的神。经唐、宋、元历代不断加封,他被称为"辅元开化文昌司禄宏仁帝君",简称"文昌帝君"。读书人奉他为神明,祈求文昌保佑登科高中。这是百姓向往的文化之神,文昌祠也是各地最重要最基本的文化设施。它在连续五年的灾害中损坏严重,灾荒过后,人们就考虑修缮。乾隆十五年(1750年),县教谕邓汝贤首倡,郑板桥以县令身份积极支持,郭伟业兄弟也大力襄助。工程顺利竣工,不仅原有建筑整修一新,还增加了不少新建筑,形成一组建筑群,颇为壮观。

文昌祠修好后,郑板桥写了《文昌祠记》,被装裱挂在祠内墙上,光绪年间再次修缮祠堂时,被刻成石碑。主要内容是:

> 文云乎哉! 行云乎哉! 神云乎哉! 修其文,懿其行,祀其神,斯得之矣。……既已妥侑帝君在天之灵,便当修吾文、懿吾行,以付帝君司掌文衡之意。昔人云:拜此人须学此人,休得要混账碴了头去也。心何为闷塞而肥? 文何为通套而陋? 行何为修饰而欺? 又何为没利而肆? 帝君其许我乎! 潍邑诸绅士,皆修文洁行而后致力以祀神者,自不与龌龊辈相比数。本县甚嘉此举,故爱之望之,而亦谆切以警之,是为民父母之心也。[①]

《祠记》的主旨很清楚,就是希望潍县乡绅士民,拜文昌就要学文昌,要"修文洁行",不可心思闷塞、下笔丑陋、矫饰欺瞒、行止龌龊。本质上,文昌神是大乘至圣先师孔夫子的一个小影。很明显,郑板桥针对士风日下、士人行为龌龊不堪的现实,是想以祀神作为鞭策人们修文洁行的手段,以文昌祠作为当地士人的品德修养所。郑板桥通过这种方式来教化百姓,提振文风,重振世风,体现出他的"为民父母之心"。

乾隆十七年(1752年)初,郑板桥又主持修建了潍县城隍庙。该庙

---

① 郑燮:《文昌祠记》,本社编:《郑板桥集》,上海古籍出版社1979年版,第179页。

在县衙西边，乾隆十四年（1749 年）的大雨冲坏了两廊。灾荒过后，郑板桥一直在倡议征集乡绅赞助修缮。工程到乾隆十七年才完工，不仅修缮一新，还费千金在大门外新造一座演剧楼。这一年郑板桥六十岁，也是他在潍县任上的最后一年。他知道这个官位已成"鸡肋"，他早已"思归"了。但在任一天，还是要做一天好事，尽一天职守，不仅要努力完成这最后的工程，更要考虑留点"遗言"以勉后人，以示心迹。于是他淋漓尽致地写下《城隍庙碑记》。他还在乾隆十七年大年初一，作了《城隍庙碑草稿自跋》：

> 板桥居士作《城隍庙碑草稿》初就，赵君六吉即剪贴成册，可谓刻划无盐，唐突西子矣。是碑不足观，而作文之意，无非欲写人情所欲言而未能说此，实在眼前，实出意外，是千古作文第一诀。若抄经摘史，窃柳偷苏，成何笔乎？乾隆十七年元日，板桥道人郑燮又记。①

从"跋"中我们得悉，《碑记》不打算从历代经史和前人范文中寻章摘句，而是要写"眼前"之事，写"人情所欲言而未能说"之事，这才是《碑记》价值之所在。

城隍庙修缮工程，规模不如文昌祠，但郑板桥《碑记》的篇幅却大大多于《文昌祠记》，思想也更加透彻。《碑记》从麒麟、彩凤、龙蛇、天地起笔，说到对周公、孔子等历代圣贤的祭祀礼敬，再交代演剧楼的由来和用途，即通过"演古劝今"，在"歌舞之事"中使其"有功于世"，收教化之益。其间杂入自身感受，述说颇为风趣，但内涵则更为深广。全文颇长，这里仅摘引总结一段：

> 总之，虑羲、神农、黄帝、尧、舜、禹、汤、文、武、周公、孔子，人而神者也，当以人道祀之；天地、日月、风雷、山川、河岳、社稷、城隍、中霤、井灶，神而不人者也，不当以人道祀之。然自古圣人亦皆以人道祀之矣。夫茧栗握尺之牛，太羹元酒之味，大路越席之素，瑚琏簠簋之华，天地神祇岂尝食之饮之驱之御之哉？盖在天之声色

---

① 郑燮：《城隍庙碑草稿自跋》，转引自王同书：《郑板桥评传》，南京大学出版社 2002 年版，第 80 页。

臭味不可仿佛，姑就人心之慕愿，以致其崇极云尔。若是则城隍庙
碑记之作，非为一乡一邑而言，直可探千古礼意矣。[1]

作者从理论上深入探讨千古以来产生礼神敬神的原因，指出神有
两种，皆为人造，一种是古代圣贤，一种是自然之物。孔子等圣贤本来
是人而被奉为神的，当然应该以人道祀之；天地城隍等并非人而被奉为
神的，不应以人道祀之，但自古至今圣人也以人道祭祀它们。其原因作
者没有明说，但联系上下文，作者之意是很清楚的，即城隍是我们造的
神，是为了让人相信他能够公正地评判人间的"福善祸恶"，所以我们
"予之以祸福之权，授之以生死之柄"，并在祀神的时候献上最精美的祭
品以表达最高的敬意。郑板桥因势利导，指出敬神这种"千古之礼"的
关键之"意"在于要消除恶念，改正恶习，多做好事，积善为人，即所谓
"衣冠揖让而能礼"。郑板桥其实认为神并不存在，他之所以这么修庙
立碑，实际上是借神以化人，这比简单地不谈鬼神、否定鬼神，对百姓的
作用更有实效，而且从自然现象、日常生活出发，人们也更加信服，易于
接受。在这个意义上，文昌祠、城隍庙都是郑板桥对县民的教化之所，
《文昌祠记》《城隍庙碑记》都是郑板桥对县民的教化文章。

在县官任上，无论公务繁忙还是清闲，郑板桥时时不忘写字作画吟
诗交友，比之以往，他的诗作有了新的内容，也有了新的思考。

郑板桥诗歌的一个重要特点是关心民生疾苦。相较之下，他入仕
之后写的诗歌明显比入仕之前更有深度，他不到范县亲见受害孤儿是
写不出《孤儿行》这样的纪实作品的。而且，入仕之后，他在潍县所作比
范县所作又深了一层。《孤儿行》所载摧残骨肉的恶行，只是个别歹毒
富家的为富不仁，同样，《姑恶》所载之恶姑，也只揭露了社会的一些恶
俗陋习，而在潍县任上的开篇之作《逃荒行》，以及《还家行》等等，则撇
开个别事件而专注于普遍的社会现象，不仅描绘出潍县满目荒凉的惨
状和人民辗转在死亡线上的悲苦，而且从离家的妻离子散衍申到返家
的又一种妻离子散，更将这幅悲惨的图画长卷化、动态化了。"摘去乳
下儿，抽刀割我肠。其儿知永绝，抱颈索阿娘；堕地几翻覆，泪面涂泥

---

① 郑燮：《城隍庙碑记》，本社编：《郑板桥集》，上海古籍出版社 1979 年版，第 181 页。

浆……儿啼父不寐，灯短夜何长"①，正是杜甫"三吏""三别"式的咏叹悲悯。《思归行》则以救灾放赈为例，写出了良吏无力为民做主的无奈。他写道："……何以未赈前，不能为周防？何以既赈后，不能使乐康？何以方赈时，冒滥兼遗忘？"一连三问，连珠炮似地揭露抨击了吏治的腐败和贪官污吏与土豪劣绅相互勾结大发灾难财的贪恶现实，从而将人们引向对社会问题的深层思考。组诗《潍县竹枝词》，或写富豪的奢侈、愚昧、掠夺乡里；或写小民被逼为盗入狱，释放后却不愿回家——无家无食，反不如狱中有"牢狱食"——此些写尽了底层弱者的悲凉，在无食的自由人与有食的囚犯之间，在贫民与富豪之间，形成刺目的对比。这些使郑板桥的"诗眼"更加明锐犀利。

郑板桥的诗歌中也有许多赠友之作，这本是一个文人的当行本色。根据郑板桥《诗钞》，这些朋友见诸姓名的，按顺序有石东村、陈绅、鄂容安、宋纬、刘连登、李鱓、陈孟周、江七、姜七、李艾山、佛上人、许衡州、高斌、于敏中、德保、崐宁、坤豫、崔云墅、沈廷芳、姚兴滇、蔡时田、郑方坤、陈际青、卢见曾、常延龄、李御、于文浚、张宾鹤、王文治、金德瑛等。他更有《绝句二十一首》，写了高凤翰、图清格、李鱓、莲峰、傅雯、潘西凤、孙峨山、黄慎、边维祺、李锴、郭沅、音布、沈凤、周景柱、董伟业、保禄、伊福纳、申甫、杭世骏、方超然、金司农 21 人。这些诗作可能并非作于范县、潍县，但郑板桥也都编刻在这里。总体上，郑板桥虽说有诗书画"三绝"之称，不过毕竟在社会底层挣扎多年，为官又限于山东且只是个芝麻官，所以他交友不算广阔，以山东和扬州的友朋为主，有旧雨也有新知。

郑板桥以他特有的个性眼光和人生阅历，真诚对待这些友朋，尤其看重他们的品德和才能，激赏勉励他们也同时自勉。譬如对江七，一如当年对杭世骏，不仅寄以诗，还特致书信，明确意旨。他在这封写于乾隆十三年（1748 年）的信中，一开头就提出："学者当自树其帜"，不可"听气候于商人"，"以其一言之是非为欣戚"，以免"损士品而丧士气"；更不能"趋风气"，诗文要像经史庄骚曹陶李杜一样，以大乘之法，"理明

---

① 郑燮：《还家行》，本社编：《郑板桥集》，上海古籍出版社 1979 年版，第 99 页。

词畅,以达天地万物之情,国家得失兴废之故"。这就是诗人要培养自己的浩然正气,并表示自己愿和他共同努力,"燮虽不肖,亦将戴军劳帽,穿勇字背心,执水火棍棒,奔走效力于大纛之下。岂不盛哉!岂不快哉!"郑板桥希望找志同道合之人,如唐代古文运动那样也来个"文起八代之衰"。

郑板桥的《绝句二十一首》,多写诗人或书画家,每人一首。诗前有小引,记此人姓氏、别号、籍贯、特长等,诗则截取此人最精彩的侧面或特长加以描绘。如第一首写高凤翰"病废""左笔"之奇特,因而索书者特多,使之应接不暇,"短札长笺都去尽,老夫赝作亦无余",连郑板桥代他应付索书者的学写之作都无剩,可见高凤翰的书画之神妙、众人之喜求。这些诗人或书画家皆落拓才俊之辈,他们身怀绝艺,但大多生活坎坷,浪迹江湖,受到社会的不公正对待。郑板桥觉得他们正如当年的自己,于是以组诗为他们鸣不平,为他们立下诗传。他在组诗后记中说得很明确:"凡大人先生,载之国书,传之左右史,而星散落拓之辈,名位不高,各怀绝艺,深恐失传,故以二十八字标其梗概。"[1]郑板桥对他们感受深刻,所以下笔融入自己的情感,并以自己作为陪衬,颇为传神。郑板桥所立传的无名才俊还包括陈孟周、颜秋水等。其中陈孟周是个盲人,从郑板桥处学习了填词技巧,就填了两首《忆秦娥》《菩萨蛮》。二词青出于蓝,使郑板桥颇为激赏,特为全文录出,并充满感情地赞誉。由此,可见郑板桥爱才之心、爱才之情。

在县官任上,郑板桥还做了两件编辑工作:一是完成慎郡王诗集的编辑书写工作,并写好了"跋";另一件就是两次编纂自己的诗集《诗钞》。尽管没有史料支撑,但可以猜测,郑板桥或许很早就有编纂自己诗集的想法,这可能是每一个诗人的愿望,只是在编纂诗集所需的各种条件中,仅刻印一项即所费不赀,让他望而却步。出仕之后,他的声望、时间、书艺、经费都已具备,诗歌也走向成熟,于是郑板桥立刻将编集自己诗集的工作付诸实施。乾隆八年(1743年),即他到范县后的第二年,他首次编定自己的《诗钞》,由上元(治今南京市)著名刻工司徒文膏

---

[1] 郑燮:《绝句二十一首·金司农》,本社编:《郑板桥集》,上海古籍出版社1979年版,第87—88页。

刊刻。《诗钞》基本上由两部分组成,一是出仕前,二是为官时,但分为三集,为官时分别标"范县作""潍县刻",可能《诗钞》是在县官任上陆续编成的。乾隆十四年(1749 年),潍县城墙修好,又迎来秋熟丰收,在灾消、县定、民安的喜庆氛围中,郑板桥又一次补编修订诗文集。这次,他明确将范县所作 36 题 78 首编为《诗钞·范县作》,将其后的 30 题 41 首编为《诗钞·潍县刻》,连同以前在范县编定的二百多首合编为《诗钞》;另编《词钞》23 调 77 首,又选编与堂弟墨的书信 16 封为《家书》一册,连同《小唱》《道情》都交给司徒文膏刊刻。这时编的《诗钞》《词钞》《小唱》《家书》都是单独刊行的,并未合订。这是郑板桥第二次编刻自己的书。① 在任上做成这么一件大事,他的心情是颇为自得的。

在县官任上,郑板桥也抓住机会写诗作画呈献上司,为己延誉。既然身入宦海,他还是希望得到重用,以展治国安邦之志。所以除了做好慎郡王所期待的"鸣琴牧"外,他得让上司乃至皇上知道自己的才能,以便尽快得到提拔。乾隆八年(1743 年),他画了一幅《樱笋图》,此画上方钤有"乾隆御览之宝",是迄今所见"扬州八怪"画作中唯一获此"殊荣"的。此画如何呈献到宫中已不可考,从他与慎郡王诗简往还密切的情况猜测,或许是慎郡王转呈"御览"的。用于"干谒"的书画今已不多见,而此类诗词则都保留在了郑板桥的《诗钞》中。从中我们看到,他与大学士鄂尔泰的公子鄂容安有交往,曾写过《挽老师鄂太傅五首》,与翰林院学士杭世骏等也有诗文往返。如前文所述,潍县抗灾时,钦差高斌调他陪同视灾放赈,正好钦差在途中过生日,又遇喜雨降临,钦差高兴地赋诗二首,板桥一一奉和,歌颂圣上也称赞高斌。他临时调到济南任山东乡试同考官,其才学深受主考德保赏识,将他比作大学者郑玄,说"论诗偏爱郑康成"②。板桥连忙奉和:"模范已看金在铸,洗磨终愧玉无成。饶他崰华青青色,还让先生泰岱横。"③他自谦不论后辈如何出类拔

① 第三次是郑板桥于临终前又对自己的诗文集进行修订,主要是改、删、铲。
② 德保:《中秋日山左闱中招同事诸公小酌,即席赠郑大尹板桥》,转引自卞孝萱编:《郑板桥全集》,齐鲁书社 1985 年版,第 619 页。
③ 郑燮:《济南试院奉和宫詹德大主师枉赠之作》,本社编:《郑板桥集》,上海古籍出版社 1979 年版,第 103—104 页。

萃,还是终究要逊于德保一头的。他还有唱和时任山东学政于敏中的四首诗,称于为"知君疗得嫦娥渴,不为风流为老成",并表示自己愿意"剪取吾家书带草,为君结束锦诗囊"①等等。这些诗虽不乏应酬奉承之语、干禄之情,但毕竟与一般谀词尚有不同,时常夹些牢骚、摆点资格。譬如曹州知府姚兴滇在县衙找不到他,却发现他在田垄上睡觉,他连忙赋诗谢罪,但也不忘自炫一番,并发点小牢骚,"十年不肯由科甲,老去无聊挂姓名……几回大府来相问,陇上闲眠看耦耕"②。这就在自我推销中不失身份,不乏气度,亦类李白之《与韩荆州书》,虽有渴望提携之意,但保持风骨,决不低三下四。当然,县官任上赠和上司诗作中最值得称道、传诵百代的,还是他那首《题画·潍县署中画竹呈年伯包大中丞括》:

> 衙斋卧听萧萧竹,疑是民间疾苦声。
> 些小吾曹州县吏,一枝一叶总关情。

这才是郑板桥向上司展示的真正胸怀,既是他思想的显露,也是他行动的总结,是郑板桥人格的闪光点。

在山东县官任上十二年间,郑板桥有几次因公离任,都属临时调差,这为他宦海生涯留下了深刻印记。不过,命运仿佛跟他开了个玩笑,把他领到了升官的门口并让他往门内张望顾盼,却不让他进门。

乾隆十二年(1747年)秋,郑板桥被临时征调到济南任山东乡试同考官,考试期间按例与主考等一起"锁院"③。"锁院"期间,考官们的活动只能在有限范围内,直到阅卷完毕、出榜以后。其间主考可以请同考官饮宴,考官之间也可自由交往。因此之故,郑板桥作了不少画,也与主考等唱和了不少诗歌,如和德保、于敏中等。也许是"锁院"的悠闲生活,又正逢考别人能否中举的乡试,郑板桥想起自己中举后与饶氏的奇遇,遂举笔作了《板桥偶记》。在文中,他原原本本写下了他如何偶然到饶家索茶,因壁间粘贴着板桥词而得识饶五姑娘,然后订亲终成连理,

---

① 郑燮:《和学使者于殿元枉赠之作》,本社编:《郑板桥集》,上海古籍出版社1979年版,第103页。
② 郑燮:《范县呈姚太守》,本社编:《郑板桥集》,上海古籍出版社1979年版,第64页。
③ 试官入院后即封锁内外门户,以严关防,杜绝作弊。

等等。此文笔墨清丽潇洒，在郑板桥文章中颇为特殊。文后特地点明，"乾隆十二年，岁在丁卯，济南锁院，板桥居士偶记"。全文为行书，习称为《行书扬州杂记卷》，现藏上海博物馆。值得注意的是，该文又另写三节，其中一节述为江五狗求板桥联语获赠玉杯；一节为常某索板桥题句获赠一爱僮；一节记自己与金农、李鱓等人在扬州"皆以笔租墨税，岁获千金，少亦数百金，以此知吾扬之重士也"。概括起来，这篇《板桥偶记》说的是他在扬州因为诗书画出众，得到了美人、古玩、娈僮和重金。真是一艺随身，百般皆好，一派洋洋得意之情，其间也不无俗气。

当然，济南的"锁院"生活，比起"乾隆东封书画史"，对郑板桥的影响则是微乎其微、可以忽略不计了。担任"乾隆东封书画史"，是郑板桥认为的自己一生中最大的荣耀。

担任乡试同考官刚结束不久，郑板桥又被临时抽调到泰山筹备大驾东巡。这是乾隆帝即位后第一次远巡，况且还是奉皇太后率皇后一齐祭祀东岳泰山，当然是特别隆重。郑板桥能参与这一旷世盛典，当然是千载难逢，何况他不是作为勤杂人员，而是被封有职衔的"书画史"，由此或者将有直接见驾并随侍左右的机会，当然是了不得的事。他在《板桥自叙》中说，"变为书画史，治顿所，卧泰山绝顶四十余日"。其实，他是为皇帝登泰山作环境布置，有点像县令出门前面的"清道夫"而已。郑板桥在泰山顶上忙活了四十几个日日夜夜，而乾隆帝二月二十八日到泰安府，二十九日登泰山，在山顶只呆了片刻，当天就下山，根本没有住在山上。三月初一，乾隆帝在泰安赐宴各迎觐大臣和扈从，估计郑板桥也未能参加盛宴，甚至连乾隆的面也没见着。如果有机会见到圣驾，他一定会写诗的。三月初二，乾隆帝离泰安前往济南，郑板桥的"东封书画史"差事也就结束了。可是他对这次临时任务，一直感到无比自豪，谈到"卧泰山绝顶四十余日"，马上紧接"亦足豪矣"。他还刻了一方"乾隆东封书画史"印章，一有机会就钤上，以示"亦足豪矣"。可惜的是，没看出泰山那里对郑板桥这一"豪举"有多大兴趣，今泰安市岱庙珍宝馆只存郑板桥一张条幅："布衣暖，菜根香，诗书意味长"，落款也不是什么"东封书画史"，而是"潍夷长郑燮"，也不知道是否是他写于"卧泰山绝顶"之时。这真是对郑板桥"亦足豪矣"的嘲笑。

两次临时差调，郑板桥都以自己的才干给上司留下了深刻印象，但他并没有因此得到上司的擢拔，就此，于升官一途，郑板桥实在是空欢喜一场。

第四节　为官之道　束吏平情

本来，郑板桥中了举人之后就可以直接谋官，清朝也有许多举人出身的县令。可是郑板桥反对"做个小官，弄几个钱养活老婆儿女"①的庸碌短视之举，他要考进士做大官，要到中枢去实现致君泽民、治国平天下的远大抱负。这样的信念支持着他发愤读书，终于如愿以偿中了进士也入了官场。为官十二年，他给当地百姓留下了一个能员廉吏的好名声，也在史书和志书以及私家著述上留下了自己的名字。这里且援引若干：

《清史列传·郑燮传》有言：

> 官山东范县知县，调潍县，以请赈忤大吏，乞疾归。……及居官，则又曲尽情伪，餍塞众望。官潍县时，岁歉，人相食。燮大兴修筑，招远近饥民赴工就食，籍邑中大户，令开厂煮粥轮饲之。有积粟责其平粜，活者无算。时有循吏之目。②

重修《扬州府志》有言：

> 潍邑韩生贫而好学，燮夜行，闻读书声，心许之。时给薪水，后成进士，有知己之感。值岁饥，道殣相望，不俟申报，即出仓谷以贷。秋又歉，捐廉代输，取领券火之。潍人为建生祠。燮生有奇才，性旷达，不拘小节，于民事纤悉必周。官东省先后十二年，无留牍，无冤民。③

《兴化县志》有言：

---

① 郑燮：《四子书真迹序》，本社编：《郑板桥集》，上海古籍出版社 1979 年版，第 183 页。
② 《清史列传·郑燮传》，本社编：《郑板桥集》，上海古籍出版社 1979 年版，第 237 页。
③ 《扬州府志》卷四十八，本社编：《郑板桥集》，上海古籍出版社 1979 年版，第 238 页。

知范县,爱民如子。绝苞苴,无留牍。公余辄与文士觞咏,有
忘其为长吏者。调潍县,岁荒,人相食。燮开仓赈贷,或阻之,燮
曰:"此何时?俟辗转申报,民无孑遗矣。有谴我任之。"发谷若干
石,令民领券借给,活万余人。上宪嘉其能。秋又歉,捐廉代输。
去之日,悉取券焚之。潍人戴德,为立祠。①

郑方坤说:

　　既得官,慈惠简易,与民休息,人亦习而安之。而嵚崎历落,于
州县一席,实不相宜。世方以武健严酷为能,而板桥以一书生,欲
清静无为,坐臻上理,闻者实应且憎,否则怒骂谴诃及矣。②

　　可以看出,史书、志书等公私著述都充分肯定了他清正干练、爱民
如子又不拘形迹的为官品质、为官能力和为官风格,认为他是一个有口
碑的"循吏"。因此之故,他深受当地百姓的爱戴,甚至有记载说他"去
官日,百姓痛哭遮留,家家画像以祀"③。

　　长达十二年的官场历练和这种历练带来的犀利目光,使得郑板桥
有能力对社会管理即吏治进行深入的观察。郑板桥熟读史书,早已从
历代王朝的兴衰更替中对官场有了相当全面的理解,成为县令后对为
官之道更有了切身的体会,于是,亲身实践与书本知识互相印证互相启
发。他在入仕时期的大量诗文都涉及官吏腐败问题,都在探讨总结王
朝吏治的得失成败。

　　他对如何做官是有标准的,心目中的官员榜样也是明确的,他在诗
中说"安人龚勃海,执法况青天"④,龚遂和况钟就是他心仪的对象。西
汉年间,渤海郡因饥荒而盗贼蜂起,当地官员束手无策。龚遂受命担任
渤海太守后,根据实际情况,安饥民,选良吏,开仓廪,很快便安定了局
面。明代的况钟,深知民生疾苦,他在苏州知府任上惩奸吏,清积案,减

————————

① 《兴化县志·卷八》,本社编:《郑板桥集》,上海古籍出版社1979年版,第238页。
② 郑方坤:《郑燮小传》,[清]李桓辑:《国朝耆献类征初编》卷二百三十三,转引自本社编:《郑板桥集》,
　　上海古籍出版社1979年版,第240页。
③ 叶衍兰、叶恭绰:《清代学者像传》,转引自本社编:《郑板桥集》,上海古籍出版社1979年版,
　　第239页。
④ 郑燮:《赠高邮傅明府,并示王君亭粲》,本社编:《郑板桥集》,上海古籍出版社1979年版,第46页。

赋税,疏民困,兴学校,育人才,成就斐然而又两袖清风,获得了"有明一代,一人而已"的高度赞誉。他们二人的为官政绩涉及多方面,可以用郑板桥所说的"束吏平情"①四字概括,前者意在约束官员清明吏治,后者意在安定社会服务黎民,两方面恰恰构成为政的一个整体。"束吏平情"构成了所有"循吏"需要解决的基本问题,也是郑板桥对自己为官的期待。只是郑板桥这样的官员实在太少,反观其时,在清朝立国之初,朝野励精图治,吏治尚好,但到康熙朝后期和雍正朝时代,朝廷内部矛盾尖锐,各派势力争权夺利,忙得不可开交,于是大狱屡起,吏治渐坏。方苞以自己的亲身经历,在散文《狱中杂记》中揭开了天子脚下刑部大狱中令人触目惊心的黑幕:

康熙五十一年三月,余在刑部狱,见死而由窦出者,日四三人。……

余曰:"京师有京兆狱,有五城御史司坊,何故刑部系囚之多至此?"杜君曰:"迩年狱讼,情稍重,京兆、五城即不敢专决;又九门提督所访缉纠诘,皆归刑部;而十四司正副郎好事者及书吏、狱官、禁卒,皆利系者之多,少有连,必多方钩致。苟入狱,不问罪之有无,必械手足,置老监,俾困苦不可忍,然后导以取保,出居于外,量其家之所有以为剂,而官与吏剖分焉。……"

部中老胥,家藏伪章,文书下行直省,多潜易之,增减要语,奉行者莫辨也。……

奸民久于狱,与胥卒表里,颇有奇羡。山阴李姓以杀人系狱,每岁致数百金。康熙四十八年,以赦出。居数月,漠然无所事。其乡人有杀人者,因代承之。盖以律非故杀,必久系,终无死法也。五十一年,复援赦减等谪戍,叹曰:"吾不得复入此矣!"故例:谪戍者移顺天府羁候,时方冬停遣,李具状求在狱候春发遣,至再三,不得所请,怅然而出。

上述摘引的片段,从牢房、缉捕、管理、办案等方面详细展现了刑部

① 郑燮:《青玉案·官况》,本社编:《郑板桥集》,上海古籍出版社 1979 年版,第 127 页。

大狱的暗无天日，官吏的狼狈为奸、虐杀无辜、弄虚作假、草菅人命，是清朝吏治腐败的一个铁证。

郑板桥没有方苞那样的惨痛遭遇，但他在长期的县令生涯中，看到了官场上太多的利欲熏心，太多的蝇营狗苟。他深深地感到，朝廷上下纲纪废弛，吏治快到了无法收拾的地步，无论是高高在上的衮衮诸公，还是执事奔走的衙役差人，几乎都难逃昏庸害民之讥。因此，无论是王朝的长治久安还是黎民的安居乐业，都亟需清明吏治。这里，本书结合郑板桥的吏治实践和吏治主张，进行集中论述。

在郑板桥看来，清明吏治，既涉及理念也涉及实践，既需要治标更需要治本，其中至少有三个致力之点。

第一，清明吏治首在严纲纪。郑板桥认为，在根本上，吏治的清明既关乎臣道更关乎君道，君臣要各明其道，各守纲纪，吏治才有清明的可能。什么是"君道"？什么是"臣道"？君臣如何各明其道各执其道？作为王朝正统思想的理学认为，君臣之道建立在上下尊卑的纲常基础上，因此必须用理学去规范约束人的思想言行。但郑板桥却独具只眼，认为君与臣只是位置不同，但都是"天公办事人"，因此君臣都要体察"天心"，在"天道"的指引下立德化民，"泽加于民"，实现万物共荣。关于这一点，我们将在下文具体展开论述，这里从略。君臣如何执守纲纪，郑板桥也给出了不同的答案。在他看来，理学作为维持社会纲纪的主要理论，虽然自宋代以来被奉为正统思想，但对于吏治并无用处或至少没有大用。他说："贾、董、匡、刘之作，引绳墨，切事情。至若韩信登坛之对，孔明隆中之语，则又切之切者也。理学之执持纲纪，只合闲时用着，忙时用不着。"[1]这就是说，在社会承平之时，理学尚可起到维持纲纪的作用，而社会一旦出现动荡变乱，理学立刻暴露出它迂腐的一面。它虽然"推极于毫厘分寸，而卒无救时济变之才"[2]，譬如偏安一隅的南宋王朝风雨飘摇受尽屈辱，而理学家对于约束醉生梦死的满朝君臣却毫无用处。所以，郑板桥认为，需要以切合实用的原则来引入或制定

① 郑燮：《板桥自叙》，本社编：《郑板桥集》，上海古籍出版社 1979 年版，第 177—178 页。
② 郑燮：《范县署中寄舍弟墨第五书》，本社编：《郑板桥集》，上海古籍出版社版 1979 年版，第 14 页。

"绳墨",具体如何操作,郑板桥的意思很明确,可以参照贾谊、董仲舒、韩信、诸葛亮等人的思路和做法。

可是,现实不是人人都能成为尧舜,也不是人人都能成为孔明、苏轼的。要认真地防变,保持修齐治平,去私为公,为国为民。对于防变,他指出,立则防变,学古防变,守正防变。立则,确定各明职责,各有榜样,君要以尧舜为则,臣要以孔明、苏轼为则。学古,则是通晓历史,从历史得到教训、鉴戒,防止"乌纱略戴心情变,黄阁旋登面目新",而要"居庙堂之高,则忧其民;处江湖之远,则忧其君"。守正则是"世道盛则一德尊王,风俗偷则不同为恶!"乱世要像方孝孺、景清、史可法,宁可"皮囊万段",也不同流合污,也不向恶势力屈服,做一天官,对国家"兢兢奉若苍穹意",对人民"一枝一叶总关情"。

君臣俱行天道、仁政,铲除恶吏。君能心存尧舜,恪守君道,则不致成为桀纣,不致亡国灭身;臣能恪守臣道,心存邦国,丹心为民,则不致成为南明小朝廷的马阮高刘。君臣俱行天道仁政,国家就大治,人民就安居乐业了。

第二,清明吏治重在束恶吏。官场高层的吏治腐败,郑板桥从亲身经历的不平遭遇中自然领教过,但作为一个直接面对黎民的七品芝麻官,他最熟悉、看得最真切的,还是身边那些横行的恶吏,给百姓带去骚扰和苦难最多的也是他们。郑板桥最为看重百姓的甘苦,也难以克制对这些恶吏的厌憎之情,"剥啄催租恼吏频","嗟我近事如束柴,爪牙恶吏相推排","吏扰竟何极","俗吏之俗亦可怜,为君贷取百千钱","霜穗未储终岁食,县符已索逃租户。更爪牙常例急于官,田家苦","最嫌吏扰,怕少官钱,惟知农友"①等诗句,对他们进行了毫不留情的揭露和谴责。他更直接以"悍吏"和"私刑"为诗题刻画了他们狰狞凶恶的丑陋嘴脸:他们"入村捉鹅鸭""沿村括稻谷","索逋汹汹虎而翼,叫呼楚挞无宁刻",他们"斩筋抉髓剔毛发,督盗搜赃例苛虐"②,比之杜甫《石壕吏》、方苞《狱中杂记》中所描绘的恶吏更为凶暴残忍。

---

① 上述诗句,引自郑燮:《饮李复堂宅赋赠》《怀无方上人》《范县诗》《小游》《田家四时苦乐歌》《瑞鹤仙·田家》,本社编:《郑板桥集》,上海古籍出版社 1979 年版,第 49、65、81、96、140、147 页。
② 郑燮:《悍吏》《私刑恶》,本社编:《郑板桥集》,上海古籍出版社 1979 年版,第 40 页。

当然,郑板桥也清醒地看到,悍吏、奸吏与地痞讼棍的利益互相勾结,各方势力盘根错节且各有靠山,已经成为不可能彻底割除的社会毒瘤。从清明吏治的角度,实际可行的办法只能是在可能的范围内对他们进行管束,减少他们的为恶途径和为恶能量。他在县官任上,为"束吏平情"采取了不少办法。

一是明法度。让手下的胥吏能知吏法,能知他郑县令之法,不准鱼肉百姓,连"喝道排衙"这样的规矩也得加以约束。他在《喝道》诗中写道:"喝道排衙懒不禁,芒鞋问俗入林深。"[1]他坐堂也罢,外出也罢,都尽量省去那些繁琐扰民的仪式,"喝道""排衙"能免则免。到农村去视察,困了竟睡在田垄上,以至于范县父老都想不到这位穿着青布鞋袜的竟是父母官。他有一首写自己视察集市、收租等情况的诗,具体展开了"芒鞋问俗"的经过:"驴骡马牛羊,汇费斯为集;或用二五八,或以一四七。长吏出收租,借问民疾苦;老人不识官,扶杖拜且泣。"[2]他要以自己的行动让胥吏们懂得不能扰民,更不能鱼肉百姓。

二是除积弊。清代有各种苛政弊政,因多年积习且多种势力盘根错节,如果废除等于消灭了地头蛇的生财之道,便会遇到恶势力的拼命反抗,要想革除一种弊政,确非易事。譬如小吏靠山吃山、靠水吃水,借此盘剥百姓便是如此。可是郑板桥却自有办法,他在潍县抗灾中修好了城墙后,特颁布一条禁令"永禁烟行经纪",并立碑公布:

> 乾隆十四年三月,潍县城工修讫,谯楼、炮台、垛齿、睥睨,焕然新整;而土城犹多缺坏,水眼犹多渗漏未填塞者。五六月间,大雨时行,水眼涨溢,土必崩,城必坏,非完策也。予方忧之。诸烟铺闻斯意,以义捐钱二百四十千,以筑土城。城遂完善,无复遗憾,此其为功岂小小哉!查潍县烟叶行本无经纪,而本县莅任以来,求充烟牙执秤者不一而足,一概斥而挥之,以本微利薄之故;况今有功于一县,为万民保障,为城阙收功,可不永革其弊,以报其功,彰其德

① 郑燮:《喝道》,本社编:《郑板桥集》,上海古籍出版社 1979 年版,第 80 页。
② 郑燮:《范县诗》,本社编:《郑板桥集》,上海古籍出版社 1979 年版,第 81 页。

哉？若有再敢妄充私牙与禀求作经纪者，执碑文鸣官重责重罚不贷！①

碑文堂皇正大，义正辞严，革除弊政，为民除害。其理由表面上是表彰烟行捐款修葺城墙之功，实际是认为各烟铺"本微利薄"，不过是勉强维持生计，哪堪再忍受恶人的中间盘剥，忍受经纪人的欺行霸市？有了这个碑，烟铺就可以理直气壮地抵制反对这种弊政。

三是巧实施。清明吏治的本意是遏制恶吏的贪欲从而保护黎民，但如何在不违背律法条文的前提下体恤民情从而达到保护平头百姓的目的，是需要一些技巧的。在这方面，从处理被盐商扭送见官的私盐小贩一事中，郑板桥显示了他独特的个性和智慧。此事在本章第二节已经论述，这里从略。

只是，这些举措都建立在郑板桥对清明吏治的个人理解和为官实践的基础上，带有太多的郑板桥"屈法申恩"的为官风格，且不说他的这些做法无法普遍推广，即对郑板桥自己，也面临着是否"严纲纪""明法度"的质疑。作为县令，而且还想谋求升迁，郑板桥不是不懂法规，更不是不懂严格执法对于县令的意义，县衙大堂上高悬的"明镜高悬"匾额，就是要县令以事实为根据以法令为准绳的。根据大清律法，僧尼通奸既犯佛门清规又触律法，同样私盐小贩情有可悯但法不容赦，然而郑板桥的判罚，却体现出鲜明的情实可赦、情大于法的色彩。

其实，郑板桥并不是一意孤行、任意断案。他让私贩枷号示众，让僧尼先还俗再结婚，便在形式上符合了律法，又尊重了民情，只是他断得巧妙，断得风趣。再如请赈一事，郑板桥并非藐视上司，亦非不知开仓放赈需要事先申报得到批准，只是情况紧急，如果按规定手续实行"公文旅行"，百姓早已成饿殍，所以只能"先斩后奏"。而且他也知道，紧急开仓不违反清廷法令，一切以救人要紧，有何责任由他一人承担。历来不少史传说他"请赈忤大吏"，实际上这些"大吏"对郑板桥开仓放赈虽然心中不满，嘴上却不好说。他被"记过"不是为开仓，而是为报灾，因为揭穿了上峰隐瞒灾情的底细。后来朝廷查实灾情，郑板桥还受

---

① 郑燮：《潍县永禁烟行经纪碑文》，本社编：《郑板桥集》，上海古籍出版社 1979 年版，第 178 页。

到嘉奖。高斌前来视察放赈,特叫郑板桥陪同,可知请赈一事并未越轨。所以说,郑板桥还是"明法度"的,他只是在朝廷律令允许的范围内,以汉代龚遂和明代况钟为榜样,为国为民守法,不避民情事故。他自我评论道:"老兄似有才,苦不受绳尺"①,这就是说他不愿拘于死板的律法朝令,而更希望根据实际情况随机应变。

第三,清明吏治根在培元气。郑板桥深知,欲清明吏治,不能仅仅满足于严纲纪、束恶吏,这些措施仅仅治标,是远远不够的;任何一个朝代,若想长治久安,不仅要标本兼治,更要培元固本,要弘扬社会的清风正气,要持之以恒地教化百姓,要不断地培育人才,齐头并进,共同发力,改善整个社会的文化土壤。

弘扬全社会的浩然正气,形成风清气正的社会环境,是一个无法绕开的社会基础性工作。如果全民都能弘扬正气,国家就会兴旺,吏治就会清明,恶吏、悍吏赖以生存的社会土壤就会消除,即使出现也会成为过街老鼠,难以存身。鉴于此,郑板桥在诗文中常常鼓吹彰善惩恶之重要。大体而言,他的关注目光在两个方面:在盛世或承平之世,爱民者、好学者、廉政者、有所施为者、助人为乐者等等,都是天地正气所钟,都应该表彰,他们的善举和精神,都应该大力弘扬。像赞助贫士的县令汪夫子、注重文化的盐官卢雅雨、立功边疆的噶将军,以及鄂太傅、慎郡王、高斌、程羽宸、常建极等等,虽然身份不同,官职不同,所处地域各异,所行善政不同,但都充满正气,都为改良世风贡献了自己的力量,都应该大力赞颂;在动荡变革之世,保护人民者、洁身自好者、坚持气节者、威武不屈者、为国尽忠者等等,也都是天地正气所钟,都应该加以表彰,像鞠躬尽瘁、心忧天下的良臣诸葛亮、杜甫、陆游,威武不屈、气节凛然的烈士方孝孺、景清、史可法,贫贱不移、高自标持的隐士陆种园等等,都是"留取丹心照汗青"的英杰之士,他们的事迹和境界,都应该大力弘扬。

社会发展前进的过程就是从愚昧鄙陋走向文明的过程,其中,引导黎民的教化启蒙工作是一刻不能或缺的。郑板桥就官上任时,慎郡王

① 郑燮:《怀舍弟墨》,本社编:《郑板桥集》,上海古籍出版社1979年版,第45页。

就以"朝廷今得鸣琴牧"对他寄以期待,郑板桥在诗中说"老夫欲种菩提树,十里春风作化城"①,可见他对自己也是期望甚高。在十二年的县令生涯中,他身体力行,利用一切机会对治下人民加以教化,哪怕是建一座庙宇。无论是文昌祠,还是城隍庙或自在庵,他都要藉碑记、祠记以倡导风气教化百姓,要人们保持善良、正直、淳朴之民风,要读书明理,不要贪求非分、争名夺利,更不能为非作歹。他更专门编写了通俗唱本《道情十首》,力求以通俗易学、妇孺皆懂的歌词,在口耳传唱中达到"唤庸愚,警懦顽"的效果。在"开场白"中,他模仿唱曲人的口吻说:"昨日板桥道人授我《道情》十首,倒也踢倒乾坤,掀翻世界,唤醒多少痴聋,打破几场春梦。"显然,他的目的就是要教化百姓正道直行,无愧人生,心灵多慰藉,人间少不平,社会得安定,人民享太平。

育人才是培元气固根本的一个重要举措。人才是社会的精英,也是良吏贤官的来源,因而发现人才、培育人才就显得格外重要。郑板桥个性狂放,不同流俗,常常出言斥责,不假辞色,但对人才却不由自主地爱护器重,不惜付出。他在家信中说:

> 以人为可爱,而我亦可爱矣;以人为可恶,而我亦可恶矣。东坡一生觉得世上没有不好的人,最是他好处。愚兄平生漫骂无礼,然人有一才一技之长,一行一言之美,未尝不啧啧称道。橐中数千金,随手散尽,爱人故也。②

因为爱惜人才,郑板桥自称"橐中数千金,随手散尽",这并不是他的自我标榜,《扬州府志》恰恰提供了一个例证:"潍邑韩生贫而好学,燮夜行,闻读书声,心许之。时给薪水,后成进士,有知己之感。"③这里体现了他对青年才俊的关怀爱护。郑板桥也有想帮助有志者而钱送不出去的时候,那是因为他能够设身处地保护他们耿介廉洁的高尚品德。范县秀才宋纬、刘连登有志向学,虽然身陷贫病,但依然每天读书到深夜。感念他们穷而不坠青云之志的品格,郑板桥极愿馈赠金钱以助他

---

① 郑燮:《潍县竹枝词四十首》,本社编:《郑板桥集》,上海古籍出版社1979年版,第202页。

② 郑燮:《淮安舟中寄舍弟墨》,本社编:《郑板桥集》,上海古籍出版社1979年版,第8页。

③ 重修《扬州府志》,卷四十八,转引自本社编:《郑板桥集》,上海古籍出版社1979年版,第238页。

们摆脱生活窘境,却被两位耿介自尊希望保持独立人格的年轻人谢绝。郑板桥"爱之以德",特地赋诗相赠"以养其德":"腐《史》湘《骚》问几更,衙斋风雨见高情。也知贫病浑无措,不敢分钱恼二生。"[1]

　　对于志向远大、前程无限的人才,郑板桥总是报以热切的期待,他在《贺新郎·送顾万峰之山东常使君幕》中,热情洋溢地赞颂了友人的才干和志趣,深情挚恳地期待友人协助常使君"勖以仁风遍野",让人民安居乐业,也让友人做个好吏。对有一技之长,一得之见者,郑板桥也从不吝惜自己的赞美。盲人陈孟周,不懂词调,自从学了郑板桥让他读的李白两首词,"不数日,即为其友人填二词"。郑板桥"闻而惊叹,逢人便诵",说自己"拙词近数百首,因愧陈作,遂不复存"。他为此专门写二绝句,誉之为"偶然唾墨成涓滴,化作灵云入少微"[2]。

① 郑燮:《二生诗》,本社编:《郑板桥集》,上海古籍出版社 1979 年版,第 90 页。
② 郑燮:《题陈孟周词后》,本社编:《郑板桥集》,上海古籍出版社 1979 年版,第 93 页。

第四章　官运和艺运

第一节　蒙冤罢归　八怪聚扬

在两任七品县令的任上，郑板桥在丰年不奢侈，在灾年不慌乱，以清廉、勤政和爱民的业绩显示出他在从政方面的非凡才能和品行，百姓口碑甚佳。此外，他是堂堂进士，科班出身，中丞考绩特列"一等"，被明确保举知府；在朝中，慎郡王是他的后台，一品大员吏部尚书高斌甚嘉其能；他几次面君，真是取青紫如拾芥；郑方坤说他"于州县一席，实不相宜"，因为他像庞士元一样"非百里才"，应让他当个大官才能施展他的抱负。凡此种种，都表明他已具备多方面的升迁条件，可以说，保举一个知府应该是探囊取物。可事与愿违，他在潍县县令任期将满时，不仅预定的"保举知府"成了空"保"，而且还被人以"贪污"的罪名告了一状，由清白之躯变成了戴罪之身。

这一百八十度的大转变，原因有几个，最主要的在于他"怒不同人"的性格。他虽然写了不少称颂上司的诗，也献了不少画给上司，可是如果细看一下他献颂联谊的这些上司，如慎郡王、高斌、卢雅雨等，常常是道德高尚，诗文有一定造诣，或与郑板桥的气质有相通相类之处的人，对这些人，郑板桥甘心情愿向他们献颂诗画。而对那些不学无术的贪墨官吏，哪怕是顶头上司，例如瞒灾不报、给郑板桥记"大过"的巡抚阿里衮之流，郑板桥不仅不肯颂扬，甚至一有机会还要讽刺几句。例如潍县灾后，大员们在山东省城济南趵突泉会宴众官，席间众上司要这位七

品官吟诗助兴。他看到这些发灾难财的贪官,心中如沸,愤然吟道:

> 原原有本岂徒然,静里观澜感逝川。
> 流到海边浑是卤,更谁人辨是清泉。①

郑板桥在诗里说,本来是好好的清泉,一到这里根本分不清清浊,都变成了盐"卤",正像俗语说的,白衣服掉进了黑染缸,再洗也不得白了。于是,"诗成,满坐拂然,佥谓郑讪诽上台"②。郑板桥是在拿自然现象说事,是隐喻,上司清楚他指桑骂槐却无法发作,只能心中恼怒,给他记上一笔是可想而知的。"积毁可销骨",即使考绩"一等"也敌不过背后的嘈嘈切切、众口谗毁。另外,他由于平时断案,一贯"右窭子左富商",得罪了不少土豪劣绅。这些土豪劣绅各有后台,如蒲松龄在《聊斋志异》的《席方平》中所说,"余腥犹能役鬼,大力直可通神",他们早已对郑县令恨得牙痒,千方百计串联构陷。

最有权势、最能决定他命运的上司和绅商都被郑板桥得罪了,他的仕途也就岌岌可危了。正好此时,郑板桥送给那些想置他于死地的人一个机会。

郑板桥罚没了某富户的钱款,手续有些欠妥,这对于郑板桥这样特立独行的人来说不以为意,但恰好给了攻讦者一个口实。他们以此为借口,告到吏部说郑板桥滥用职权,坑害乡绅,贪污罚金。朝廷责成吏部立案审查,但天高皇帝远,正如郑板桥《范县》诗所说,"县门一尺情犹隔,况是君门隔紫宸",吏部也是根据材料办事,以省府的意见为要。面对那些一心想断送他仕途的上司,郑板桥没法辩解也不想辩解,他心地坦荡,自知这十二年问心无愧。他精熟儒家经典,又忠君爱民,想"致君尧舜上,再使风俗淳",确实想当一个好官。毫无疑义,他一边想兼济天下,但另一方面,对这条坐了十二年的仕宦之船,他已心生厌倦,也失去了信心,他不想在这黑暗的官场里再待下去了。他曾在《青玉案·宦况》中描述自己当官的无奈与无聊的情形:

---

① 郑燮:《会宴跃突泉》,卞孝萱编:《郑板桥全集》,齐鲁书社 1985 年版,第 318 页。
② 曾衍东:《小豆棚·杂记·郑板桥》,转引自卞孝萱编:《郑板桥全集》,齐鲁书社 1985 年版,第 803 页。

十年盖破黄绸被，尽历遍、官滋味。雨过槐厅天似水，正宜泼茗，正宜开酿，又是文书累。　　坐曹一片吆呼碎，衙子催人妆傀儡，束吏平情然也未？酒阑烛跋，漏寒风起，多少雄心退！

此词生动地写出了"我被微官困煞人"的尴尬。他在其他诗作中也几次讲自己"素餐何久长"，要"去去好藏拙"，要回兴化"与李（鱓）同老"，可见他并不贪恋这个七品官位。只是由于自己萌生退意的不想做官，和受别人强迫不让他做官是两回事，由此带来完全不同的两种境遇、两种心情，郑板桥心情的郁闷愤然是可想而知的。

乾隆十七年（1752年）年底，吏部来文，以贪污罚金款项为由免去郑板桥知县职务。次年四月，郑板桥向新任知县、浙江省进士韩光德交割了印信，拱手告别；连人带家当只用了三条毛驴，离开潍县县衙，扬长而去。

这三头毛驴，一头由小僮乘坐引路，一头他自己乘坐，一头驮书。十二年县官，数年的辛苦，只落得三条毛驴，一个小僮，加上一口"贪污"的黑锅，悲也。但倔强的郑板桥写下了《罢官作》二首：

老困乌纱十二年，游鱼此日纵深渊。
春风荡荡春城阔，闲逐儿童放纸鸢。

买山无力买船居，多载芳醪少载书。
夜半酒酣江月上，美人纤手炙鲈鱼。

乾隆癸酉太簇之月，板桥郑燮罢官作二首①

二诗仿佛陶渊明"池鱼得故渊"，其乐融融，乐不可支。可是，郑板桥只是强自宽慰而已，心情是不可能平静的。离开潍县时，乡民们自发前来送行，更胜似当年"一杯白水荒途进"。他禁不住停下脚步，要小僮取过笔墨纸张，就路旁石块，挥毫画了一幅墨竹图，并题诗：

乌纱掷去不为官，囊橐萧萧两袖寒。

---

① 郑燮：《罢官作》，卞孝萱编：《郑板桥全集》，齐鲁书社1985年版，第327页。

写取一枝清瘦竹,秋风江上作渔竿。①

郑板桥善画墨竹,与潍县父老告别之际,又画一墨竹,自是留念之意,只是更深层的意义在于,他就是要取竹子劲节不屈之意以自喻,既标示自己的节操,也告诉那些罢免他的人自己不会屈从他们的淫威,一个"掷"字掷地有声。然而,不管怎么说,郑板桥在经过十二年辛苦后,却落个"莫须有"的"罪名"被罢官,实在心有不甘。

这次罢官的伤痕始终镌刻在郑板桥心头,满腔的愤怒还是不时会爆发。乾隆三十年(1765年),他在七十三岁去世前不久又画了一幅墨竹,并且题诗:

宦海归来两袖空,逢人卖竹画清风。

还愁口说无凭据,暗里赃私遍鲁东。

板桥老人郑燮自赞又自嘲也,乾隆乙酉,客中画并题。②

"逢人卖竹画清风"的现状与当年"暗里赃私遍鲁东"的无耻谰言形成鲜明的对照,从这里可知这次"罢官"令他之愤怒,对他打击之创剧痛深切。

返回故里的郑板桥,虽不算被递解回籍,确也是铩羽而归。他虽然家庭稳定,自己内心坦荡无愧,但多少有点"只觉无颜对俗人"的感慨。遭世俗之人的白眼或猜忌倒也罢了,只是,他立刻面临一系列的生活难题。

首先是住家。老家居室"逼侧",难以舒展。他曾经设想为自己"娱老"盖一新宅,并且设计好了八间二进的格局,却因不会敛财又乐善好施,以为"千金散尽还复来",卖画所得也随手花掉了,结果千金散尽不复来,"娱老"的小院终成泡影。这次从山东带回行囊虽不多,但三头毛驴两个大人,总得有地方住。而且,他此时声名不小,时有来客,总得有个见客的地方,老宅是无论如何住不下了,墨弟那里也不好挤,因此安居就成了一大问题。

---

① 郑燮:《题画·予告归里,画竹别潍县绅士民》,本社编:《郑板桥集》,上海古籍出版社1979年版,第156页。

② 郑燮:《题画·题画竹六十九则》,本社编:《郑板桥集》,上海古籍出版社1979年版,第209页。

俗话说"车到山前必有路",此刻,同乡好友李鱓向他伸出了友谊之手,诚挚邀请他住到自己的花园别墅"浮沤馆"内,愿与这个同乡小老弟"乐与数晨夕",郑板桥欣然应允。"浮沤"者,水面上的泡沫也,取苏轼诗"羡师游戏浮沤间,笑我荣枯弹指内"之意。李鱓将"浮沤馆"东边分出几间屋让给郑板桥,板桥也得其所哉地题上匾额"聊借一枝栖"。"浮沤馆"景色宜人,是兴化的著名园林。郑板桥在县官任上时,就常常向往这块宝地,曾作《怀李三鱓》寄意,其二云:

待买田庄然后归,此生无分到荆扉。

借君十亩堪栽秫,赁我三间好下帏。

柳线软拖波细细,秧针青惹燕飞飞。

梦中长与先生会,草阁南津旧钓矶。[1]

这次,郑板桥可算是终酬宿愿了,兴化的两颗艺术明星,"扬州八怪"中的二怪就相聚在"浮沤"里了。后来,李鱓又建"拥绿园",让郑板桥一家安居。

其次是谋生。罢官归田后,郑板桥就是一介平民,且不说此后的漫长岁月如何度过,如何取得家用的"稻粱"就是他迫在眉睫的事情。李鱓此刻又上扬州卖画去了,收入颇丰,因此郑板桥不免重操故技。他安顿好家小后,也很快来到扬州,和李鱓同住在扬州城北的竹西寺。

郑板桥一到扬州,诗朋画友纷然聚拢,为他接风。这其中,最让郑板桥开心的,自然是后来被列名"扬州八怪"的那帮画界朋友们。

"扬州八怪"在学界又称"扬州画派",是对清代中期活跃于扬州地区的一批风格相近的书画家的统称。此说由来已久,清末李玉棻在《瓯钵罗室书画过目考》中具体记载了他们,被视为一个较早较全面的论据。凌霞曾有《扬州八怪歌》,说:

板桥落拓诗中豪,辞官卖画谋泉刀,画竹挥尽秋兔毫,时人雅谑常呼"猫"。(郑燮)

冬心品诣殊孤高,荐举鸿博轻鸿毛,漆书有如金错刀,诗格画

---

① 郑燮:《怀李三鱓》,本社编:《郑板桥集》,上海古籍出版社1979年版,第90页。

旨皆清超,"六十不出"仍游遨。(金农)

西园砚癖夸石交,左手握管疑持螯,涉笔诡异别趣饶。(高凤翰)

复堂作画真粗豪,大胆落墨气不挠,东涂西抹皆坚牢,砚池滚滚惊飞涛。(李鱓)

晴江五斗曾折腰,拜梅与梅为朋曹,画梅倔强犹腾蛟,腕底飒飒风雨号,"金刚怒目"来献嘲。(李方膺)

闽中画师有瘿瓢,曹衣吴带皆溶陶,点睛活泼同秋猱。(黄慎)

苇间居士寄兴遥,老笔气狭霜天高,平沙落雁秋萧骚。(边寿民)

巳军篆法能兼包,诗情古淡惟白描,太羹玄酒非官庖。(杨法)①

"八怪"是否指这八个画家,甚至是否指八个画家,都说法不一。有人认为是确数,指金农、郑板桥、汪士慎、高翔、李鱓、黄慎、李方膺、罗聘八人;有人同意是确数,但所指八人与上述则有差别;有人则认为是约数,因为"八"字在扬州方言中用法灵活,常是一种泛指,陈师曾的《中国绘画史》,黄宾虹的《古画微》,秦仲文的《中国绘画学史》,郑午昌的《中国画学全史》,俞剑华的《中国绘画史》等等,均提出了自己的名单,不过各名单所列"八怪"画家并不一致。就此,可纳入"八怪"中的画家还包括高凤翰、华嵒、闵贞、边寿民、李勉、陈撰、杨法等,大约在十五人左右。"八怪"的人数不是这里所需解决的问题,就此我们采用泛指说。

之所以称这一批人"怪",一是因为他们的立意构图技法均有别于正统。其画题材多以花卉、竹石为主,笔法泼墨写意、挥洒自如,风格承接青藤、石涛与八大山人的传统,不依前人法度不走传统路数,恣意大胆颇见创新,不被恪守传统的师古者认同喜爱,因而便被呼以在扬州文化语境中含贬义的"八怪"。郑板桥的画被不喜欢的人称为"野狐禅"便可作为例证。二是因为他们率真疏放的个性品格。他们大多是社会中下层文人,虽然富有才华、善于诗书,却历经坎坷,终以卖画为生。其中

---

① 凌霞:《天隐堂集·扬州八怪歌》,转引自卞孝萱编:《郑板桥全集》,齐鲁书社 1985 年版,第 641 页。

虽然也有一些生前即声名远播者,如李鱓、李方膺、高凤翰、李勉等人先后分别为康熙、雍正、乾隆三代皇帝召见,或试画,或授职,郑板桥的《樱笋图》画还曾被弘历钤盖朱文椭圆玉玺"乾隆御览之宝"以示珍爱。罗聘也曾三次游历京都,"一时王公卿尹,西园下士,东阁延宾,王符在门,倒屣恐晚。孟公惊座,觌面可知"①。不过,他们或去职或罢官,终无法在官场上立足,也无法忍受对天性的束缚。总之,他们特立独行,心怀激越,有个性有追求,有民生之忧,有人道情怀,以此发而为文形诸笔墨,作品中充满不平之气和超迈之慨。此中种种在当时褒贬不一,却于身后影响深远。

"八怪"在扬州的活动时间有先有后,郑板桥当年初到扬州时,李鱓已在扬州卖画多年。李鱓之后,金农、华嵒等人也渐次到来,先后汇聚了一百多名画家,最具代表性大约就是上述十五人。他们多数来自东南六省,其中江苏籍画家六人,另外浙江两人、安徽三人、山东一人、福建两人、江西一人,均在扬州生活多年,所以均被纳入"扬州八怪"之中。从康熙末年崛起到嘉庆四年最年轻的画家罗聘去世,"扬州八怪"的活动时间前后近百年。他们画作之多流传之广难以计量,仅据今人所编的《扬州八怪现存画目》记载,就有八千余幅为国内外两百多个博物馆、美术馆及研究单位所收藏。就此,他们作为中国画史上的杰出群体已经闻名世界。

"八怪"之中,扬州人高翔(1688—1753 年)年龄与李鱓、金农、黄慎相仿,但他曾拜石涛为师,能够亲承馨欬,直接受到石涛的面授薪传。乾隆年间刊行、由郑板桥作序的《扬州竹枝词》写高翔"避客年来高凤岗,扣门从不出书堂",其性格孤芳自赏略见一斑,但这并不影响他与"八怪"中的几位重要画家成为至交。他精于隶书行书,绘画尤以园林山水雅秀。晚年右手残废,以左手作画,为世所珍重。淮安人边寿民(1684—1752 年)工诗词、精书法,善画花鸟、蔬果和山水,尤以画芦雁驰名江淮,有"边芦雁"之称。他虽年长郑板桥近十岁,但他俩交谊甚

---

① 吴锡麒:《罗两峰墓志铭》,转引自王孺童:《王孺童集》第 15 卷《正信录校释 · 罗两峰先生事略》,宗教文化出版社 2018 年版,第 29 页。

笃。郑板桥曾作《淮阴边寿民苇间书房》诗以赠,后又以"画雁分明见雁鸣,缣绡飒飒荻芦声"[1]称赞这位老友。通州人李方膺(1695—1755年)出身世宦之家,曾六任州县官,颇有官声。乾隆初年他被罢官后常居江宁(治今南京)借园,自称"借园居士"。他工诗文书画,善写松竹兰菊和松树虫鸟,常往来扬州卖画。他与郑板桥见面最晚,但两人神交已久,晚年尤为亲密,郑板桥曾在他的墨竹画上题字以为推重。汪士慎(1686—1759年)是安徽休宁人,中年即寓居扬州,以卖画为生。他工诗书,精篆刻,所画花卉与李鱓齐名,尤善画梅,金农称其与高翔的梅花有异曲同工之妙。郑板桥说他"妙写竹",见他所画瘦石一块,清竹两枝,颇为激赏,便以金农为他画竹之题诗为典,赞金农之奇亦赞汪士慎之画。

"八怪"之中,品位相当、交情深重的当数郑板桥、李鱓、金农三人。此次罢官返乡,郑板桥已经见过李鱓,到扬州最急切要见的就是金农。金农(1687—1763年),字寿门、司农、吉金,号冬心等,浙江钱塘人,晚年寓居扬州,以卖画为生。他天资聪颖,嗜奇好古,虽终身布衣而博学多才,于诗书画印以及琴曲、鉴赏、收藏等方面都卓有建树。他的书法独创扁笔浓墨,兼融楷隶书体,别具奇趣,极富金石味,仿佛用漆写就,故时人称为"漆书"。他五十岁方开始习画,但因见多识广,胸中有众多名家真迹打底,故起手不凡,很快就卓然成家,以梅竹、人物、山水等名世,成为"扬州八怪"中的领军人物。郑板桥对金农的书道画艺和人品均佩服不已,在汪士慎所画《孤竹图》上题跋时,特为拈出金农在汪士慎画作上所题"清瘦两竿如削玉,首阳山下立夷齐"的典实,认为"自古今题竹以来,从未有用孤竹君事者,盖自寿门始",并说"寿门愈不得志,诗愈奇"[2]。在为落拓才俊立传的《绝句二十一首》中,郑板桥写金农的七绝称颂金农学识渊博,充满崇拜之情:"银河若问支机石,还让中原老匹夫。"[3]

金农曾于乾隆十三年(1749年)在扬州生了一场大病,郑板桥在山

① 郑燮:《绝句二十一首·边维祺》,本社编:《郑板桥集》,上海古籍出版社1979年版,第84页。
② 郑燮:《题画·画竹》,卞孝萱编:《郑板桥全集》,齐鲁书社1985年版,第358页。
③ 郑燮:《绝句二十一首·金司农》,本社编:《郑板桥集》,上海古籍出版社1979年版,第87页。

东听说金农去世,悲痛异常,特地披麻戴孝设灵堂遥祭。后来得知是误传,金农病好后顽健如初,郑板桥方才"破涕改容",金农为此感念不已。这次得知郑板桥罢官回乡,他专门画了一幅自画像,并题上当年误传情事,说:"十年前,卧疾江乡,吾友郑进士板桥宰潍县,闻予捐世,服缌麻,设位而哭。沈上舍房仲道赴东莱,乃云冬心先生虽撄二竖,至今无恙也。板桥始破涕改容,千里致书慰问。予感其生死不渝,赋诗报谢之。近板桥解组,予复出游,尝相见广陵僧庐。予仿昔人自为写真寄板桥。板桥擅墨竹,绝似文湖州,乞画一枝,洗我满面尘土可乎?"[1]可以想象,他们相见恍如隔世,会怎样地百感交集、激动癫狂了。可惜的是,郑板桥此次到扬州,边寿民已经去世,高翔或也离世,恐怕难以见面。其他各位老友,虽然艺术生命力依然旺盛顽强,但自然生命大多进入衰年。当然,有机会相聚,大家的兴奋开心自是无法言表。

在郑板桥与扬州诗词书画界朋友再度相聚的时候,还出现一件趣事,"扬州八怪"之一的李葂展示了一副撰赠给郑板桥的对联,引得众人拍案叫绝:

> 三绝诗书画;
> 一官归去来。

寥寥十个字,高度概括了郑板桥的超群技艺和宦海生涯,实属天然绝对,惟郑板桥可以当之。梁章钜在《楹联丛话》卷十二中对此还有细节描述,说当时大家先看上联而猜下联,郑板桥说:"此难对。昔契丹使者以'三才天地人'属语,东坡对以'四诗风雅颂',称为绝对。吾辈且共思之,限对就而后食。"[2]久之无一人能拈出"一官归去来",下联展开后,众人皆叹李葂妙手神来。此绝对从此不胫而走,成为郑板桥一生的写照。郑板桥领略着老友的挚情,也感奋不已,当场展纸挥毫画竹题诗:

> 二十年前载酒瓶,春风倚醉竹西亭。
> 而今再种扬州竹,依旧淮南一片青。[3]

---

① 金农:《冬心先生自写真题记》,转引自卞孝萱编《郑板桥全集》,齐鲁书社 1985 年版,第 609 页。
② 梁章钜:《楹联丛话·杂缀》,转引自卞孝萱编《郑板桥全集》,齐鲁书社 1985 年版,第 713 页。
③ 郑燮:《初返扬州画竹第一幅》,本社编:《郑板桥集》,上海古籍出版社 1979 年版,第 157 页。

该画上钤的印章是"燮之印"和"二十年前旧板桥"。这个"二十年前旧板桥",是从刘禹锡《柳枝词》"清江一曲柳千条,二十年前旧板桥。曾与美人桥上别,恨无消息到今朝"诗中截句而来,以自己的名字和二十年后又到扬州卖画为生,由此形成双关巧合。此外,它还包含了郑板桥对扬州只认名不认艺的浇薄世态的讥刺,所以郑板桥常用之钤于扬州买画者的画幅上,当然,这也是对扬州一些买画者有眼无珠的讥刺。

第二节　漫游散心　算命遣愁

与友人相聚的美好时光总是觉得格外短暂,在欢乐渐渐消散之后,郑板桥心头的伤痛又隐隐泛起。为什么好心没好报?苍天真的如此不公吗?自己难道真的命中注定吗?一个个的问号不停地在他心头起伏。他要"我欲问天何聩聩",可是问天天不语,只有问知天之人。知天之人是算命者,郑板桥只好以算命、漫游来疗治内心的伤痛,寻求心头的平衡。在范县时,才华绝世的陈孟周曾替他排过生辰八字,说他仕途将会一帆风顺,不久将升任知府,当时确也似乎如此,大中丞都向他明示考绩名列第一,将保举知府。而这位陈孟周是小神仙一般的命相家,"圆峤仙人"一般的人,又与自己交情极厚,该不会妄言吧,问题究竟出在哪里?郑板桥觉得应该再找些高明的算命先生替自己算算。听说杭州有极高明的星相家,何不去找一找请一请,此行还可以从从容容看看浙江山水,再交些朋友,说不定会柳暗花明又一村。于是,他择日上路,直奔杭州。

星相、命理对传统士子很有诱惑力,从孔夫子直到清代的读书人大多程度不等地相信运命,"五十而知天命"这句著名的话,就含有"命定"之意。三国时代管辂替曹操等人算命,曹操欲授他官职,管辂辞曰:命中注定不能为官,这才作罢。王勃说"君子安贫,达人知命",李白说"升沉应已定,不必问君平"等等,都是信命之语。郑板桥从小也相信这事,他选坟地、看风水、行善等等,或多或少都含有这种信命意味。一般人尤其是士人到失意时,就更加相信命运,也希望算命先生算个好命。这是人们想在黑暗中寻找一点曙光,实质上是心灵遭到伤害后的一种自我解脱、自我疗伤。如此，郑板桥借漫游而求取命术就可以理解了。

到杭州后，郑板桥住在西湖东的南屏山净慈寺。南屏山以多竹闻名于世，"南屏晚钟"也是杭州一处名胜。他一住下就开始游览，同时寻找算命先生。他在《刘柳村册子》等文中只热情洋溢地记载漫游之乐，财礼之丰。例如他在《与墨弟书》中说：

> 初到杭州，吴太守甚喜，请酒一次，请游湖一次，送下程一次，送绸缎礼物一次，送银四十两。郑分司与认族谊，因令兄八哥十哥在扬州原有一拜；甚亲厚，请七八次，游湖两次、送银十六两。但盘费不少，故无多带回也。
>
> 掖县教谕孙升任乌程知县，与我旧不相合，杭州太守为之和解，前憾尽释。而湖州太守李公讳堂者，壬戌进士，久知我名，硬夺杭守字画。孙乌程是其下属，欲逢迎之，强拉入湖州作一月游。其供给甚盛，姑且游诸名山以自适。第一是过钱塘江，探禹穴、游兰亭，往来山阴道上，是平生快举；而吼山尤妙，待归来一一言之。华灿且留住数日，我于端午后必回。①

这封信多谈银两、礼物，该是必要的交代。而另一记载则详述了与吴太守等人的欢聚：

> 游西湖，谒杭州太守吴公作哲，出纸二幅，索书画。一画竹、一写字。湖州太守李公堂见而讶之曰："公何得有此？"遂攫之而去。吴曰："是不难得，是人现在此，公至南屏静寺访之，吾先之作介绍可也。"次日，泛舟相访，置酒湖上为欢；醉后，即唱予《道情》以相娱乐。云："十年前得之临清王知州处，即爱慕至今，不知今日得会于此！"遂邀至湖，游苕溪、霅溪、卞山、白雀，而道场山尤胜也。府署亭池馆树甚佳，皆吾扬吴听翁先生所修葺。②

从这两个资料中可见郑板桥在杭州有几大乐趣：第一，得财物之乐。太守们送了不少银两，一洗穷愁；第二，得游览之乐。他游览了许

---

① 郑燮：《与墨弟书》，本社编：《郑板桥集》，上海古籍出版社 1979 年版，第 194 页。

② 郑燮：《刘柳村册子》，本社编：《郑板桥集》，上海古籍出版社 1979 年版，第 188 页。

多名胜古迹江山大川,一了宿愿;第三,得相聚之乐。与吴太守、李堂等相聚,引为知己,一畅胸怀;第四,聆演唱之乐。听吴太守等现职官员演唱一个被罢职官员的得意之作,这对郑板桥受伤的心灵真是一个莫大的安慰;第五,与乌程知县"前憾尽释"化敌为友,不亦快哉。这五大乐趣一齐拥来,确是别处从未有过,郑板桥怎得不津津乐道。

这五大乐趣大大纾解了郑板桥被罢官以来的心头愤懑,当然,要想彻底化解心中的阴影,还需要命相家一锤定音。郑板桥要请算命人算出自己的未来,算到个"好命"。他在另一封家书中说得十分明白:

> 一到杭州即访杨四衙,其子一贫彻骨。呜乎! 兴化人笑我不会寻钱,岂知我之所以养身养财者,固自有道乎! 杨四衙儿子命理甚精,比流俗欲高数等,谓我这五年是晦气,乃知孟周之言亦不灵也。我六十五岁方大行运,与前不同,当为内京官,掌生杀。湖州太守命学尤精,谓我六十五岁后生子,扬名发财。其命章带与你看。若果如此,吾弟可无忧窘隘矣。个个算命人皆如此说,而杨、李二公谈得最为亲切有理,咬牙顿口不差。可与太太、两嫂子并大女、二女说也。[①]

此信可能即是前封家书的附言,因其末有"又"字,并谈到"李堂",可知在见李堂之后。从这封信看到:第一,在杭州,郑板桥至少算过三回命,杨四衙儿子、湖州太守李堂,与未提名字的一位;第二,此次算命结果与以前陈孟周不同,"孟周之言亦不灵也",说明陈孟周以前算郑板桥的命是好话说得很多,与郑板桥的现实罢官、无子正好相反;第三,之所以现在这么倒霉,是因为"这五年是晦气",还未"大行运";第四,六十五岁以后升官、发财、生儿子,将会好事连连;第五,这次算命人"命理甚精""尤精""谈得最为亲切有理",非常高明,令郑板桥心悦诚服。这五点正是郑板桥心中疑团的答案,郑板桥心中的疙瘩一下子全解开了。于是他赶快将命章带与墨弟看,并叫转告家中各人,从此不必担心,不会穷困了。这张空头支票把郑板桥心头的乌云吹得无影无踪,仿佛已

---

① 此信墨迹今藏扬州博物馆。

接到当上大官诏书似的赶紧写信回家报喜了。

绝顶聪明的郑板桥，反被算命的弄昏了头脑，是喜是悲？

终于算了一个好命，郑板桥带着极大的宽慰与满足离开了杭州，再度踏上漫游的旅程，沿着钱江、萧山一路去绍兴。绍兴名胜古迹很多，不少是郑板桥心向往之的，如王羲之的兰亭、陆游的沈园不可不吊，徐渭的"青藤书屋"、会稽山麓的"大禹陵"不可不看，人所共知的"山阴道"也不可不细品一番。此时郑板桥已无王命在身，自由自在，而且知晓好的命运即将来临，轻松喜悦的心情，使他对每一个胜地都要随喜一番。

漫游的第一站是钱塘江。郑板桥又一次领略了钱塘潮"银龙翻江截江入，万水争飞一江急"的奇观异景。第一次观钱塘潮时他激动异常，一下子写了几首诗，满怀希望地高唱"世人历险应如此，忍耐平夷在后头"。他这次则冷静了许多，也许想到十几年来，江潮依然而郑郎已老，"尽历遍，官滋味"，虽装了多少次傀儡，忍耐了不知多少次，却未等到"平夷"，可见宦海潮比钱塘潮还要凶险，所以这次过钱江，他什么诗也没作。

他过了钱江就直奔绍兴，先探禹穴。翠柏参天的禹王陵碑亭内的大石碑上刻着庄严肃穆的"大禹陵"三个大字。离碑亭北行数十步，"窆石"赫然在目，这块著名的石头奇形怪状，高约六尺，石顶有眼如碗大，传说为系绳之用，石身刻有许多难以辨认的文字，据说是汉刻，相传禹王遗骸就在这块"窆石"之下，"窆石"就是当年禹王下葬时引棺入穴用的工具。郑板桥平时对汉碑"刻意搜求"，可是此前对这"原始之物"尚未见过。

探罢禹穴，郑板桥来到兰亭。兰亭在绍兴城西南二十五里，相传这里是春秋战国时越王勾践种兰花的基地，兰花盈郊遍野，汉代在这里设驿亭，因而就叫作"兰亭"。兰亭今日虽已兰花无多，而郑板桥对之恋情不减。当然，郑板桥来兰亭不仅仅是探郑板桥钟情的有"郑家香"之称的兰花，更有兴趣的是当年书圣王羲之在这里的金兰之会。遥想当年，王羲之与友人雅集兰亭，饮酒赋诗，事后编集，书圣亲自动手写下千古不朽、文书双绝的《兰亭集序》，令人心驰神往。这里既是郑板桥"家花"的发祥地，又是名士风流的韵源，更是天下书法的圣殿。《兰亭集序》全文 324 字,书法遒劲秀媚,千姿百态,是王羲之的神来之笔,占尽王体风流,一直被历代书家誉为"天下第一行书"。郑板桥自幼临此帖,已记不清多少遍,乾隆八年(1743 年)在范县,他又认真临摹一本,并木刻印行,且为此临本写过一个跋语:

> 黄山谷云:世人只学兰亭面,欲换凡骨无金丹。可知骨不可凡,面不足学也。况兰亭之面,失之已久乎!板桥道人以中郎之体,运太傅之笔,为右军之书,而实出以己意,并无所谓蔡钟王者,岂复有《兰亭》面貌乎!而石刻木刻千翻万变,遗意荡然。若复依样葫芦,才子俱归恶道。故作此破格书以警来学,即以请当代名公,亦无不可。①

于兹可见,郑板桥对《兰亭集序》之心迷神醉,却又不是依样画瓢。他首先是真爱,然后下苦功临摹,学到精髓,继而是"以中郎之体,运太傅之笔,为右军之书,而实出己意",遗貌取神,自创新风,这是郑板桥书法得以成家的原因。就此,郑板桥之游兰亭,既是后辈书家对于前辈书学泰斗的礼敬,也是对自己学书生涯的回顾与总结。

游兰亭当然包括游览整个兰亭风景区,从鹅字碑亭、流觞亭、大小兰亭、康熙御碑临《兰亭集序》全文、右军祠,到由绍兴城至兰亭这一路"山阴道上"的茂林修竹,郑板桥真是应接不暇,快哉此行。

游完绍兴外围,郑板桥又回到绍兴城内,凭吊他一生中又一个终生仰慕的高人——徐渭和他的故居"青藤书屋"。

郑板桥一生着魔似地崇拜的人不是孔子、孟子,不是李白、杜甫,也不是自己的祖先郑玄以及"先世元和公",而是徐渭。徐渭(1521—1593年),字文长,号青藤老人等,绍兴府山阴(今浙江绍兴)人。郑板桥自称"青藤门下牛马走",并以此句刻过一方印章,多次使用。"牛马走"即门下差役之意,源出司马迁所谓"太史公牛马走"。郑板桥之所以对徐渭的崇拜远胜别人,是因为这位明代怪杰,不仅诗文书画绝艺惊人,在当时天下独步,而且见解卓绝,出语骇俗,真率过人,对恶势力从不低头,

① 郑燮:《跋临兰亭叙》,本社编:《郑板桥集》,上海古籍出版社 1979 年版,第 175 页。

对尸位素餐者视如粪土。他"才横而笔豪",其泼墨写意画给了郑板桥极大启示,从狂怪之风来看,郑板桥简直就是徐渭的高徒。郑板桥向来自视如此,同时代其他书画家也有持此看法者,童二树咏徐渭诗就有"尚有一灯传郑燮,甘心走狗列门墙"①,可见郑板桥与徐渭画风极有相似之处。

正因为此,郑板桥到了青藤书屋,难免见贤思齐、思绪万千。"青藤书屋"在绍兴城内大乘巷,老屋大门里石砌天池依然一泓清水,徐渭别号"天池"即取于此,徐渭亲笔书写镌刻着"砥柱中流"的一根方形石柱依然矗立在池中。花坛上青藤绕屋,叶旺藤茂,昭示着主人倔强的精神和无限的生命力。书屋中,徐渭画像风朗神俊,东墙刻着徐渭手书的《天池山人自题像赞》,西壁刻着《陈氏重修青藤书屋记》,南窗上端悬一小匾,上有徐渭亲笔"一尘不到"四个大字,是徐渭心灵和一生立身行事的真切写照。

当年,郑板桥惊叹徐渭书法时,曾填词《贺新郎·徐青藤草书一卷》:

> 墨沈余香剩,扫长笺狂花扑水,破云堆岭。云尽花空无一物,荡荡银河泻影,又略点箕张鬼井。未敢披图容易玩,拨烟霞直上嵩华顶,与帝座,呼相近。　　半生未挂朝衫领,狠秋风青衿剥去,秃头光颈。只有文章书画笔,无古无今独逞,并无复自家门径。拔取金刀眉目割,破头颅血迸苔花冷,亦不是,人间病。②

这是郑板桥由书法想到作者为人,想到作者人艺双绝,"只有文章书画笔,无古无今独逞",可如此天人,只落得自己刀割眉目,头破血流瘐死狱中,让人慨叹天妒英才。

这次漫游,郑板桥因时间充裕,得以与浙江的书画界有充分交流,也有了意外的收获。人们知道郑板桥的诗书画为"三绝",其实,他在篆刻方面也有不俗的表现。此次,他在浙江与浙派篆刻家们有深入的切磋,在名家指点之下他的金石艺术也登上一个新台阶。而他在治印方

---

① 上海复旦大学喻蘅教授考证"走狗"二字是误植,可参考。
② 郑燮:《贺新郎·徐青藤草书一卷》,本社编:《郑板桥集》,上海古籍出版社 1979 年版,第 121 页。

面的造诣后来也得到嘉许认同,被列入了以丁敬为首的篆刻浙派"雍嘉七子"。丁敬(1695—1765 年),字敬身,号砚林,别署钝丁等,浙江钱塘人。他出身贫寒,却举"博学鸿词"不就,甘愿布衣终身。他博学多才,酷爱收藏,精于鉴赏,长于隶书、兼擅梅兰,在篆刻方面成就尤高,是浙派篆刻的创始人。在他众多追随者中,成就最高的蒋仁、黄易、奚冈、陈鸿寿、郑板桥、金农等六人,加上丁敬,被人们合称为"雍嘉七子"。他们与书画界的"扬州八怪"一样,是篆刻界很有影响的流派。后来,有近代印学中枢之誉的西泠印社建立了一座仰贤亭,亭内刻像纪念浙派篆刻名家,在数十人的群星图中,按座次排第四名就是郑板桥。郑板桥画像旁还刻有《板桥道人像赞》,曰:

> 刻印兼书画之精神,而直追汉与秦,其醇厚与疏宕,殆仿佛其为人。宜乎世不多觏,是固稀世之珍。[1]

能得到浙派如此之高的评价,并在杭州西泠印社内占据前茅一席,与郑板桥这次漫游浙江有很大关系。正是这次漫游,让郑板桥的篆刻技艺与声名脱颖而出。

第三节　文人雅集　艺海扬帆

郑板桥在杭州算了个好命,到绍兴等地畅游了一番,带着无限的希望和满腔的欢乐回到扬州,在"笔租墨税"的卖画生活中待机腾飞。然而年去岁来,"好命"依然是空中楼阁,朝廷的乌纱帽始终没有等到,却得到了艺术殿堂的桂冠。他的天才和勤奋,让他在扬州书画界大放异彩,这也是对一代才人的慰藉。

这一时期,郑板桥的创作精品纷呈,进入了他艺术生涯中最辉煌的时期。

此时,卢雅雨东山再起,重任扬州"两淮盐运使",郑板桥当年的福星再次高照扬州,两位阔别了十四个春秋的好友又相聚在一起。虽然

---

[1] 转引自王同书:《郑板桥评传》,南京大学出版社 2002 年版,第 100 页。

此时卢雅雨是东山再起，郑板桥是罢官归来，两人一起一落地位悬殊，但这些都不妨碍他们的友谊，喜悦的心情如春江潮水般一泻千里。卢雅雨一见到郑板桥就赋诗《扬州杂诗》记喜："一代清华盛事饶，冶春高宴各方镳。风流间歇烟花在，又见诗人郑板桥。"①郑板桥又如十四年前一样成为卢雅雨的座上客，"两淮盐运署"衙门又如十四年前一样成为艺术家们聚会的中心。在这里，郑板桥有更多的机会与各位名家高手切磋技艺，诗酒往还。

在卢雅雨处，郑板桥会聚的朋友有老友有新朋，前者如李葂、周榘、马曰琯、马曰璐、金兆燕等，后者如惠栋、戴震、袁枚、吴敬梓等。这些人与卢雅雨都交谊深厚，李葂与卢雅雨更是患难不弃，卢雅雨下狱，李葂不避嫌疑悉心照料；卢雅雨谪戍塞外，李葂时寄函诗嘘寒问暖。卢雅雨回到扬州，为报答李葂这位穷秀才的患难真情，帮助他刊刻出版了诗集《啸村近体诗选》并为之作序，称他的诗"新警隽拔，无一字拾人牙慧"。而惠栋、戴震这些后来的大思想家、大学问家，以及大才子袁枚等，也都是卢雅雨的常客。毫无疑问，这些思想活跃、文思敏捷的青年才俊，或多或少给了郑板桥有益的影响。

郑板桥这一阶段的生活，有罢官后沮丧心绪的平复，有以艺养家的期待和收入，有良朋好友的欢聚宴乐，有许多愿作和不愿作而又不得不作的书画，其中也有许多后人难以解释的疑问。在这些疑问中，尤以与风流才子袁枚的交往为难解之事。

在这些旧雨新知中，引人注目的是袁枚。袁枚（1716—1797 年），字子才，号简斋，浙江杭州人。他比郑板桥小二十三岁，官位不高，可是名声不小。他少年得志，二十四岁中进士，入翰林，做了江宁（治今南京市）知县。三十三岁就辞职家居，在南京小仓山筑"随园"，养倡优，授弟子，结交名士，讲诗论文，悠闲自在。在南京，他的"随园"是民间的文艺沙龙，他自己也可说是民间的卢雅雨。扬州、南京近在咫尺声息相通，又有卢雅雨做中介，袁枚的诗学见解有些与郑板桥主张相近，所以他二

---

① 卢见曾：《雅雨堂诗集·平山堂集·扬州杂诗》，转引自卞孝萱编：《郑板桥全集》，齐鲁书社 1985 年版，第 611 页。

人在卢雅雨的座席上就更有共同语言了。只是出人意外的是，郑板桥
与袁枚的交往，只在《郑板桥集·诗钞》末尾有诗题《赠袁枚》，诗只两
句："室藏美妇邻夸艳，君有奇才我不贫。"而袁枚《随园诗话》里的记载
却有很多。《随园诗话》卷九记载袁枚与郑板桥相遇于卢雅雨席上，郑
板桥拉着袁枚的手称许"天下虽大，人才屈指不过数人"，此话颇有点像
曹操对刘备所说"天下英雄唯使君与操耳"。书中并记有袁枚当时写的
诗《投郑板桥明府》：

> 郑虔三绝闻名久，相见邗江意倍欢。
>
> 遇晚共怜双鬓短，才难不觉九州宽。
>
> 红桥酒影风灯乱，山左官声竹马寒。
>
> 底事误传坡老死，费君老泪竟虚弹。①

　　但遗憾的是，袁枚的《小仓山房诗集》中却未见郑板桥的答诗、赠
诗。幸有一幅郑板桥的墨迹《奉赠简斋老先生正》出世，下署"板桥郑
燮"，此诗正是《郑板桥集》中断句的全篇：

> 晨星断雁几文人，错落江河湖海滨。
>
> 抹去春秋自花实，逼来霜雪更枯筠。
>
> 女称绝色邻夸艳，君有奇才我不贫。
>
> 不买明珠买明镜，爱他光怪是先秦。②

　　其中"女称绝色邻夸艳"句在《郑板桥集》中为"室藏美妇邻夸艳"，
略有不同。这个墨迹的发现使《郑板桥集》中的断句获得全豹，也解决
了袁枚之孙袁志祖的疑惑。他在《随园琐记》中说："郑板桥先生诗集
中，有赠先大父诗云：'室藏美妇邻夸艳，君有奇才我不贫。'只此二句，
并不成篇，或系楹帖耶？"③旧疑虽释，又有新疑，何以《郑板桥集》中只收
这两句呢？郑板桥、袁枚二人交谊究竟如何？笔者乡贤前辈喻蘅先生
著文考证，将金农《冬心自写真题记》所载郑板桥哭金农的情事与《随园

① 袁枚：《小仓山房诗集·戊寅·投郑板桥明府》，转引自卞孝萱编：《郑板桥全集》，齐鲁书社 1985 年
　　版，第 627 页。
② 此诗墨迹今藏四川省博物馆。
③ 袁志祖：《随园琐记·记翰墨》，转引自卞孝萱编：《郑板桥全集》，齐鲁书社 1985 年版，第 815 页。

诗话》所载郑板桥哭袁枚的情事进行比较,则郑板桥为金农哭的记载有其他旁证,如有人到山东辟谣,二人交谊也达到此种程度,见面谈起此事等,因之可信。而郑板桥与袁枚的关系一般,交情不深,即使真的听到袁枚死了,也未必会哭得如此伤心;再者,袁氏有关记载多处不同,特别是年代的不接榫等等,此是袁枚包括袁枚的后人作伪,借名人抬高自己。

喻蘅在文中又进一步论证,袁枚在多处对郑板桥置以微词,甚至彻底否定郑板桥的诗、书,认为"板桥深于时文,工画,诗非所长","板桥多外宠","闻者笑之"①,"板桥书法野狐禅也"等等。可见袁枚并非真的心仪"郑虔三绝","二人之间的交情几乎等于零"②。

喻蘅之文所云,较为允当,但笔者仍对郑板桥与袁枚关系有几点补充分析:

第一,他们见面是在卢雅雨席上,都是卢雅雨的客人,这种见面属社交性的,并非卢雅雨专门为他们二人设席庆贺。这说明他们此前虽然互闻其名,但并非仰慕至极,如渴思唉,否则江宁与扬州比邻,交通方便,他们早应欢聚多次。所以这次相互赠诗,也只是礼节性的,并无铭心刻骨之情。

第二,郑板桥的赠诗确实是八句,但也确实唯有那两句"室藏""君有"非常切合袁枚,其余六句放之他人身上也是"四海而皆准",没有个性。所以郑板桥自己编集时,只保留了那两句。保留两句,既显示了郑板桥的个性,也显示了他对袁枚是不如对李葂等人的评价。郑板桥为李葂等人写的绝句二十一首,每人都保存全诗,像这种赠诗列题而只系诗二句,是《郑板桥集》中绝无仅有的。这种状况至少表示了郑板桥与袁枚的友谊低于他与李鱓、金农等一个档次。

这两句的改动,也是郑板桥自己改的。"女称绝色"虽然未必是直讥袁之多收女弟子为好色,可能只是觉得原句太俗,遂改成"室藏美妇",修改后还含有"明珠未必终尘壤""墙里开花墙外香"之意,即袁枚才名四溢,

---

① 袁枚:《随园诗话》,转引自卞孝萱编:《郑板桥全集》,齐鲁书社 1985 年版,第 695 页。
② 参阅喻蘅:《郑燮与金农、袁枚交谊考辨》,《复旦学报》1987 年第 4 期。

众所周知,也是下句的比兴句。当然,此句也双关袁枚的"好色",但未必是讽刺,因为郑板桥并不认为"好色"是恶德,板桥就曾坦陈自己也"好色",因之他也不会去讽刺"同好"的。所以谐谑有之,讥讽则未必。

第三,《随园诗话》记述"有误传余死者,板桥大哭以足踏地"云云,可能是事后误传、误记,也未必出于袁枚手笔,可能是袁枚的门人或后人为了抬高袁枚的身价所为。因为如果是袁枚写的,他至少懂得加减法,如何写出郑板桥为袁枚"哭丧""后二十年与余相见卢雅雨席间"呢?袁枚与郑板桥相遇时是四十八岁,二十年前是二十八岁,其时他刚中进士几年,初出茅庐,哪里有多大声名?再说,他二十八岁时是乾隆八年(1743年),郑板桥刚到范县,除忙于做他的七品官外,还在为慎郡王和自己编刻诗集,怎么可能为一个只闻其名的新贵之死哭得如此伤心?郑板桥哭金农是"十年前"在"潍县",与袁枚所云二十年前更不对榫。再说,难道袁枚不知道自己当时只二十八岁,怎么能自称"坡老",更不会在诗句后加个括弧写上"有误传余死者,板桥大恸"。这括弧里的话,很可能为袁氏弟子或后人所加。

第四,不过,笔者认为袁枚这首诗确实有,是袁枚在席上赠予板桥的,只是诗意被后人误解了。仔细观察,这首诗写的是席上见郑板桥的情事。第一、二两句写自己心仪板桥三绝,今日得见特别高兴;第三、四句写二人相互赏识、相互同情,都是当官不成而"学拙论文",有惺惺相惜之意;第五、六两句写今日聚会与山东为官的对照,今昔冷暖,人世沧桑,难以逆料。这几句都好理解,没有歧义。问题在最后两句:"底事误传坡老死,费君老泪竟虚弹",笔者以为"坡老"不是袁枚自称,而是指金农,诗句意为写误传金农之死板桥痛哭的情事,因为此事在当时已盛传为艺坛佳话。袁枚信手拈来写赠板桥,也即景得趣,以此佳话作结,略带诙谐,含有称颂板桥义薄云天,对友情深意挚,令人景仰,以"坡老"比金农也颇得当。这样理解全诗就顺当了,符合席上的谐谑氛围,也没有什么"抓肉朝脸上堆"之类的尴尬解释了。可惜的是后人对这诗末二句理解错了,又加上了"括弧"的解释,更替误解"圆了谎",又编些以讹传讹的小故事,"哭金"变成"哭袁",就一误再误。

笔者这样解释,不仅所有事情一切合榫,也证明了袁枚与郑板桥的友谊确实一般。在卢雅雨席上相见时,二人才有了这礼节化的相互赠诗。至于说袁枚对郑板桥的微词,乃至于否定自己所称颂的"郑虔三绝",应当是袁枚后来的看法。但这次相会写的诗,客观上来说却并未弄虚作假,也未埋下以后否定郑板桥的种子。一个重要的事实是,袁枚否定郑板桥的书法和诗词,是在袁氏著作出版之后,其时距离卢雅雨席上二人相见又过了几十年,经历几十年岁月谁也无法担保评价没有变化。

比起与袁枚的一般友谊,郑板桥扬州的友谊之花是盛开在真正气味相投的"同好"之间。

乾隆二十一年(1756年)二月初的一天,六十四岁的郑板桥特地邀请黄慎、程绵庄、李御、王文治、于文浚、金兆燕、张宾鹤七个朋友在扬州竹西亭作"一桌之会永日欢"。这是文人常用的一种聚会方式,就是八个好友正好一桌,各出一百钱,饮酒、赋诗、作画,相聚一天。这次聚会,郑板桥、黄慎、程绵庄三人年龄较大,其他均为后生。八人之中,黄慎是"扬州八怪"的中坚,声名卓著,自不必说。值得注目的是程绵庄,他是经学家,八人中年龄最长,学问最博,著作最多,雍正年间就很有名气。但他最厌恶庸俗,相传他不得已应"博学鸿词"科时,朝廷有一要员,有人考证为大学士张廷玉,慕其名要将其收于门下,遂命人风示,只要投到他门下就可进入翰林。可程绵庄却上书明志"不阿权贵",因而不仅这次落选,后来六十一岁时再考"经明行修"科也名落孙山。他就也"从此江南一梗顽",成了被吴敬梓《儒林外史》中那个遇上考试就头痛的"我道不行了"的庄征君了。但在扬州,他却是大受郑板桥等人尊重热爱的长者。

这一天,八人欢会到中午,济南朱文震来到扬州,一听说郑板桥等人有聚会就闯会而来。朱文震不屑科举,专心艺事,精于诗、书、画、印,先是高凤翰的学生,后在潍县又师事郑板桥,也大受慎郡王的赏识。这次他特来看望板桥先生,郑板桥自然喜欢,连忙增加一个座位,八人会成了九人会,破例之举后来传为美谈。会上,郑板桥兴致勃勃,特绘一幅《九畹兰花图》,画上九簇兰花,风姿各异,神采飞扬,并题诗一首:

> 天上文星与酒星,一时欢聚竹西亭。
> 何劳芍药夸金带,自是千秋九畹青。①

---

① 郑燮:《题兰竹石调寄一剪梅》,本社编:《郑板桥集》,上海古籍出版社1979年版,第166—167页。

画完、题完后，因"座上以绵庄为最长，故奉上程先生携去"。这次的韵事流风永镌在各人心头，为他们及后人的友谊增添了佳话光彩。

郑板桥类似"九畹兰花"的友谊之作也是精品之作，在这一阶段有很多，如他六十一岁时所作《隶书扇面》"老困乌纱十二年"，《南园丛竹图》"留别郭质亭"，"令人常忆旧华轩"，《画竹别潍县绅士民》"乌纱掷去不为官"；六十二岁时所作《为杨典史子孙补画盆兰一幅》"相思无计托花魂"，《为绍翁作竹枝大幅》"不知天地有清秋"；六十四岁时所作《行书书评轴》"张伯英书如龙威虎震"，《与李鱓、李方膺合作三友图》"图成三友祝何翁"；六十四岁时所作《跋李、王四贤手卷》"物不旧则火气逼人"，《为燕老作行书绝句条幅》"宦海归来两鬓星"，《露竹新晴图轴》"胸中之竹并不是眼中之竹"等等。这些画作，有的赠予无名人士乡亲父老，有的赠予书画同好，有的赠予旧雨新知，有的用以祝寿、庆婚、怀念故友等，皆画境新颖、诗句警拔、字体娴熟，都是"三绝"的艺术精品。

在扬州，郑板桥与朋友们相聚的友谊、书画活动别致有味，情深谊长。当然，它毕竟是民间的自发活动，比起官方盛会，其规模不可同日而语。以卢雅雨为首主办的最盛大的文人聚会是乾隆二十二年（1757年）的"红桥修褉"，这是扬州文人最欢乐的时刻。

"修褉"本是中国古代民间祈福的一种习俗，民众于每年三月上旬巳日到水边嬉戏，香草沐浴，被除不祥。后来逐步确定为三月初三日，即杜甫《丽人行》"三月三日天气新，长安水边多丽人"的情事，后来又演变为无所谓去邪，而只是春游宴饮的聚会，正如端午粽子，本来是喂龙的，后来变成家家自食了。

这次修褉的主要场地选在红桥。红桥横跨瘦西湖，始建于明代，九曲朱栏，故名红桥，又因形如垂虹，或称虹桥。清初著名诗人王渔洋在扬州任官时也曾两度主持红桥修褉，孔尚任于康熙年间在扬州任官时也主持过"红桥修褉"，几次修褉都留下了传诵一时唱和数代的诗词，如《浣溪沙·红桥怀古》："北郭清溪一带流，红桥风物眼中秋，绿杨城郭是扬州。西望雷塘何处是？香魂零落使人愁，淡烟芳草旧迷楼"；如《绝句二十首》之一："红桥飞跨水当中，一字阑杆九曲红。日午画舫桥下过，衣香人影太匆匆。"此项活动成为扬州官办文人聚会的传统节目，文采风流的官员必定亲自主持举办。较之于以往,卢雅雨这次的红桥修禊更加规模盛大、影响深远,因为乾隆帝又将南巡扬州,官员和盐商们为了迎合皇帝正在大兴土木,赶着整修和增添瘦西湖景点,郑板桥就曾为整修一新的"月观"抱柱题联"月来满地水,云起一天山",著名的五亭桥也正在修建。

卢雅雨亲自主持了此次修禊活动,并作"七律四首"为众人首倡。郑板桥欣然命笔奉和原韵:

> 年来修禊让今年,太液昆池在眼前。
> 迥起楼台回水曲,直铺金翠到山巅。
> 花因露重留蝴蝶,笛怕春归恋画船。
> 多谢西南新月挂,一钩清影暗中圆。
>
> 草头初日露华明,已有游船歌板声。
> 词客关河千里至,使君风度百年清。
> 青山骏马旌旗队,翠袖香车绣画城。
> 十二红楼都倚醉,夜归疑听景阳更。①

郑板桥兴犹未尽,又写《再和卢雅雨四首》。前四首多写修禊的准备和环境的点染,似乎是盛况的宏观扫描,后四首则是盛况的具体描述,并多个人感慨:"莫以青年笑老年,老怀豪宕倍从前。张筵赌酒还通夕,策马登山直到巅。"郑板桥不仅刻画修禊活动的场景,也以"皂隶解吟笺上句,舆台沾醉柳边城"的诗句歌唱吏民在活动中的感受,更赞赏和期望卢使君"关心民瘼尤堪慰,麦陇青葱入望中"。参加修禊的七千多名文人纷纷奉和,在同一时间、同一地点,以四个韵歌咏同一活动,成诗两万多首,事后汇编成三百余卷。如此之多的参与者和作品,在中国文学史和世界文学史上都是罕见的,正如乾隆后期赵云崧诗所言:"红桥修禊客题诗,传是扬州极盛时。"

这次红桥修禊,是卢雅雨在扬州文化活动的顶峰,也是郑板桥一生

---

① 郑燮:《和雅雨山人红桥修禊》,本社编:《郑板桥集》,上海古籍出版社 1979 年版,第 111 页。

文化活动的最后辉煌。他在这空前绝后的文化盛事中大展鸿才，八首和诗独领风骚大出风头。可是，乾隆二十二年（1757年）正是他六十五岁，是他欣喜期盼的算命单上那个"大行运"的年头。时光如水，春去夏临，秋来冬至，命单上的生子、发财、掌生杀大权终不见踪影，杨四衙儿子和李知府的预言也和以前陈孟周的预言一样"亦不灵也"。第二年，他的知音、最大的靠山慎郡王允禧因病去世，年仅四十八岁。从此，郑板桥的升官黄粱梦也就彻底破灭了，"呜呼七歌兮浩纵横，青天万古终无情"。

仕宦之梦已绝，郑板桥仍然要在"笔租墨税"中谋"砚田生计"，尽管他艺名日著，但他卖画的钱却很少，维持一家温饱尚觉拮据。这一年，郑板桥女儿出嫁，他窘迫异常，只买了一只针线筐笤，画了一幅兰石图，权当妆奁了。他在这幅兰石图的题诗中道出了窘况，诗曰：

> 官罢囊空两袖寒，聊凭卖画佐朝餐。
>
> 最惭吴隐奁钱薄，赠尔春风几笔兰。
>
> 乾隆戊寅，板桥老人为二女适袁氏者作。①

堂堂昔日县令、大画家嫁女，嫁妆只是"春风几笔兰"，真说不上是高雅还是可怜，岂非"黄金避我竟如仇"？虽然求画者络绎不绝，却常常只见画去不见钱来，长此以往"朝餐"也没法"佐"了。于是，这个"八怪画家"又向"笑他缣素求书辈"亮出字画价目表，名曰《板桥润格》。郑板桥明码标出各种尺寸书画作品的价格，毫不含糊。这篇绝妙的文字，凝结着郑板桥不羁的个性和风格：

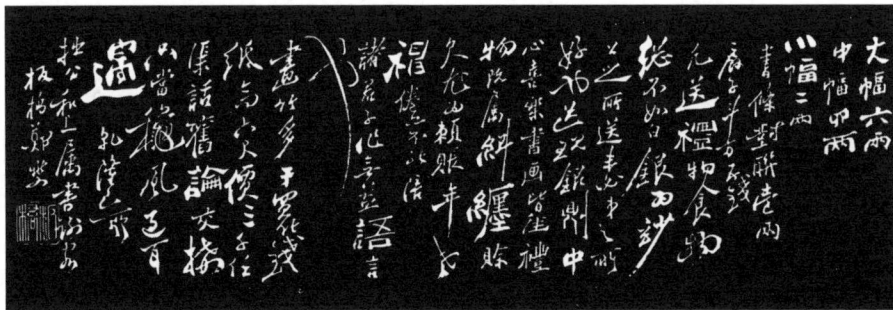

《板桥润格》

① 郑燮：《题画·画兰竹石》，卞孝萱编：《郑板桥全集》，齐鲁书社1985年版，第372页。

大幅六两，中幅四两，小幅二两，条幅对联一两，扇子斗方五钱。凡送礼物食物，总不如白银为妙；公之所送，未必弟之所好也。送现银则中心喜乐，书画皆佳。礼物既属纠缠，赊欠尤为赖账。年老体倦，亦不能陪诸君子作无益语言也。

画竹多于买竹钱，纸高六尺价三千。

任渠话旧论交接，只当秋风过耳边。

乾隆己卯，拙公和尚属书谢客。板桥郑燮。①

这个《板桥润格》是"按质论价，见银眼开"几个字的演绎翻版，似乎郑板桥已变得六亲不认、唯利是图了。其实，此润格是用来阻挡那些庸俗小人的。有的求书索画者并不懂书画，只是因为郑板桥进士县官名气大，他的字画挂在家里可以增加光彩，等于今日文盲暴发户弄一批精装名著放在客厅书橱中一样；有的则是别有用心想做"倒爷"，骗到郑板桥的书画去卖大钱；还有的纯粹是好奇逞能，显示自己交游广、面子大，大进士的字画也能弄到。这些人实际是糟蹋艺术，折腾作者。所以郑板桥要弄这个"谢客"帖子挂起来，既可以真的赚一点钱，又可以挡住那些无聊之客。"拙公和尚"的这一建议，它的意义和影响至为巨大深远，后来齐白石老先生的润格即仿郑板桥而来。这些只能说是郑板桥适应艺术市场需要的艺借商力、艺商互促思想的萌芽，他的脑袋仍然充满了艺术细胞而没有商品意识。他虽然是"日间挥写夜间思"，可总是"精品只与知音赏"，最大的证据就是这期间他的书画精品大大超过以往，而这些精品几乎都是非卖品，都是赠与挚友亲朋的。

这一时期是郑板桥艺术创作的黄金时期，也是他艺术总结、艺术创新最成熟的时期，他的名作和名论即对于艺术的理论看法，大多产生于这个时期。他的诗词走向深沉浑朴，清新豪迈交融，温厚锋芒并存；他的书法板桥体更为成熟，随手挥洒，巧夺天工；他的绘画多用减法，以少许笔墨含更多意蕴，俊逸多姿，秀劲斌媚。今存乾隆三十年（1765 年）他所画的十多幅竹、石、兰，如分别题以"万竿烟雨何能及""两枝修竹出重霄""勘破世间多寡数""又宜温暖又宜凉""落落身如竹叶轻""引得春

---

① 郑燮：《板桥润格》，本社编：《郑板桥集》，上海古籍出版社 1979 年版，第 184—185 页。

风入座来""任他雷雨风,终久不凋残"诗句的,等等,均有这样的特点。不仅如此,他的"三绝"并不是互不相关的独自存在,而是以题跋为核心,在互相呼应、互相支撑中,发挥出一种浑然一体的整体效应,这或许可以称为精妙无比。在郑板桥的画中,兰和竹既笔墨精妍,更含有深厚丰富的内蕴,而配题的诗,丰富补充了画之神韵义理,既是点睛妙笔,又开发了象外之旨。此外,且不说书法与画相得益彰,题跋的位置更是突破前人,有时竟然落墨在石凹处、兰叶底、竹丛中,甚至写上一大片,很得群莺乱飞、烟水迷离之趣,加上所钤闲章、名章也用心选择,选得好盖得妙,在墨迹淋漓中映出朱红点点。上述诗书画印以及画面空间调度、位置安排的考究,使整个画面呈现出高密度、高复合的意境,具有独特的综合效应,令人一入眼览,叹为观止。这一年,郑板桥七十三岁,也是他临终的一年,郑板桥的书画进入了"庾信文章老更成"的境界。

这一阶段,郑板桥不仅在艺术创作上多有创新,在艺术理论上也多有总结,产生了许多不朽之论,譬如:

冗繁削尽留清瘦,画到生时是熟时。[①]

文与可画竹,胸有成竹;郑板桥画竹,胸无成竹。[②]

画竹之法,不贵拘泥成局,要在会心人深神……[③]

他不仅在题跋、题诗中有许多精警的见解,在综合理论性文字《刘柳村册子》《板桥自叙》等文中更提出了许多堪为后世圭臬的见解:"读书求精不求多","徒多徒烂耳","愈愤怒,愈窘迫,愈敛厉,愈微细,遂作《渔父》一首倍其调为双叠,亦自立门户之意也","怒不同人",等等。

这些名作名论,正是郑板桥留给人间的晚晴夕照。

乾隆三十年乙酉十二月十二日癸丑未时(1766 年 1 月 22 日下午一时),郑板桥病逝于故乡兴化,享年七十三岁。一颗含冤愤怒、乐观奋进

---

① 郑燮:《题画·题画竹六十九则》,本社编:《郑板桥集》,上海古籍出版社 1979 年版,第 206 页。
② 郑燮:《板桥题画·竹》,本社编:《郑板桥集》,上海古籍出版社 1979 年版,第 154 页。
③ 郑燮:《题画·题兰竹石二十七则》,本社编:《郑板桥集》,上海古籍出版社 1979 年版,第 224 页。

的心脏停止了跳动,一代艺术家终于放下了手中的如椽之笔。

郑板桥去世时,家境凄清,人丁不旺,只有一个在"生子"梦破灭后郑板桥急忙过继的十一岁嗣子郑田。好在郑板桥早就想通了,"有后无后,听已焉哉"。古人有梅妻鹤子,郑板桥就以他的诗书画作为他为之付出毕生心血的爱子吧,艺术家最得意的子孙正是他的作品,也只有伟大的作品,才堪称伟大的艺术家的酷肖子弟。郑板桥是死而有憾,但又是死而无憾。

绝艺长留天地间,浩气永励后来人。古往今来有几人能够做到?

第五章　观念与思想

第一节　"发愤自雄"悟人生

"三十而立"是两千年前孔夫子对自己的评价,可郑板桥在三十岁的时候,家庭和事业都谈不上"立"。他虽已为人夫为人父,可生活依然贫困,事业也并无起色,不过对于世界、社会和自我,郑板桥都作了冷静的思考和多方面的探索,也形成了比较稳定的观念,确定了自己行世的准则,譬如他的"发愤自雄""难得糊涂""吃亏是福"等观念基本形成于此时。

在一生的不同阶段,郑板桥显示出对人生的不同看法,譬如在奋发上进的时候说"天道不可凭",在失意坎坷的时候则乞求于算命的灵验。在精神的不同侧面,他也显示出不同的文化色彩,譬如他始终谨守孝道,显示出对儒家伦理的尊崇,但在诗书画中所显示的个性的张扬和情感的丰沛,又往往突破儒家所规约的伦理秩序。在这些方面,郑板桥的思想观念往往呈现出斑驳复杂的色彩。不过,总体看来,郑板桥的人生观念是儒家入世的,积极有为的。他从小熟读历代儒家经典,深受儒家思想熏陶,虽然身处社会底层,但秉持积极入世的态度,愿意为国家做一番事业。只是,几十年的坎坷人生使他清醒地意识到,现实未必尽如人意,有志者也常常事竟不成。于是,如何正确处理"独善其身"与"兼济天下"的关系,就成了郑板桥立身处世的一个关键。孟子"穷则独善其身,达则兼济天下"的观念,经儒家先贤的发扬,早已成为历代读书人立身行事的基本准则,对于郑板桥而言也不例外。所以他一方面秉持儒家"君子固穷"的观念,能够安贫乐道,以"难得糊涂""吃亏是福"来笑对人生的种种不如意;另一方面,他在"穷"时仍然努力求"达",把"达"视为"自以心竞"的目标,要"刻刻以天地万物为心",后来甚至说出"王侯将相岂有种乎"这句陈胜在起义时所说的、被正统思想视为有"野心"甚至"大逆不道"的话,还认为应把它用于对亲族子弟的"教育"。说这种带有强烈情感色彩的话,并不是郑板桥打算步古代造反者的后尘,而是表达了其不认命的桀骜倔强,是对李白"我辈岂是蓬蒿人"志向的高度认同,正如他自己所说:"一旦奋发有为,精勤不倦,有及身而富贵者矣,有及其子孙而富贵者矣"①。所以终其一生,郑板桥始终秉持"发愤自雄"的人生观念,以"咬定青山不放松"的精神激励自己,即使后来官场失意,他也寄希望于东山再起重掌权柄,同时在书画领域证明自己的价值。郑板桥坎坷起伏的几十年生活经历,让他对人生有着非常深刻的感悟,但始终并没有改变他对人生的基本看法。

具体说来,郑板桥为人处世的几个基本准则是谨遵儒家教诲的。

一是孝悌。他认同孔夫子的孝悌之道,曾在《范县署中寄舍弟墨第四书》中强调:"我辈读书人,入则孝,出则弟"。对于孝悌二字,他从来身体力行,对父亲、叔叔、母亲、后母,包括乳母等长辈都十分孝敬,这可以从《七歌》《乳母诗》等诗歌中得到印证。他的堂弟墨弟,也是他唯一的弟弟,比他小二十多岁,他不仅将家中一切委托给堂弟,更待之情同手足、亲逾父子,时时在家书中交流叮嘱,不厌其烦,不厌其琐碎。从孝悌的观念推衍开来,他对子女、对学生,也都爱护周至,对族中亲友,无论长辈、同辈还是后辈,也都尽可能给予扶助,甚至对无亲无故者的孤坟,也能以"老吾老以及人之老,幼吾幼以及人之幼"的态度推己及人,要家中每年按时祭扫。这些在他的家书中有许多例证。

二是友善。郑板桥个性磊落洒脱,不拘形迹,嫉恶如仇,在县官任上就经常以巧妙的方式收拾为恶的富人,但他同时提倡做人要宽厚友

---

① 郑燮:《雍正十年杭州韬光庵中寄舍弟墨》,本社编:《郑板桥集》,上海古籍出版社 1979 年版,第 3 页。

善,要谦让。他检点家中旧书,"得前代家奴契券,即于灯下焚去,并不返诸其人"。郑板桥还主张坦荡做人,不搞阴谋。他在《比蛇》诗中说:

> 粤中有蛇,好与人比较长短,胜则啮人,不胜则自死,然必面令人见,不暗比也。山行见者,以伞具上冲,蛇不胜而死。
>
> 好向人间较短长,截冈要路出林塘;
> 纵然身死犹遗直,不是偷从背后量。①

郑板桥借咏蛇讽刺搞阴谋的人连爬虫都不如。他最痛恨的是遇事留一手,存心算计人,这样做的结果往往是害人害己,而且甚至祸及子孙。他在给墨弟的信中说:"若事事预留把柄,使入其网罗,无能逃脱,其穷愈速,其祸即来,其子孙即有不可问之事、不可测之忧。试看世间会打算的,何曾打算得别人一点,直是算尽自家耳!"②

三是自省。儒家强调君子当"吾日三省吾身",认为这是培养君子人格、达成"修齐治平"的基本功夫,郑板桥也常常自我反思、自我检讨。他说自己"平生漫骂无礼",要弟弟引以为戒,又要"老弟亦当时时劝我"③。当然,由于坦荡真率,他虽直陈己过,但仍如《论语·子张篇》说的属于君子之过,"其过也,人皆见之;其更也,人皆仰之"。别人称誉他的词比诗好,他却在《词钞》序言里指陈自己的不足,说:"燮年三十至四十,气盛而学勤,阅前作,辄欲焚去。至四十五六,便觉得前作好。至五十外,读一过,便大得意。可知其心力日浅,学殖日退,忘己丑而信前是,其无成断断矣。"④这种自省的精神是难能可贵的。

四是进取。这或许是郑板桥最具特点、最具光彩的观念。郑板桥家境贫寒,中进士迟而品级低,虽有官声却仕途不顺,幼年失怙、中年失妻、老年失子,占全了人生的三大不幸,而且又始终被贫穷所困扰,可以说他的一生逆境多于顺境,坎坷多于坦途。虽然磨难不断,忧患傍身,但他始终以"不烧铅汞不逃禅,不爱乌纱不要钱"的精神勉励自己。当

---

① 郑燮:《比蛇》,本社编:《郑板桥集》,上海古籍出版社1979年版,第69页。
② 郑燮:《雍正十年杭州韬光庵中寄舍弟墨》,本社编:《郑板桥集》,上海古籍出版社1979年版,第3—4页。
③ 郑燮:《淮安舟中寄舍弟墨》,本社编:《郑板桥集》,上海古籍出版社1979年版,第8页。
④ 郑燮:《词钞·自序》,卞孝萱编:《郑板桥全集》,齐鲁书社1985年版,第134页。

然,面对世人的冷眼,他也难免有愤慨发牢骚,如诗中所言,"束狂入世犹嫌放,学拙论文尚厌奇"①。但无论如何,对人生,他从来不曾消极对待、自我放弃。即使罢官回籍,他仍寄希望于虚无缥缈的命相之言,谋求东山再起;即使复官无望进入暮年,他也没有喟叹"甚矣,吾衰矣",而是"莫以青年笑老年,老怀豪宕倍从前"②,是"富于笔墨穷于命,老在须眉壮在心"③,以满腹诗书和绝世才华在书画领域绽放自己的生命花朵。郑板桥把"处穷求达"积极进取的人生观发扬到了生命的最后一刻。

与郑板桥的人生观紧密相连的,是如何看待天命,即天命观。天,在历代典籍中是一个有多重意旨的复杂观念,后来从天又逐步发展出"神"与"命",即所谓天道、天神、天命,它似乎能主宰一切,似乎又不能主宰一切,带有很大的神秘性和模糊性。今天,人们认为它是先民对自然规律和社会发展规律的一种原始认识。

郑板桥的天命观主要涉及对天道与命运的理解。

郑板桥认为天是至高无上的,能容纳万事万物,包括人厌恶、排斥的东西,是无所不包、无所不能,又深不可测的,是一切人的命运的主宰。他在给弟弟郑墨的家书中借论尧、舜之不同,大谈了一通"天":

> 尝论尧舜不是一样,尧为最,舜次之。人咸惊讶。其实有至理焉。孔子曰:"大哉尧之为君,惟天为大,惟尧则之。"孔子从未尝以天许人,亦未尝以大许人,惟称尧不遗余力,意中口中,却是有一无二之象。夫雨旸寒燠时若者,天也。亦有时狂风淫雨,兼旬累月,伤禾败稼而不可救;或赤旱数千里,蝗螽螟特肆生,致草黄而木死,而亦不害其为天之大。天既生有麒麟、凤凰、灵芝、仙草、五谷、花实矣,而蛇、虎、蜂虿、蒺藜、稂莠、萧艾之属,即与之俱生而并茂,而亦不害其为天之仁。尧为天子,既已钦明文思,光四表而格上下矣,而共工、驩兜尚列于朝,又有九载绩用弗成之鲧,而亦不害其为尧之大。浑浑乎一天也!若舜则不然,流共工、放驩兜、杀三苗、殛

① 郑燮:《自遣》,本社编:《郑板桥集》,上海古籍出版社1979年版,第27页。
② 郑燮:《再和卢雅雨四首》,本社编:《郑板桥集》,上海古籍出版社1979年版,第112页。
③ 郑燮:《对联》,卞孝萱编:《郑板桥全集》,齐鲁书社1985年版,第449页。

鲧，罪人斯当矣。……用人又得矣。为君之道，至毫发无遗憾。故曰："君哉舜也！"又曰："舜其大知也！"夫彰善瘅恶者，人道也；善恶无所不容纳者，天道也。尧乎，尧乎！此其所以为天也乎！①

这里，郑板桥说尧包容万物，善恶并存，既推崇好人，也容许如共工、鲧等不能为人民办好事的人存在，实行的是天道；舜做到了"为君之道，至毫发无遗憾"，但他"彰善瘅恶"，处理了共工、鲧等恶人，实行的是人道，天道大于人道，所以尧胜于舜。可见，郑板桥心中的"天"有三层含义：第一，天生万物，包括益物也包括害物；第二，天容万物，包括益物也包括害物；第三，天道即是仁道，也叫"为天之仁"，这才叫"唯天为大"。在这里，郑板桥着重表达了"天"的整体性，而不是选择性，即它不受人的喜怒好恶等价值判断左右。

郑板桥也常常将天道与人道联系在一起，认为人的穷达祸福是天安排好的，是有原因的，但也是可以变化的。他说：

> 一二失路名家，落魄贵胄，借祖宗以欺人，述先代而自大。辄曰：彼何人也，反在霄汉；我何人也，反在泥涂。天道不可凭，人事不可问。嗟乎！不知此正所谓天道人事也。天道福善祸淫，彼善而富贵，尔淫而贫贱，理也，庸何伤？天道循环倚伏，彼祖宗贫贱，今当富贵，尔祖宗富贵，今当贫贱，理也，又何伤？天道如此，人事即在其中矣。②

这里所说的天道包含了几层含义：一是天道自有其内在的"循环倚伏"，"霄汉"和"泥涂"是相对的、可以互相转化的，以为凭借命好就可以永远为所欲为是不可能的，这就是所谓"天道不可凭"；二是"天道"主持正义，将福给予"善"，将祸给予"淫"，自有天理，此即所谓"天理昭彰"，并且这个"福善祸淫"既是"循环倚伏"的结果，也是其原因，求善得福，行淫得祸，人生的祸福皆来自自己的选择和追求。就此，这个循环倚伏

① 郑燮：《潍县署中与舍弟墨第二书·书后又一纸》，本社编：《郑板桥集》，上海古籍出版社 1979 年版，第 17—18 页。

② 郑燮：《雍正十年杭州韬光庵中寄舍弟墨》，本社编：《郑板桥集》，上海古籍出版社 1979 年版，第 3 页。

既是"天道",也包含了"人事"。所谓天道,即它是命中注定的、必然存在的;所谓"人事",即它会随人的选择和追求而变化,如果自己即使身陷穷祸也不自暴自弃,仍奋发有为、精勤不倦,努力积德行善,那么祸穷就会消失而好运迟早到来,"有及身而富贵者矣,有及其子孙而富贵者矣"。这里,郑板桥强调了人自身选择的价值,强调了人生祸福的起伏变化都是由自己造成的。人应当持续地行善,不可急功近利地把"人事"与结果直接对位,即所谓"人事不可问"。所以他告诫弟弟不可算计别人,因为不仅算计不到人,反而自己会得祸,"其穷愈速,其祸即来",甚至殃及子孙,"其子孙有不可问之事,不可测之忧"。

天命观在世俗社会中的一个表现形态是"命运"。郑板桥是十分信命的。他认同他的小名"麻丫头",将自刻的书画闲章"麻丫头针线"一直用到老,他也多次算命,算了好命还将"命章"捎回去让家人传看,同享快乐。他不仅信"命",也信"运",他在诗中说"千古文章凭际遇,燕泥庭草哭秋风"①,"抵天只手终何益,运去心枯事总艰"②,都是强调运气、机遇对于人的重要性。但与不做任何努力地只等待天上掉馅饼相比,郑板桥还是更看重以自身的努力去寻求命运的改变。正是基于此,郑板桥认为非份的机遇不仅不是福,反而是祸。他说:"昔人谓陈后主、隋炀帝作翰林,自是当家本色。爕亦谓杜牧之、温飞卿为天子,亦足破国亡身。乃有幸而为才人,不幸而有天位者,其遇不遇,不在寻常眼孔中也。"③这里,郑板桥隐而未发的意思,显然是说非分的机遇并不是个人努力个人修行的结果,这是他对于机遇的一种辩证理解和理性态度。

天命观在世俗社会中的另一表现形态是"风水"。郑板桥是很相信风水的,他在家书中说:

> 刹院寺祖坟,是东门外一枝大家公共的,我因葬父母无地,遂葬其旁。得风水力,成进士,作宦数年无恙。是众人之富贵福泽,我一人夺之也……④

①郑燮:《文章》,本社编:《郑板桥集》,上海古籍出版社1979年版,第72页。
②郑燮:《真州杂诗八首并及左右江县》,上海古籍出版社1979年版,第109页。
③郑燮:《南朝》,本社编:《郑板桥集》,上海古籍出版社1979年版,第88页。
④郑燮:《范县署中寄舍弟墨》,本社编:《郑板桥集》,上海古籍出版社1979年版,第8页。

他认为他得中进士、做官的好运是凭家族风水之光,承受了祖坟的风水之力,所以他念念不忘要觅得更好的祖坟。他相中了"郝家庄有墓田一块",将来"葬吾夫妇",要弟弟千方百计买来,可谓十分相信"堪舆"之术了。可另一方面,他又认为风水未必可靠。他在家信中写道:

> 夫堪舆家言,亦何足信。吾辈存心,须刻刻去浇存厚,虽有恶风水,必变为善地,此理断可信也。[①]

这就是说,比起天定、命定等虚无缥缈的东西,人的选择、人的努力是更重要的,只要存心积善行德,"虽有恶风水,必变为善地",这正是"祸福无门,唯人自召"的意思。

从总体上看,郑板桥对天道、命运的敬畏迷信,体现了那个时代的人们对天的总体认知水平,但他对修德行仁、积福行善的强调仍然反映了他对人的意志、人的作为的肯定,这与他积极有为、奋发进取的人生观相一致,或者说是互为表里的。

在这种人生观天命观的指引下,郑板桥几十年行走尘世,对身处的社会有越来越清醒的认识,对自己立身处世的态度也有越来越坚定的立场。这些都鲜明地体现在他如何看待从朝廷的君王"执政"到社会的各色人等,如何看待自己的不平命运。

起初,他对清朝统治者充满期望并热情赞美。虽处水乡泽国的兴化小县,信息闭塞,但他对朝廷的重大举措还是了解的。他亲身经历了顺治、康熙、雍正三朝的励精图治、开边拓土、安民兴农,并且在乾隆朝高中进士,得到皇帝陛见,真是"朝为田舍郎,暮登天子堂",尤其是当今皇叔慎郡王对他优礼有加,让他感受到朝廷和皇帝对他的礼遇。于是他用自己心里最崇敬的帝王作比,歌唱"我朝开国于今烈,文武成康四圣人"。在县官任上,潍县旱灾,朝廷派大臣高斌前来救灾,让他对天子的惠政颂扬不已,称颂道:"相公捧诏视东方,百万陈因下太仓。天雨播时人尽饫,好风吹处日俱长。村村布谷催新绿,树树斜阳送晚凉。多谢

① 郑燮:《焦山双峰阁寄舍弟墨》,本社编:《郑板桥集》,上海古籍出版社 1979 年版,第 7 页。

第五章 观念与思想

西南云一片,顿叫霖雨遍耕桑。"①这些诗句中多少隐含着他对自己官场前途的追求和由此而来对朝廷的期待,但无论如何,君王在他心中有着至高无上的圣明地位。在刚上任时的远大抱负与严酷的现实相撞之后,他意识到,君王也未必能够明察秋毫,君王的惠政未必能使小民真的受惠。到范县不久,他就哀叹"尚有隐幽难尽烛,何曾顽梗竟能驯,县门一尺情犹隔,况是君门隔紫宸"。几年后,在潍县遭灾的过程中,他更看清了"惠政"常常是口惠而实不至的。在《思归行》中,他就忍不住连用三个"何以"表达了自己对朝廷的失望和不满:

> 山东遇荒岁,牛马先受殃;
> 人食十之三,畜食何可量。
> 杀畜食其肉,畜尽人亦亡。
> 帝心轸念之,布德回穹苍。
> 东转辽海粟,西截湘汉粮;
> 云帆下天津,艨艟竭太仓。
> 金钱数百万,便宜为赈方。
> 何以未赈前,不能为周防?
> 何以既赈后,不能使乐康?
> 何以方赈时,冒滥兼遗忘?
> 臣也实不材,吾君非不良。
> 臣幼读书史,散漫无主张;
> 如收败贯钱,如撑断港航;
> 所以遇烦剧,束手徒周章。②

君虽圣而情总隔,政虽惠而民难得,这令郑板桥痛感有心无力,"所以遇烦剧,束手徒周章"。既然君王的雷霆之命都无法让黎民获得救命之赈,待在这样的官场还有什么意义呢?他不免想挂冠而去了,这其中浸透着他对朝廷的深深失望。

---

① 郑燮:《和高相公给赈山东,道中喜雨,并五日自寿之作》,本社编:《郑板桥集》,上海古籍出版社 1979 年版,第 103 页。
② 郑燮:《思归行》,本社编:《郑板桥集》,上海古籍出版社 1979 年版,第 99—100 页。

郑板桥在未发达时,对上至朝廷要员下至郡邑之长常是卑辞求助,有了功名而未授官职前他又赋诗《呈长者》和《读昌黎上宰相书因呈执政》上呈朝中要员:

桃花嫩汁捣来鲜,染得幽闺小样笺。

欲寄情人羞自嫁,把诗烧入博山烟。①

常怪昌黎命世雄,功名之际太匆匆。

也应不肯他途进,惟有修书谒相公。②

前者是用唐人干禄故技,与"妆罢低声问夫婿,画眉深浅入时无"同调,后者是用韩愈上书宰相以自荐的典故,二诗都希望能获得朝廷"执政"的早日擢拔。郑板桥入仕以后,对他的上司如姚太守、文渊阁大学士高斌、主考德保等,多有赞美。这些赞美之词或结合自己的境遇怀抱,或有感于清官忠于王事,或视为知己饱含感情,虽然颂扬有方、措语得体,但多多少少都潜藏着希望得到上司的青睐,都带有助他在官场上更上层楼的功利目的。

离开这些功利目的而单纯从友人的角度,不再顾虑恭谨有度进退得体,郑板桥便能更加率性地抒发自己的心声,情感表达也更加真挚饱满,更带有他独特的个性色彩。在他的县令之位风雨飘摇的时候,他的进士同年、荣登状元的金德瑛前来探望,让郑板桥感慨不已。他赠以古铜镜,并在赠诗中说:"料得君心如此镜,玉堂高挂古清寒。"③郑板桥借古镜发牢骚,勉励同年与"古镜"一样,要清清白白做个清官。此诗虽是勉励友人,但何尝不是自勉自况,内里含着倔强不屈之意。与郑板桥感情最深的是政坛两度起落都与自己相伴的执政卢雅雨。在他被朝廷贬谪的时候,郑板桥内心如沸,写下一组《送都转运卢公》诗,歌颂他的德政,同情他的被贬,并将自己的遭遇与卢雅雨的不幸揉在一起,诉说"清

① 郑燮:《呈长者》,本社编:《郑板桥集》,上海古籍出版社1979年版,第54页。
② 郑燮:《读昌黎上宰相书因呈执政》,本社编:《郑板桥集》,上海古籍出版社1979年版,第55页。
③ 郑燮:《小古镜为同年金殿元作》,本社编:《郑板桥集》,上海古籍出版社1979年版,第113页。

官"难当、"好官"难当,他也要与卢公一道"从此江南一梗顽"①,一唱四叹,真切感人。十四年后,两人饱经忧患再次相聚扬州城,郑板桥又一口气写下《和雅雨山人红桥修禊》《再和卢雅雨四首》。在这些诗中,郑板桥纵情放歌,不仅大赞卢雅雨主持的红桥修禊之盛举超越前贤,还歌颂卢雅雨的诗作、风度和众望所归的品格,但最让郑板桥在意的是他"关心民瘼尤堪慰,麦陇青葱入望中"②,这是郑板桥心中的大事,也是他最敬重卢雅雨之处。是否关心民生疾苦,是郑板桥爱憎情感的分水岭,对那些不"关心民瘼"的"执政",即使是自己的上司,即使会对自己不利,郑板桥也不会有好脸色,也要忍不住骂他们"流到海边浑是卤,更谁人辨是清泉"。

134

郑板桥饱经忧患,对世态炎凉有深刻了解,故而他以"平生无不知己,无一知己"③的态度对待世上各色人等,当颂则颂,当斥则斥,不假辞色,无所顾忌。对仗义疏财的程羽宸他热情夸赞,"自遇西江程子骏,扫开寒雾到如今",念念不忘其济危扶困的义举;对耿介自尊的书生,他以"不敢分钱恼二生"的欣赏表达敬意;对不知名的百姓送上的一杯水,他也都记在心上。而对那些"悍吏",他则大声直斥"悍吏贪勒为刁奸""不断人喉抉人目";对贪叔、刁岳、恶姑的恶德劣行,他也以长诗《姑恶》予以揭发。

社会清浊互见黑白混杂,是一口大染缸,也是一座大熔炉,有的人同流合污随波逐流;有的人则自强不息愈挫愈勇,在不断的淬炼中超拔其上,形成观世与行世的独特智慧,郑板桥就属于后一种人。他相信运数却拒绝任由运数的播弄,无论生活和仕途是穷是通是蹇是达,他都坚持以自己的努力去把握命运、改变运数,他之愿意给"执政"写诗推荐自己,他之愿意与上司诗酒酬唱,都可看作是一种为改变命运、为实现"兼济天下"之志寻找机会的努力,而他之往往在这些诗中融入自己的境遇怀抱,他之忍不住对那些不堪的人出言顶撞讥刺鞭挞,也都源于他对自己个性和见解的尊重,对自己人生信念和人格操守的坚守。在此过程

---

① 郑燮:《送都转运卢公》,本社编:《郑板桥集》,上海古籍出版社1979年版,第59页。
② 郑燮:《再和卢雅雨四首》,本社编:《郑板桥集》,上海古籍出版社1979年版,第112页。
③ 郑燮:《板桥自序》,本社编:《郑板桥集》,上海古籍出版社1979年版,第186页。

中,由于言行的"不合时宜"和个性的张扬不羁,无论他的生活还是仕途都是顺途少而逆境多,他为此付出了沉重的代价。于是,他发出了"难得糊涂"和"吃亏是福"的人生感悟。

郑板桥在题写"难得糊涂"和"吃亏是福"的时候分别为它们加了一段说明:

聪明难,糊涂难,由聪明而转入糊涂更难。放一着,退一步,当下心安,非图后来福报也。①

满者,损之机;亏者,盈之渐。损于己则利于彼,外得人情之平,内得我心之安,既平且安,福即在是矣。②

人们一般把"难得糊涂""吃亏是福"视为郑板桥送给世人的处世金箴,因为它们所主张的装糊涂、示弱和克己让人的处世策略,可以让人们更好地应对世路之艰辛与人心之叵测,更好地保护自己免受或少受伤害,它们所蕴含的对聪明与糊涂、满盈与亏损的辩证感悟更有助于人们超越尘世悟道生命,体现了一种对宽容大度、大智若愚的人生智慧和人生境界的向往追求。这在一般的意义上确是如此,不过,我们忽略了郑板桥提出此说的背景和对于他自己的用意。他的"兼济天下"的志向,他的"发愤自雄"的追求,他的"自出眼孔"的思想,他的放恣率真的个性,都推动着他以自强不息的方式投入社会走进人生,只是他屡屡受挫,受伤不轻,他需要以"难得糊涂""吃亏是福"的姿态让自己回到"独善其身",回到内心,去舔舐社会留给他的伤口,去疗治心灵深处的创痛。于是,这八个字,对于别人是箴言,是哈哈一笑的劝慰,对于他自己则是人生的感慨,是心灵的慰藉,是生命的救赎。

就此,我们可以看到,"怒不同人""发愤自雄"与"难得糊涂""吃亏是福",形成郑板桥立身之道与行世之道的两极,一极体现了立身的坚定,一极体现了处世的智慧,郑板桥的一生,就游走在这矛盾的两极之间。从他晚年仍怀重掌权柄的梦想,从他诗文字里行间透纸而出的对

① 郑燮:《横额·难得糊涂》,卞孝萱编:《郑板桥全集》,齐鲁书社 1985 年版,第 426 页。
② 郑燮:《横额·吃亏是福》,卞孝萱编:《郑板桥全集》,齐鲁书社 1985 年版,第 427 页。

民生的悲悯和对自己的牢骚,我们可以看到,他"兼济天下"的抱负"发愤自雄"的追求并未实现,他离"难得糊涂""吃亏是福"的境界也相距甚远。这是郑板桥的可悲,更是郑板桥的可贵。

第二节 "自出眼孔"观历史

自古文人崇尚读万卷书,行万里路,在此过程中,有形之书与无形之书互相印证、互相启发,于人情物理世态炎凉更多历练,于历史变迁世事浮沉也更多会心。郑板桥第二次出远门,基本上就有这样的特点。他所游历之地,不是人文积淀厚重的名胜古迹,就是历史悠久的文化名城。他出入峰峦丛林楼阁寺院,往还士子高僧将领官员,于登高望远之际,在辩驳切磋之中,对于人生坎坷,对于岁月沧桑,包括历史皱褶中的前尘往事,便也生出许多体悟许多感慨。他到江宁参加乡试,更有机会沉浸到这个六朝古都的历史氛围之中。他凭吊遗址摩挲古迹,放纵情绪思接千载,在对前尘往事的打量叩问之中,在与先贤故臣的精神对话之中,对历史有了许多带着鲜明个人色彩的独特思考。这两次行程,我们不妨称之为"访古之旅"。因郑板桥对于历史的许多看法都集中于此时,故这里作集中的探讨,而暂不考虑这些看法形成或表述的具体时间线索。

郑板桥很喜欢看史书,曾在《板桥自叙》中说自己"平生不治经学,爱读史书以及诗文词集,传奇说簿之类"。其实,传统文人几无例外都读过大量史书,都对睥睨天下的历史人物和震烁千古的历史事件有自己的看法。前人曾称道王安石对历史的看法常常自出眼孔,不与人同。譬如他在《读孟尝君传》中提到,史称孟尝君好养士,实为大谬不然,他不过是鸡鸣狗盗之雄,因为身边皆此辈聚集,故真正的"士"决不会投其门下。这些见解一反前人,颇为独到。郑板桥与王安石相类,他对很多历史事件和历史人物都有许多看似随意实则新颖独特的看法。但他无意做个历史学家,无须考证辨析历史故实的真伪讹误,也无意系统评断历史事件的高下对错,他更多的是借历史针砭现实,借古人酒杯浇自己块垒。由此,在正史与野史中,他并不奉正统官史为圭臬,反而更加喜欢野史,也常在诗词中使用"传奇说簿"的观点。《莫为》诗"莫为甄妃感寂寥,袁曹宠幸旧曾饶。周郎早世孙郎妖,肠断江东大小乔"之评说三国往事,《周瑜宅》词"想他豪竹哀丝,回头顾曲,虎帐谈兵歇。……吴蜀交疏,炎刘鼎沸,老魅成奸黠"之评说周瑜和曹操,其不少"情节"并非来自史书,而是来自野史、小说或民间传说。之所以形成这一弃一取的倾向,郑板桥在《历览》诗中给出了答案:

> 历览前朝史笔殊,英才多少受冤诬!
> 一人著述千人改,百日辛勤一日涂。
> 忌讳本来无笔削,乞求何得有褒诛?
> 唯余适口文堪读,惆怅新添者也乎。①

这里,郑板桥坦率而愤懑地说,官修史书一是窜改太多,历史真相早已不存;二是缺乏"史德","忌讳""乞求"使史官不能秉笔直书,而当权者的"白发更饶门户计,黄金先买史书名",使得史学任由"权钱"指挥,这样的史书难以公正,是非褒贬自然多遭颠倒。郑板桥的《西江月·警世》里讲"俗子几登青史,英雄半在红尘",《偶然作》里说"史家欠实录",《念奴娇·金陵怀古十二首·方景两先生祠》说"世间鼠辈,如何妆得老虎"等,均是有感于此而发。既然所谓官修正史已经无法令人信服,郑板桥采取"唯余适口"的读史策略,也就顺理成章了。不过,郑板桥生活在清朝大兴"文字狱"的时代,其时清王朝为巩固自己的统治,以编修史书、编纂《四库全书》等方式不断强化思想钳制,大量图书遭到挖改删削甚至禁毁,读书人的精神受到压制,言论自由受到禁锢,社会笼罩在压抑沉闷、万马齐喑的氛围中。在这样的背景下,郑板桥对官修史书的不满甚至不屑是颇为大胆的,不过这倒也很符合他桀骜不驯、肆言无忌的性格。从知古论今、针砭现实的立场,郑板桥对历史的理解和臧否,也就形成了自己鲜明的特点。

第一,社稷之要,君臣之道。中国的历代史书均以记载帝王将相的事迹为主,并以"本纪""世家""列传"的结构形成一个完整的人物谱系。

第五章 观念与思想

---

① 郑燮:《历览》,本社编:《郑板桥集》,上海古籍出版社 1979 年版,第 88 页。

其内在的逻辑是,王朝的更替是中国社会演化的最主要形态,而君臣均处于王朝的核心位置,发挥着关键的作用,他们的能力直接决定了王朝的命运。由此,郑板桥读史的目光自然聚焦在君臣身上。他在诗文中谈及了伏羲、神农、黄帝、尧、舜、禹、汤、桀、纣、秦始皇、刘邦、项羽、汉武帝、司马懿、朱温、宋高宗、明太祖以及本朝的顺、康、雍、乾等四十几位君王,其中,前朝之君与本朝之君、开国之君与亡国之君、圣贤之君与荒淫残暴之君、顺天应人之君与篡位夺权之君、不幸而有天位之君与愚而自用之君,各种类型的君王均历历在目。郑板桥诗文中提到的臣工则更多,从远古的共工、皋陶、契、稷、伯夷、叔齐,到春秋战国的柳下惠、孔子、孟子、屈原、宋玉、苏秦、荆轲,和秦汉以来的张良、韩信、"四皓"、"贾、董、匡、刘",诸葛亮、关羽、张飞、周瑜,以及唐宋元明的"房、杜、姚、宋"、郭子仪、李白、杜甫、颜真卿、白居易、李义山、杜牧、韩愈、苏轼、陆游、辛弃疾、范仲淹、富弼、欧阳修、"马、阮、高、刘"、赵子昂、徐文长、"龚勃海""况青天"等等,数量在百人以上。这些臣工,上至公卿将相下至郡守邑宰,文武齐备,忠奸皆列,也可以说涵括了从远古到本朝的"臣下"类型。

观察这些历朝历代的君臣,郑板桥发现,王朝的命运既关乎君道,也关乎臣道,更关乎天道。在通常意义上,人们所说的君臣要各明其道各守纲纪,要懂得上下尊卑之分。但在郑板桥的意识中,天、君、臣、民在社会系统中的关系不是如"三纲五常"所规定的那样是"天→君→臣→民"的单向四层式结构,而是如下图所示的多向双层式结构:

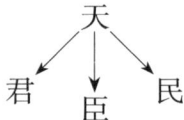

天

君　　臣　　民

郑板桥在《君臣》诗中说:"君是天公办事人,吾曹臣下二三臣;兢兢奉若苍穹意,莫待雷霆始认真。"①显然,郑板桥的意思是"君臣"都是"天公办事人",都在天道的指引下各司其职。他还在题画诗中说:"《西铭》原有说,万物总同胞。"②《西铭》是宋张载(字子厚,号横渠先生)所著《正

---

① 郑燮:《君臣》,本社编:《郑板桥集》,上海古籍出版社1979年版,第89页。
② 郑燮:《题画竹》,本社编:《郑板桥集》,上海古籍出版社1979年版,第213页。

蒙·乾称篇》中的一文,文中提出"民吾同胞,物吾与也"的主张,要"博爱",爱一切人类和一切物类。郑板桥非常推崇此文,在家书里特别提到"张横渠《西铭》一篇,巍然接《六经》而作"①。郑板桥从张载的"民胞物与"的观点进一步推演到君、臣、民都是"同胞",君也罢,臣也罢,都是由民变成的,只是天公赋予的位置不同。天公给某些民以君位、臣位,是叫他们替天公办事的。这里,郑板桥没有否定君权神授,但也指出君不是一个特权享受的位置,而是一个替天办事的要付出更多心力、承担更多责任的位置。由此,他也在《君臣》等诗中暗示,如果君主暴虐、昏庸、荒淫,那就愧对这个位置,就要引起天公的雷霆之怒了。当然,郑板桥的这种认识,其进步性不如孟子的"民贵君轻"和黄宗羲的"君是大害"的观点,但君臣同是"天公办事人"的观点则有进步意义。

既然明确君臣是替天行道的,郑板桥便用尧舜的事迹对什么是"天道"、什么是"君道"、君臣如何行替天行道做了进一步说明。在郑板桥看来,天自有道,天道就是"善恶无所不容纳",譬如尧重用好人,也包容共工、鲧等恶人或无能之人,有天一般的胸怀,行的是天道。但尧是不世出的圣人,后人无法学,能作为榜样学习的是舜。他一是惩处共工、鲧等罪人,又重用稷、皋陶等能人,让他们"各得其职",有知人善任之能;二是"彰善瘅恶",有主持正义之能,由此带来了"泽加于民"的结果,所以舜"为君之道,至毫发无遗憾"②。明确了为君之道,为臣之道,也就清楚了一要"刻刻以天地万物为心"③,即臣不仅要对君王负责,更要对天道负责,对天下负责,臣与君位置不同,责任大小有别,但责任的本质是相同的;二要"明理范世"④,即通过自己的言行举措,立德化民并以此影响世人。

郑板桥认为,无论君臣,为政的关键首在知人善任。皇帝选用大臣,大臣选用才俊任各级官吏,都要善于识别德才兼备者,特别是"德"

---

① 郑燮:《焦山别峰庵雨中无事书寄舍弟墨》,本社编:《郑板桥集》,上海古籍出版社 1979 年版,第 7 页。

② 郑燮:《潍县署中与舍弟墨第二书·书后又一纸》,本社编:《郑板桥集》,上海古籍出版社 1979 年版,第 18 页。

③ 郑燮:《潍县署中与舍弟第五书》,本社编:《郑板桥集》,上海古籍出版社 1979 年版,第 22 页。

④ 郑燮:《范县署中寄舍弟墨第三书》,本社编:《郑板桥集》,上海古籍出版社 1979 年版,第 11 页。

要放在前面,要像罗隐一样"终身不负唐"①,即使不被识拔不做高官,也对国家忠心耿耿;要像"四皓"一样,既能在国家有难时挺身而出,"荷得乾坤养得闲",又要不贪富贵,"汉庭一到即回还"②。知人善任的一个题中之义是能够善于纳谏,从善如流。要像唐明皇对李白、宋神宗对苏轼一样礼敬贤才给予礼遇,更要在关键的时刻像刘邦听"四皓"劝阻打消"易储"念头那样听从贤者的意见。其次是善于纳谏。人非圣贤,孰能无过,君也罢,臣也罢,都难免有过,但需要做到闻过则改。他说:

> 立朝何必无纤过,要在闻而遽改之;
> 千古怙终缘宠恋,问君恋得几多时?③

　　千古以来,怙恶不悛的人都是倚仗君王的"宠恋"而有恃无恐,但都难免落个可悲的下场,所以郑板桥说"问君恋得几多时"? 本来,就诗题和首句而言,此诗的立意和主旨应该是针对君王,刚愎自用、堵塞言路、拒不纳谏本是天下君王的通病,所以此诗诫勉君王"要在闻而遽改之",能够闻过则改从善如流。但诗歌的后两句放过君王而滑到佞臣奸臣身上,就此,此诗针砭之力减弱,意思并不完整,颇有避重就轻之嫌。不过,在其他诗歌中,他补足了这一层意思。他在《罗隐》诗中批评钱镠不听罗隐的谋划,最终导致了吴越国兵败国亡,他更在《咏史》诗中以项羽的败亡作为重大战略失误的典型事例进行了总结:

> 云里关门六扇开,天边太华鸟飞回。
> 汉家安受秦家业,项羽东归只废才。
>
> 已背齐盟强自雄,便应割据守关中。
> 如何宴罢鸿门去,却觅彭城小附庸。

　　项羽的刚愎自用,拒绝接受范增等重臣的战略谋划,不仅放虎归山,让刘邦势力坐大,还失去了与之抗衡的战略要地,一着棋错而满盘

---

① 郑燮:《罗隐》,本社编:《郑板桥集》,上海古籍出版社1979年版,第72页。
② 郑燮:《四皓》,本社编:《郑板桥集》,上海古籍出版社1979年版,第73页。
③ 郑燮:《立朝》,本社编:《郑板桥集》,上海古籍出版社1979年版,第89页。

皆输，最终身败名裂。由此，君王能不能用贤纳谏、从善如流，便成为事业能不能成功和发展的关键。这里，郑板桥固然是在阐述自己对历史的思考，但从中也能看到郑板桥对自己官场蹭蹬的某种感慨。

第二，江山盛衰，运数人为。在读史书或寻访前朝遗迹的时候，面对"你方唱罢我登场"的历代君王和"西风残照、汉家陵阙"的破败景象，郑板桥常常感慨历史变幻之无常，他在《六朝》诗中喟叹道：

> 一国兴来一国亡，六朝兴废太匆忙。
> 南人爱说长江水，此水从来不得长。①

从公元三世纪到公元六世纪约三百年间，在南京建都的有东吴、东晋、宋、齐、梁、陈六个朝代，平均每个朝代只延续了几十年，王权如走马灯般更迭得如此频繁匆忙，让郑板桥感叹统治者的江山并不牢固，更说不上万代相传。此诗被郑板桥编入《板桥诗集》，可后来再版时却被铲板，或许因为其时"文字狱"大盛，诗意容易被人挑剔"有碍语"。诗中的"南人"易使人联想到抵抗异族统治最力、元清两朝都大不放心的江南人，而"此水从来不得长"句更易联想到含三点水的"清"字，并由此引申到有暗咒清朝国祚也不得长之嫌。为避免惹上文字之祸，郑板桥干脆删去了事。其实，此诗并非蓄意影射清朝统治，只是借长江水来抒发对六朝兴废的历史沧桑之感。

如果说《六朝》仅仅是从整体上感慨历史变幻，那么在其他的诗词中，郑板桥则从各个角度将这种朝代兴衰江山易色的思考引向了深入。在《题屈翁山诗札、石涛石溪八大山人山水小幅、并白丁墨兰共一卷》诗中，郑板桥描绘了五位艺术家因国破家亡带来的切肤之痛：

> 国破家亡鬓总皤，一囊诗画作头陀。
> 横涂竖抹千千幅，墨点无多泪点多。②

诗题所涉五人，屈翁山即屈大均（1630—1696 年），广东番禺人，明

---

① 郑燮：《六朝》，本社编：《郑板桥集》，上海古籍出版社 1979 年版，第 71 页。
② 郑燮：《题屈翁山诗札、石涛石溪八大山人山水小幅、并白丁墨兰共一卷》，本社编：《郑板桥集》，上海古籍出版社 1979 年版，第 106 页。

第五章 观念与思想

末生员,清初著名诗人、学者,其诗多感时伤事、体恤民生,有李白、屈原之风,他曾在故乡组织参加抗清队伍,失败后曾避祸为僧;石涛(1642—1708年),清初画坛宗师,其画影响深远,很受郑板桥推崇,他本为明末藩王之子,明亡后出家为僧;石谿(1612—1692年),湖南武陵(治今常德市)人,清初画家,精山水,与石涛并称"二石",出家后僧名髡残;八大山人(1626—约1705年),清初画坛宗师,其画亦很受郑板桥推崇,他与石涛相似皆为明宗室,亦曾为僧,与石涛、石谿都名列中国画坛的"清初四僧";白丁(1626—1706年),字过峰,善画兰草,是郑板桥画兰的师法对象之一,也是明藩王后裔,明亡后流落云南为僧。这五人有许多共同之处,都是大艺术家,也都是明遗民,且多为明宗室后裔,明亡后都曾为僧,如今他们两鬓苍苍,遁入空门,只能在作品中抒发无尽的家国情怀和亡国之痛,以画当哭,以诗当哭,以至于"墨点无多泪点多"(八大山人给自己画作题诗"墨点无多泪点多,山河仍是旧山河。横流乱世杈椰树,留得文林细揣摩。")。他们的不幸遭遇和悲愤心境令郑板桥感同身受,深深痛惜。

朝代兴衰江山易色的悲剧不仅发生在无辜的子民身上,也发生在那些君臣身上,即使是雄心勃勃的赵武灵王也不例外。郑板桥北行游历时经过战国时期赵国都城邯郸,路上他一一寻访了承载了众多英雄豪杰业绩的铜雀台、武灵丛台、泜水等历史现场,不禁感慨当年纵横其间的赵武灵王、廉颇、张耳、陈余等历史人物的遭际和命运。赵武灵王通过推行"胡服骑射"等一系列改革举措,开疆拓土,大大提升了国力,成为战国七雄之一,可在立储之事上的一步差池,却让自己饿死沙丘;赵国名将廉颇一生骁勇善战,是战国名将,却在晚年遭谗言而被弃用;张耳陈余本乃同过患难、同起义兵的生死之交,却在显贵以后反目为仇刀兵相见,最终陈余落得身死泜水的下场。面对王朝的兴废无常、英雄的无奈结局,郑板桥发出了深深的喟叹:

> 铜台西北又丛台,泆淠尘沙泜水回。
> 笑武灵王无末路,爱厮养卒有英才。
> 青山易老人长在,白发无权志不灰。

最是耳余堪借鉴，千秋刎颈有疑猜。①

如今遗址犹存而岁月已逝，当年叱咤风云的王侯将相也早已覆上了厚厚的历史尘埃，只是盛衰之理、兴亡之道却令人深思。在郑板桥看来，要开创、成就一番事业，为君为臣各有各的要求，为君的要有远大的眼光、深长的谋略，还要有英才辅佐，要能信才用才；为臣的要能与君彼此同心坚贞不渝，同得患难也同得富贵，如果君与臣或短视或无奈或互相猜疑，即使拥有江山也终不过"邯郸一梦"。

有谁能够打破这种"一国兴来一国亡"的"匆忙"宿命？有哪一个朝代可以逃脱这样的宿命？郑板桥把探究的目光转向了眼下之前的那个朝代。明朝开国之君朱元璋，一扫六朝的偏安旧习，整肃河山，在金陵古都升起不可一世的"王气"。可是，洪武大帝以为可以永葆千秋万代的铁桶般江山也已经灰飞烟灭了。郑板桥在赴江宁乡试的时候，特地前往明孝陵凭吊，并填词一阕：

> 东南王气，扫偏安旧习，江山整肃。老桧苍松盘寝殿，夜夜蛟龙来宿。翁仲衣冠，狮麟头角，静锁苔痕绿。斜阳断碣，几人系马而读。　闻说物换星移，神山风雨，夜半幽灵哭。不记当年开国日，元主泥人泪簇。蛋壳乾坤，丸泥世界，疾卷如风烛。老僧山畔，烹泉只取一掬。②

在郑板桥看来，诚如苏轼在《前赤壁赋》中所讽喻的古代君王一样，朱元璋"固一世之雄也，而今安在哉"，不仅他所苦心经营的大明帝国已属他人，连他自己的坟墓也只剩无人细读的断碣残碑。所以江山社稷都是变化的，盛衰更替只在转眼之间，即所谓"蛋壳乾坤，丸泥世界，疾卷如风烛"也。朱元璋这般的开国君王不过如此，他的不肖子孙们之无能不堪荒唐昏聩更是不难想象。那位在大清铁蹄踏上中原、明王朝存亡继绝之际匆匆忙忙在南京登基的弘光皇帝，试图凭借只剩东南半壁的南明小朝廷将大明的国祚苟延残喘下去，

---

① 郑燮：《邯郸道上二首》，本社编：《郑板桥集》，上海古籍出版社 1979 年版，第 96 页。
② 郑燮：《念奴娇·金陵怀古十二首·孝陵》，本社编：《郑板桥集》，上海古籍出版社 1979 年版，第 136 页。

第五章　观念与思想

然而，实际的景象却是：

> 弘光建国，是金莲玉树，后来狂客。草木山川何限痛，只解征歌选色。燕子衔笺，春灯说谜，夜短嫌天窄。海云分吭，五更拦住红日。　　更兼马、阮当朝，高、刘作镇，犬豕包巾帻。卖尽江山犹恨少，只得东南半壁。国事兴亡，人家成败，运数谁逃得！太平隆万，此曹久已生出。①

南明皇帝朱由崧，和朝中重臣马士英、阮大铖，以及手握重兵的将领高杰、刘良佐之辈，身上寄托了无数臣民的期待，然而他们不思大敌当前应当秣马厉兵，却步南朝齐东昏侯萧宝卷、陈后主陈叔宝的后尘，"选歌征色"，沉迷于荒淫享乐，甚至嫌夜短妨碍了他们的彻夜狂欢。如此的君昏臣奸，只是一群"犬豕包巾帻"的衣冠禽兽，只能"卖尽江山犹恨少"，最终落个国灭的下场。郑板桥把这样的结果归因于"运数"，因为这些卖国贼出生于太平时代的隆庆、万历年间，其祸根便酝酿于那时。其实，郑板桥暗指那时社会风气已经败坏，忠贞之士遭到排斥，荒淫奸刁已成风习，因而到了明末朝廷腐败透顶，再也维持不下去了。这里表面上是在讲"运数"，其实还是在强调"人为"，如果太平时不居安思危，便无法对付内忧外患，保持国家的长治久安。

让郑板桥感慨的是，并不是战国时期的赵国、六朝，或者明王朝有这样"斜阳断碣，几人系马而读"的命运，而是所有的帝王都逃不脱这样的命运。本质上，"帝王家"都是一样的：

> 山河同敝屣，羡废子传贤，陶唐妙理。禹汤无算计，把乾坤重担，儿孙挑起。千祀万祀，淘多少英雄闲气。到如今故纸纷纷，何限秦头楚尾。　　休倚，几家宦寺，几遍藩王，几回戚里。东扶西倒，偏重处，成乖庆。待他年一片宫墙瓦砾，荷叶乱翻秋水。剩野人破舫斜阳，闲收菰米。②

① 郑燮：《念奴娇·金陵怀古十二首·弘光》，本社编：《郑板桥集》，上海古籍出版社 1979 年版，第 137 页。

② 郑燮：《瑞鹤仙·帝王家》，本社编：《郑板桥集》，上海古籍出版社 1979 年版，第 148 页。

在郑板桥看来,"废子传贤"是"妙理","家天下"则是"无算计",由上古的"公天下"变成大禹的"家天下",则从根本上走错了路。于是,为了争夺皇权,历朝历代费尽心思,"千祀万祀"拜祖宗拜老天无济于事,靠"多少英雄"争霸杀伐勾心斗角也无可奈何。为了保佑皇权,无论是倚重藩王还是倚重内宦外戚,统统都是"东扶西倒,偏重处,成乖戾"。于是,从夺江山到保江山,历朝历代总是从"江山整肃"走向"一片宫墙瓦砾"。至此,郑板桥对根基于家天下的历朝历代皇权统治从根本上做了彻底否定。这里,郑板桥没有强调"运数",而是始终着眼于人的因素,着眼于皇权追逐者和拥有者的野心贪欲、昏聩无耻。这样的看法无疑是相当深刻的。

这种昏君奸臣互相为用而最终葬送江山社稷的状况并非南明所独有,而是几乎所有王朝末年的普遍现象。在郑板桥眼中,同样强敌在侧危机四伏的南宋也有着与南明一样的骄奢淫逸、荒淫无耻:

> 南宋时,君父幽囚,栖身杭越,其辱与危亦至矣。……在朝诸大臣,皆流连诗酒,沉溺湖山,不顾国之大计。是尚得为有人乎!是尚可辱吾诗歌而劳吾赠答乎![1]

对这些只图自己醉生梦死却"不顾国之大计"民之死生的亡国君臣,郑板桥真是怒不可遏了。

在郑板桥看来,成为昏君、奸臣的原因有多种:一是本质不好。他在《念奴娇·金陵怀古十二首》的《方景两先生祠》和《弘光》中说,许多"世间鼠辈",只因"妆老虎"才钻谋到高位,"犬豕"为君臣,自然会为非作歹。二是历史的误会。郑板桥注意到,像隋炀帝、陈后主之类本是翰林学士的资质,却"不幸而有天位","风流不是君王派"[2],才子错当皇帝,自然引来"破国亡身"的结局,其中蕴含着"家天下"造成的历史荒诞。三是忘乎所以。弘光帝以及"马阮高刘"之辈,被权色利益的欲望熏昏了头脑,于是君臣"只解征歌选色","卖尽江山犹恨少",终于一发不可收。

---

[1] 郑燮:《范县署中寄舍弟墨第五书》,本社编:《郑板桥集》,上海古籍出版社版1979年版,第13页。
[2] 郑燮:《南朝》,本社编:《郑板桥集》,上海古籍出版社1979年版,第88页。

或许因为自己曾入官场为臣的缘故，在君与臣中，郑板桥的注意力更多地放在臣的身上。纵观历朝历代的名臣与佞臣，郑板桥在诗中做了一个概括：

> 历览名臣与佞臣，读书同慕古贤人。
>
> 乌纱略戴心情变，黄阁旋登面目新。
>
> 翻笑腐儒何寂寂，可怜世味太津津。
>
> 劝君莫作闲居赋，潘岳终须负老亲。①

郑板桥发现，他们的人生轨迹有同也有异：相同的是，入官场之前，他们读的书是一样的，仰慕贤人的心情是一样的，就此推测为民谋福祉的人生抱负也是一样的。进入官场以后他们的人生道路逐渐分化，面对太多的难以抵御的世俗诱惑，有的人一戴乌纱心情就发生变化，做了高官面目更是大变；有的人则不愿同流合污，于是成为"腐儒"，门前冷落不受待见。这中间，名臣与佞臣一目了然。在理性层面，郑板桥对他们依然是苦口婆心，劝诫他们要珍惜官位关心民瘼，不要像辞官的潘岳那样对不起父老乡亲；但在感性层面，郑板桥对他们褒贬鲜明：为臣要像诸葛亮一样不管官位多高都侧身谨慎，要像苏轼一样"刻刻以天地万物为心"②，要像方孝孺、景清、史可法一样做铮铮铁汉，即使"十族全诛，皮囊万段"，但"魂魄雄而武"③，"气堪作，长虹挂"④。至于"马、阮、高、刘"这样的"犬豕"之辈衣冠禽兽，则必然落得"青史讥弹，传灯笑柄"⑤的下场。

郑板桥观察评价历史事件历史人物，不是单纯地咏史怀古，而是有一个重要的出发点和特定角度，那就是现实。他要以历史的经验教训来针砭现实，要人们忠于国家关心民瘼，奋发有为都行正道，以免重蹈历史的覆辙。能秉持此心处世行事，可以不计成败誉毁贫

---

① 郑燮：《历览三首》，本社编：《郑板桥集》，上海古籍出版社 1979 年版，第 88 页。

② 郑燮：《潍县署中与舍弟第五书》，本社编：《郑板桥集》，上海古籍出版社 1979 年版，第 22 页。

③ 郑燮：《念奴娇·金陵怀古十二首·方景两先生祠》，本社编：《郑板桥集》，上海古籍出版社 1979 年版，第 136 页。

④ 陆种园：《贺新郎·吊史阁部墓》，本社编：《郑板桥集》，上海古籍出版社 1979 年版，第 126 页。

⑤ 郑燮：《念奴娇·高座寺》，本社编：《郑板桥集》，上海古籍出版社 1979 年版，第 136 页。

富贵贱，虽败犹荣，虽被杀而永生，虽不遇而幸运，虽贫贱而高尚，实现人生的价值。

郑板桥非常敬佩司马迁，对其有"焚香痛哭龙门叟，一字何曾诳后生"①的赞誉，其实这也是评价他自己。郑板桥对历史事件、历史人物的评价，也秉持"一字何曾诳后生"的心愿，他希望人们能接受历史的经验教训，以免出现杜牧在《阿房宫赋》中所说的"亦使后人而复哀后人也"的悲剧。

第三，成败事小，豪壮为要。臧否历史人物，郑板桥从不以事业成败论英雄，而以是否豪迈痛快旷达为标准，这其中隐含了郑板桥以格局、气魄、胆略、胸襟等人格特质为标准的情感偏好。秦末农民战争中，赵王被秦军所败逃入钜鹿城（今河北省邢台市巨鹿县），赵国岌岌可危。摄于骁将章邯、王离所率四十万秦军主力的强大威势，各诸侯的援赵军畏缩不前，纷纷作壁上观。而项羽则领数万楚军，以破釜沉舟的视死决心和一往无前的绝大勇气，率先猛攻秦军，九战全胜，终于歼灭王离二十万秦军，不仅解了钜鹿之围，而且在八个月后率各路援军逼降章邯二十万秦军。经此一场战略决战，秦末农民战争的整个态势彻底扭转，秦亡楚兴的大格局就此形成。此仗成为项羽平生的最得意之战，也是中国历史上以少胜多的著名战役。遥想项羽当年杀伐征战、金戈铁马的战场雄姿，郑板桥激情飞扬，用浓墨重彩描绘了成就项羽一世英名的这场关键之战：

> 怀王入关自聋瞽，楚人太拙秦人虎，
> 杀人八万取汉中，江边鬼哭酸风雨。
> 项羽提戈来救赵，暴雷惊电连天扫，
> 臣报君仇子报父，杀尽秦兵如杀草。
> 战酣气盛声喧呼，诸侯壁上惊魂逋，
> 项王何必为天子，只此快战千古无。
> 千奸万黠藏凶戾，曹操朱温尽称帝，
> 何似英雄骏马与美人，乌江过者皆流涕！②

在郑板桥看来，项羽有了这场酣畅淋漓的"快战"，皇帝也不必当

① 郑燮：《历览三首》，本社编：《郑板桥集》上海古籍出版社 1979 年版，第 88 页。
② 郑燮：《钜鹿之战》，本社编：《郑板桥集》上海古籍出版社 1979 年版，第 26 页。

了,那些用阴谋当上皇帝的,如何比得上项羽这般"英雄骏马与美人",留下千古佳话并永远被后人铭记赞叹呢?对项羽这个失败的英雄,郑板桥充满了赞赏和同情,在第二次北行漫游到项羽遗址时,他又写下了七律《项羽》:

> 已破章邯势莫当,八千子弟赴咸阳。
>
> 新安何苦坑秦卒,坝上焉能杀汉王!
>
> 玉帐深宵悲骏马,楚歌四面促红妆。
>
> 乌江水冷秋风急,寂寞野花开战场。①

此时,郑板桥的心情比较平静,和以前读《史记》时大不相同。诗中涉及项羽生平的几件大事几大转折:破章邯、入咸阳、坑秦卒、鸿门宴,直到垓下被围乌江自刎,基本概述了项羽一生的功过得失,但整体观点仍然延续了《钜鹿之战》里的赞赏与同情,"势莫当"正是"快战"的同义语;"悲骏马""促红妆""乌江水冷"也是"何似英雄骏马与美人,乌江过者皆流涕"的另一表达。在说到项羽的弱点时他下笔极有分寸,"新安何苦坑秦卒,坝上焉能杀汉王"两句中的"何苦""焉能"值得玩味。"坑卒"本是暴秦的残忍习惯,项羽也采取这种让天下侧目、部卒胆寒的不仁不义不智之举,既害人又害己,得不偿失,但"何苦"二字虽责备却含惋惜之意;汉王刘邦有一定实力,也得到项伯等部下的认可,且二人"有约在先",项羽在鸿门宴欲杀汉王,也是不仁不义不智的得不偿失之举,但"焉能"二字,语气中仍有谅解意味。总之,郑板桥对项羽的英雄美人、盖世功业是赞赏的,对他的霸业不成和性格弱点是同情惋惜的。

值得注意的是,郑板桥评价历史人物时,常常对"英雄美人"流露出较大的兴趣,这种观察视角或许是潜意识中受他自称的"好色"的影响,也含有对"唯大英雄能本色,是真名士自风流"观念的肯定,对项羽是如此,对曹操也是如此。

郑板桥诗文中有诸多对曹操的评价,《诗钞》中就有《邺城》《铜雀台》两首。邺城为曹操故都,郑板桥在诗中记述了他眼中邺城的荒凉败

---

① 郑燮:《项羽》,本社编:《郑板桥集》,上海古籍出版社 1979 年版,第 35 页。

落,其中特别用了曹操的"分香"典故。本来曹操临死不忘妻妾的身后安排乃生活细节,评价历史人物可以忽略,可郑板桥把"分香"与"雄心"对举,形容曹氏霸业成空,风流消散,可见在郑板桥心中英雄是与美人相始终的。这种看法在《铜雀台》中表露得更多:

> 铜雀台,十丈起,挂秋星,压寒水。
>
> 漳河之流去不已,曹氏风流亦可喜。
>
> 西陵松柏是新栽,松下美人皆旧妓。
>
> 当年供奉本无情,死后安能强哭声。
>
> 縹帷八尺催歌舞,懒慢盘鸦鬓不成。
>
> 若教卖履分香后,尽放民间作佳偶。
>
> 他日都梁自捡烧,回首君恩泪沾袖。①

郑板桥对曹操的功业一字不提,只讲"曹氏风流亦可喜"。不过,在郑板桥眼中,铜雀台中的美人们活着受拘束,侍奉曹操并非心甘情愿,因而"懒慢盘鸦鬓不成"。郑板桥特别不满曹操死前对美人们的安排,指出如果曹操真正关爱她们,当从她们的利益出发,"尽放民间"各自成家,她们"回首君恩"反而会怀念曹操。曹操英雄一世,也极爱美人,可惜死后还想让美人忠于自己,终不能旷达。显然,郑板桥认为英雄人物可以"好色",但如果一味自私自利,生前死后都要逼迫美人从属于自己,这样的英雄人物是有缺陷的。

不过,总体上郑板桥对曹操还是相当推崇的。他很推崇曹操的诗歌,在《与江宾谷、江禹九书》中认为曹操的诗"理明词畅,以达天地万物之情,国家得失兴废之故",又说曹操的《短歌行》"勃勃有英气。大乘也",推崇之意是十分明显的。《短歌行》所传递的奋发有为积极进取的雄浑气魄,其信手拈来化用古诗的潇洒随意,其不假雕饰直抒胸臆的放逸襟怀,其渴望与英才贤才狂歌纵酒的远大抱负……所有这一切,都显示了曹操作为一个政治家阔大的格局气魄,也都与郑板桥的个性喜好相当吻合。因此之故,郑板桥觉得,即使是曹操这样一个须归入"毒蛇

---

① 郑燮:《铜雀台》,本社编:《郑板桥集》,上海古籍出版社 1979 年版,第 35 页。

恶兽"之列的人物,还是应该给予高度评价的。

郑板桥还评价了其他许多历史人物,如昏乱失国的陈后主、隋炀帝,乡贤宗子相,名将韩信,大侠荆轲,怪杰徐青藤,季札挂剑于其墓的徐国国君,洛神甄妃,乘乱登基的肃宗,不肯作上皇的玄宗,"文起八代之衰"的韩愈,能不负君王所爱的罗隐,乃至为"怨炉雠冶""逼出西昆体"的李商隐等等,郑板桥都从独特的角度做出了前人所未道的评价。

第四,德识才具,文史相映。郑板桥认为,任何著述包括史书,都需要德识才兼具、文史并举,方能动人。郑板桥对他所推崇的书籍有这样的看法:

> 文章以沉着痛快为最,《左》、《史》、《庄》、《骚》、杜诗、韩文是也。间有一二不尽之言,言外之意,以少少许胜多多许者,是他一枝一叶好处,非六君子本色。而世间娓娓纤小之夫,专以此为能,谓文章不可说破,不宜道尽,遂訾人为刺刺不休。夫所谓刺刺不休者,无益之言,道三不着两耳。至若敷陈帝王之事业,歌咏百姓之勤苦,剖析圣贤之精义,描摹英杰之风猷,岂一言两语所能了事?岂言外有言、味外取味者,所能秉笔而快书乎?……
>
> "宵寐匪祯,札闼洪庥。"以此訾人,是欧公正当处,然亦有浅易之病。"逸马杀犬于道",是欧公简炼处,然《五代史》亦有太简之病。①

这里,郑板桥列举了他所认为的六种好书,包括《左传》《史记》等史书,内容无外乎"敷陈帝王之事业,歌咏百姓之勤苦,剖析圣贤之精义,描摹英杰之风猷",它们从四个方面概括了维系社会结构、推动社会前进的最基本力量和最主要贡献,这四个方面也成为郑板桥判断书之好坏的最基本标准。在这"六君子"中,他尤其看重《史记》和杜诗,认为"《史记》百三十篇中,以《项羽本纪》为最,而《项羽本纪》中,以钜鹿之战、鸿门之宴、垓下之会为最。反复诵观,可欣可泣,在此数段耳"②。对于有"诗史"之称的杜甫诗歌,他的评价更高:"少陵诗高绝千古,……通

---

① 郑燮:《潍县署中与舍弟第五书》,本社编:《郑板桥集》,上海古籍出版社1979年版,第21—22页。
② 郑燮:《潍县署中与舍弟墨第一书》,本社编:《郑板桥集》,上海古籍出版社1979年版,第15页。

体不能悉举，且就一二言之：《哀江头》《哀王孙》，伤亡国也；《新婚别》《无家别》《垂老别》《前后出塞》诸篇，悲戍役也；《兵车行》《丽人行》，乱之始也；《达行在所》三首，庆中兴也；《北征》《洗兵马》，喜复国望太平也。只一开卷，阅其题次，一种忧国忧民忽悲忽喜之情，以及宗庙丘墟，关山劳戍之苦，宛然在目。"①这里所说的《史记》和杜诗的好处，恰恰可以视为"敷陈帝王之事业，歌咏百姓之勤苦，剖析圣贤之精义，描摹英杰之风猷"的注脚，也都具有德识才兼备、文史相映的长处。

是否正面展现上述四方面的内容，是史书是否具有史德的判断依据，而如何展现、评价上述四方面的内容，则构成考验史家是否具有史识的评价标准。在内容取舍上，郑板桥看重人物的作用与影响而不以成败论之，所以他非常欣赏司马迁对项羽的传神书写，也在自己心中为失败英雄项羽、"毒蛇猛兽"曹操留下了重要的位置。在历史评价中，郑板桥认为关键在于要有"特识"。根据郑板桥的解释，"特识"的要义在于两点：一是深入腠理把握本质，即抓住"至情至理"；二是不依样葫芦人云亦云，要"自树其帜""自出眼孔"，要见人所未见发人所未发。郑板桥对史书纂修的要求同样也是他自己的追求，他赞赏项羽何必为天子；他认为李白"多放逸，而不切事情"，温庭筠"叹老嗟卑，又好为艳冶荡逸之调"，故虽然李白杜甫齐名、温庭筠李商隐并提，其实不合适；他指摘王维、赵孟頫辈"平生诗文，可曾一句道着民间痛痒"，不过是"门馆才情，游客伎俩"②；他说陈后主、隋炀帝"不幸而有天位"，如果"作翰林，自是当家本色"，同理杜牧、温庭筠"乃有幸而为才人"，如果"为天子，亦足破国亡身"，其幸与不幸涉及社会角色的对位与错位。这些地方都体现了郑板桥见解的不同凡响，或曰"特识"，这也是他被评价为"读书饶别解"的缘由。

在史才方面，郑板桥有明确的标准，即笔法要与内容相匹配，史书所涉如上述四个方面均为重大内容，需要配以沉着痛快的笔法，需要秉笔快书，需要文采飞动、繁简得当，而不宜"以少少许胜多多许"的简练

---

① 郑燮：《范县署中寄舍弟第五书》，本社编：《郑板桥集》，上海古籍出版社 1979 年版，第 14 页。
② 郑燮：《潍县署中与舍弟第五书》，本社编：《郑板桥集》，上海古籍出版社 1979 年版，第 22 页。

和"不可说破,不宜道尽"的含蓄。他尤其不认同一般人所认为的简练、含蓄的为文通则,特引用"札闼洪庥"的典故说明不可肤浅地理解简明。宋祁与欧阳修同修《唐书》时,宋祁常用一些险怪冷僻的字眼让文意晦涩难懂,于是欧阳修以彼之道还治彼身,用"宵寐匪祯,札闼洪庥"来替换"夜梦不祥,出门大吉"之意,以此调侃宋祁,让宋祁一时也猜不着。郑板桥认为史书文字要"浅易",不要故用险怪冷僻的字眼让意思晦涩,这是"欧公正当处"。但他认为欧阳修也有不足之处,《五代史》一味求简,以"逸马杀犬于道"为最高标准,于是文字简得只剩下骨架,而缺少血肉。《宋稗类钞》讲过一个故事:有人用"有犬卧于通衢,逸马蹄而杀之"来记录奔马踏死一条狗的事情,欧阳修读后觉文字太不简练,批评说,让此人来修史,万卷都写不完,于是将文字改为"逸马杀犬于道"。修改后无一废字,更加精炼,是其优点,但若以此为准一切加以浓缩,则必然舍弃了必要的生动和精彩的点染,于是文章失去情致,"有太简之病"。由此可知,郑板桥对史才的要求是当繁则繁,当简则简,当浅易则浅易,而最高标准是"沉着痛快"。

乍看起来,"沉着痛快"不易界定,但郑板桥在同一文中又用了"沉雄"二字,可视为"沉着痛快"的同义语。"沉雄"是风格层面的一个概念,是一个包含了内容和形式的综合性标准,那就是内容的纵横开阔厚重结实,识见的目光深邃穿透风云,笔力的雄健豪宕力透纸背。在郑板桥看来,司马迁的《项羽本纪》兼顾事业成败与人物风采,就符合这样的标准。"钜鹿之战"的"只此快战千古无""何似英雄骏马与美人"之荡气回肠,"鸿门之宴"的刘项争霸场景之生动精彩和细节之惊心动魄,"垓下之战"的"乌江过者皆流涕"之令人唏嘘,无不让人读了"可欣可泣"。它以精彩的笔墨如实写出了项羽的帝王事业、英杰风猷和战略失误,并不因项羽是失败者而予以回避忽视贬抑,正综合体现了司马迁的史德史识与史才。

第三节 "明理范世"论教育

由于父亲多年塾师生活的言传身教,名师陆种园的教导垂范,以及自己坐馆多年的经历,郑板桥对教育问题颇为关注,其诗文和家书中有关于教育的丰富内容。他认为教育关系到修齐治平,小而言之是关乎孩子的良莠愚钝,大而言之是关乎社会的发展进步。他对教育的价值,对教育中教与学、师与生这两大因素,尤其是对于儿童教育,都有比较系统的看法。尽管儿童教育主要围绕自己的孩子展开,但也有相当普遍的意义。因之,从他一生行藏和论述中探讨他的教育理念教育思想,是了解郑板桥的一个重要方面。这里围绕教育目的、教育体系、读书方法等主要内容展开论述。

第一,教育目的。郑板桥以为,读书虽是教育的最常用、最主要的手段,但他并不认为教育就是读书,教包括言教身教、手传语导,育则是通过给受教育者提供好的环境和好的培育,让他们很好地成长。他在家书和诗作中多次明确表示:

> 务令忠厚悱恻,毋为刻急也。……要须长其忠厚之情,驱其残忍之性,不得以为犹子而姑纵惜也。……夫读书中举中进士作官,此是小事,第一要明理做个好人。①

> 将以开心明理,内有养而外有济也。得志则加之于民,不得志则独善其身;亦可以化乡党而教训子弟。②

在郑板桥看来,比起世俗最看重的做官,教育更重要、更基本的目的是做人,做一个堂堂正正的人,一个"内有养而外有济"的人。由此,首先必须注重人的基本品质,要修德爱人,要驱除人性中的残忍而培育仁爱之心。"入则孝,出则弟",对长辈亲人尊重孝顺,与世人相处忠厚明理。要培养仁爱之心,须从日常生活点滴小事做起,即使"嬉戏顽耍"的小儿游戏也不能例外。"发系蜻蜓,线缚螃蟹"之类,只图自己片刻高兴,却有伤为人的"忠厚悱恻"。他强调说:"平生最不喜笼中养鸟,我图娱悦,彼在囚牢,何情何理,而必屈物之性以适吾性乎!"在郑板桥看来,"天地生物,化育劬劳,一蚁一虫,皆本阴阳五行之气纲缊而出。上帝亦

---

① 郑燮:《潍县署中与舍弟墨第二书》,本社编:《郑板桥集》,上海古籍出版社 1979 年版,第 16 页。
② 郑燮:《与江宾谷、江禹九书》,本社编:《郑板桥集》,上海古籍出版社 1979 年版,第 191—192 页。

心心爱念",人若"不能体天之心以为心,万物将何所托命乎?"①所以即使养鸟,也得"养之有道",最好绕屋种树数百株,让鸟儿"以天地为囿,江汉为池,各适其天,斯为大快。比之盆鱼笼鸟,其钜细仁忍何如也。"郑板桥瞧不起那些不积善修德的人,尽管他们也许能做到高官,"门前仆从雄如虎,陌上旌旗去似龙",不可一世,可是"一朝势落成春梦",其下场是很可悲的。与其做这种达官,"倒不如蓬门僻巷,教几个小小蒙童"②来得平安怡然,虽没有大红大紫,然而对世人、对社会却真有贡献。

这里,郑板桥说的当然不外乎传统儒家的"修齐治平"之道,但如何说却见出他自己的特点:一是简明通俗,切合他所说的板桥诗文"理必归于圣贤,文必切于日用"之旨。他所说"明理做个好人"对文化程度不高的家人易懂好记,而"明理"并不浅薄,它包括做人的基本道理、穷通蹇达时的应对之道、坚不为恶的道德准则等等,指向了人们精神世界的更高追求;二是身体力行,把自己放入其中。郑板桥鞭笞世间"绕郭良田万顷赊,大多归并富豪家"的丑陋现状,倡导儒家"一夫受田百亩"的古义,但他却不是空谈大道理,而是坚持自家兄弟"不同为恶","我独何人,贪求无厌,穷民将何所措足乎!"③这就不仅通俗易懂,而且重点突出,把自己的生活纳入"明理做个好人"的教育主张,以此"化乡党而教训子弟"方能收到实效。

第二,教育体系。郑板桥并没有教育体系的概念,但他思考教育问题的丰富内容,涉及家庭教育、塾馆教育和社会教育,由此构成郑板桥教育思想的主要内容。为论述方便起见,这里暂且用教育体系的说法。

郑板桥相当重视家庭教育,并且把它视为关涉人的一生成长的起点。他在犉儿夭亡后,到五十二岁才又有了儿子。老来得子,舐犊之情难免格外强烈,郑板桥也不例外。但难得的是,他唯恐家人会过分宠爱这个孩子,特地强调:"余五十二岁始得一子,岂有不爱之理!然爱之必以其道",这就是说,得爱而有道,爱在正确之处,不能溺爱。所以他对弟弟交代道:

---

① 郑燮:《潍县署中与舍弟墨第二书》,本社编:《郑板桥集》,上海古籍出版社 1979 年版,第 16 页。

② 郑燮:《道情十首》,本社编:《郑板桥集》,上海古籍出版社 1979 年版,第 151 页。

③ 郑燮:《范县署中寄舍弟墨第四书》,本社编:《郑板桥集》,上海古籍出版社 1979 年版,第 13 页。

我不在家，儿子便是你管束。要须长其忠厚之情，驱其残忍之性，不得以为犹子而姑纵惜也。家人儿女，总是天地间一般人，当一般爱惜，不可使吾儿凌虐他。凡鱼飧果饼，宜均分散给，大家欢嬉跳跃。若吾儿坐食好物，令家人子远立而望，不得一沾唇齿；其父母见而怜之，无可如何，呼之使去，岂非割心剜肉乎！①

吾儿六岁，年最小，其同学长者当称为某先生，次亦称为某兄，不得直呼其名。纸笔墨砚，吾家所有，宜不时散给诸众同学。每见贫家之子，寡妇之儿，求十数钱，买川连纸钉仿字簿，而十日不得者，当察其故而无意中与之。至阴雨不能即归，辄留饭；薄暮，以旧鞋与穿而去。彼父母之爱子，虽无佳好衣服，必制新鞋袜来上学堂，一遭泥泞，复制为难矣。②

从这里可以看到，郑板桥有深厚的民胞物与、众生平等的观念，无论是知县的儿子还是佣人的儿子，他们都是平等的，自己的儿子不能特殊化，有好食物要与佣人家子女平分，与同学相处要尊重友善，帮助别人的时候要不露声色，不能伤害别人自尊。郑板桥之所以交代得这么细致具体，是因为他深知人性中有忠厚的东西，也有残忍的东西，要通过日常生活的点滴小事，以无形的熏陶"长其忠厚之情，驱其残忍之性"，这是最重要的，是正确的"爱子之道"。

为了培育儿童的忠厚之情，郑板桥也注意到儿童教育的教材，他说：

韩非、商鞅、晁错之文，非不刻削，吾不愿子弟学之也；褚河南、欧阳率更之书，非不孤峭，吾不愿子孙学之也；郊寒岛瘦，长吉鬼语，诗非不妙，吾不愿子孙学之也。③

这里有对教材难易的考量，但更多的则是对教材风格旨趣的考量，那些横斜疏放的、精思刻酷的、哀怨凄苦的、生辣古奥的、怪诞奇诡的，

① 郑燮：《潍县署中与舍弟墨第二书》，本社编：《郑板桥集》，上海古籍出版社1979年版，第16页。
② 郑燮：《潍县寄舍弟墨第三书》，本社编：《郑板桥集》，上海古籍出版社1979年版，第19页。
③ 郑燮：《仪真县江村茶社寄舍弟》，本社编：《郑板桥集》上海古籍出版社1979年版，第5页。

第五章 观念与思想

都不适合儿童学习。幼童在起步阶段的学习要文章平和中正、书法端秀工整,先平易后波澜,即所谓"必极工而后能写意"。所以他说,学文不能学"刻削"之文,学字不能学"孤峭"之书,学诗不能学寒瘦鬼谲之风。为了满足自己的想法,他特地从唐宋诗及民歌中选摘了四首浅显顺口、通俗易懂的绝句:"二月卖新丝,五月粜新谷","耘苗日正午,汗滴禾下土","遍身罗绮者,不是养蚕人","九九八十一,穷汉受罪毕"①,让家人教给小儿"且读且唱",让他从小就懂得稼穑之艰难、民生之疾苦,由此滋养悲悯悱恻之情。他还在《七歌》中自述叔叔对他的教育,追忆了叔叔对自己犹如亲生般的护爱,但并非赞扬对侄儿的"倦书逃药"都包庇的教育方法。当然,这也不妨说是郑板桥以自己切身的体会从另一方面要求弟弟教侄儿以衬托如何加强家庭教育。

家庭教育的主要对象自然是儿童,只是在郑板桥的理念中,家庭教育其实是一个体系性的范畴,不仅是儿女,即使是妻子、婢妾、仆妇,家庭中的每一个成员,都应该不断接受教育,都应该为营造一种文化氛围和康成家风而努力。郑板桥写给弟弟的每一通家书,也都是对弟弟的教育,他在诗歌中所描述的"自写簪花教幼妇,闲拈玉笛引双鬟""荆妻试砚磨新墨,弱女持笺索楷书"等景象,也都贯穿着他的教育理念。当然,毫无疑问,郑板桥在潜意识中自认为是教育者,其他人都是受教育者,颇有一点居高临下的意味。不过,那个时代教育资源匮乏,民众受教育程度普遍低下,学有所成者毕竟凤毛麟角,郑板桥有如此意识,倒也无可厚非,而他始终自觉地承担起教育者的责任,则是难能可贵的。

对于塾馆教育,郑板桥有多年的塾师体验,也留下不少描述塾馆生活的诗歌,如"萧骚易惹穷途恨,放荡深惭学俸钱","课少父兄嫌懒惰,功多子弟结冤仇","山茗未赊将菊代,学钱无措唤儿回。塾师亦复多情思,破点经书手送来。"②这些诗歌,或述为人师表者做得不够,有愧学生束脩;或述塾师地位低下,处境尴尬;或述尽责的塾师将"经书"破点好

---

① 此四首绝句,第一首为唐聂夷中《咏田家》上半首,第二首为唐李绅《悯农》,第三首为北宋张俞《蚕妇》,第四首为郑板桥家乡兴化流行的民歌。

② 郑燮:《村塾示诸徒》《教馆诗》《窘况为许衡州赋》,本社编:《郑板桥集》,上海古籍出版社1979年版,第34、198、102页。

亲自送给因无钱而辍学的学生在家补课,其主角无论是否郑板桥自己,都打着郑板桥塾师生涯的深刻烙印。这三首塾师诗,描述塾师的乐趣、塾师的辛酸和塾师的感人品质,都在强调塾师在塾馆中的重要,而他们也确实是塾馆教育中的关键因素。

郑板桥父亲是塾师,自己曾经从塾师学,当塾师多年,见过不少塾师,也在科举途中一路拜了老师,如少年时的塾师陆种园、考举人时的"乡试房师"楼兰亭、考进士时的会试座师鄂太傅等。他深知老师之重要,良师之不易得,也对培育他成长的师尊满怀尊崇。由此,他在家书中强调"延师傅待同学,不可不慎",更对如何对待老师提出明确要求:

> 夫择师为难,敬师为要。择师不得不审,既择定矣,便当尊之敬之,何得复寻其短?吾人一涉宦途,即不能自课其子弟。其所延师,不过一方之秀,未必海内名流。或暗笑其非,或明指其误,为师者既不自安,而教法不能尽心;子弟复持藐忽心而不力于学,此最是受病处。不如就师之所长,且训吾子弟之不逮。如必不可从,少待来年,更请他师;而年内之礼节尊崇,必不可废。①

审慎择师是人之常情,只是一旦选择定了就要始终尊师,不能暗笑其非,明指其误,尤其是不能当子弟面议论老师。即使实在不能从其学习,也不可中途更换,其间的俸钱、礼节、尊崇仍要照旧。郑板桥把择师敬师说得如此周到透彻,有一种感同身受的亲切坦诚,其中融入了他的切身体会,也在瞧不起塾师、嘲笑塾师的世俗风气中极有针对性。

郑板桥深深懂得教育一事不能只限于家庭和塾馆,不能只是"闭户读书",最终还是要以社会为课堂,以天地万物为教材,在读万卷书、行万里路的过程中提升自己、开阔自己、成就自己。

他在《板桥自叙》中说:"板桥非闭户读书者,长游于古松、荒寺、平沙、远水、峭壁、墟墓之间。然无之非读书也。求精求当,当则粗者皆精,不当则精者皆粗。思之,思之,鬼神通之!"②他又说:"诚知书中有书,书外有书,则心空明而理圆湛,岂复为古人所束缚,而略无张主乎!

① 郑燮:《潍县寄舍弟墨第三书》,本社编:《郑板桥集》上海古籍出版社 1979 年版,第 19 页。
② 郑燮:《板桥自叙》,本社编:《郑板桥集》,上海古籍出版社 1979 年版,第 178 页。

岂复为后世小儒所颠倒迷惑,反失古人真意乎!"①这里,郑板桥所指的读书显然不再限于经史子集等各种有字之书,而是大千世界万事万物,读懂这种无字之书,并随时接受它们对自己的触动和启发,从而将有字之书和无字之书融为一体,不受古人束缚也不受腐儒迷惑,形成独到的判断和发现,是读书的最高境界。这里,郑板桥不是在谈人在走上社会之后的继续教育问题,而是谈人如何在社会的大课堂上随时随地接受教育并成就自己的问题。站在教育的立场,这或许是对教育问题的泛化,但站在人的立场,则是对教育问题的深化。在谈到自己学画的经历时,郑板桥将此点说得更加具体:"余少时读书真州之毛家桥,日在竹中闲步。"②即使"闲步""散步",郑板桥也在不停地观察感受,在水浅沙明、日影天光中去领略大自然的妙处,去捕捉大自然的诗情画意,从而形成对诗艺画意的感悟。在这样的过程中,郑板桥自己觉得收获很多。

第三,读书方法。在教育中,从师学习是重要的,但自己读书仍然是各种学习中分量最多、最为重要的。郑板桥对此作了多方面的思考,留下大量谈读书的诗文和评论,也构成郑板桥教育思想中的一个重要方面。

读书之要,首在读什么书。郑板桥认为要读"日月经天,江河行地"的大书,不可读"风云月露之辞,悖理伤道之作"。这样的大书读多读深,便可"明理范世",便可养"天地凛然浩然之气","处而正心诚意,出而致君泽民"。他特别赞赏"六经",认为"六经之文,至矣尽矣,而又有至之至者,浑沦磅礴,阔大精微,却是家常日用,《禹贡》《洪范》《月令》《七月流火》是也。当刻刻寻讨贯串,一刻离不得"。他并告诉弟弟:"《四书》之上有《六经》,《六经》之下有《左》《史》《庄》《骚》,贾、董策略,诸葛表章,韩文杜诗而已,只此数书,终身读不尽,终身受用不尽。"③对这些该读的书,他又多次强调、分析、补充,乃至以佛法中的大乘法、小乘法作喻,以深化对前贤经典的认识。他说:"文章有大乘法,有小乘

---

① 郑燮:《范县署中寄舍弟墨第三书》,本社编:《郑板桥集》,上海古籍出版社 1979 年版,第 11 页。

② 郑燮:《为马秋玉画扇》,本社编:《郑板桥集》,上海古籍出版社 1979 年版,第 158 页。

③ 郑燮:《焦山别峰庵雨中无事书寄舍弟墨》,本社编:《郑板桥集》,上海古籍出版社 1979 年版,第 7 页。

法。大乘法易而有功,小乘法劳而无谓。"上述名贤之作乃"大乘法也。
理明词畅,以达天地万物之情,国家得失兴废之故"。其中,他再三推崇
杜甫诗歌,认为"少陵诗高绝千古,……只一开卷,阅其题次,一种忧国
忧民忽悲忽喜之情,以及宗庙丘墟,关山劳戍之苦,宛然在目。其题如
此,其诗有不痛心入骨者乎!……故其诗信当时、传后世,而必不可
废",并具体指出:"少陵七律、五律、七古、五古、排律皆绝妙,一首可值
千金。板桥无不细读,而尤爱七古,盖其性之所嗜,偏重在此。……大
哉杜诗,其无所不包括乎!"①比起上述大乘法的经典,"六朝靡丽、徐、
庾、江、鲍、任、沈小乘法也。取青配紫,用七谐三,一字不合,一句不酬,
拈断黄须,翻空二酉。究何与于圣贤天地之心,万物生民之命?"大乘、
小乘只是最粗略的分类,实际上有许多混杂和变化,要善于区分辨别。
郑板桥注意到,有些本该归入大乘而终于落入小乘,有些则相反:"司马
相如,大乘也,而入于小乘,以其逞词华而媚合也。李义山,小乘也,而
归于大乘。如《重有感》《随师东》《登安定城楼》《哭刘蕡》《痛甘露》之
类,皆有人心世道之忧,而《韩碑》一篇,尤足以出奇而制胜。"郑板桥也
注意到,即使亲如父子兄弟,其为文品格的大小乘也不可一概而论:"曹
氏父子,萧家骨肉,一门之内,大小殊轨。曹之丕、植,萧之统、绎,皆有
公子秀才之气,小乘也。老瞒《短歌行》,萧衍《河中之水歌》,勃勃有英
气,大乘也。彼虽毒蛇猛兽,要不同于蟋蟀之鸣,蛱蝶之舞;而况麒麟鸾
凤之翔,化雨和风之洽乎!"②显然,胸怀博大、言近旨远的,关乎"圣贤天
地之心,万物生民之命"的,属于"大乘法",而仅仅逞才使气、雕琢词藻
的,则只能归入"小乘法"。前者有麒麟鸾凤之翔、化雨和风之洽,吞云
吐雾,煌煌大者,即使是毒蛇猛兽,也与后者的蟋蟀之鸣、蛱蝶之舞有云
泥区别。此处,郑板桥判断大小乘的关键之点,是在主旨的家国情怀、
内容的厚重郁勃和风格的刚健沉雄,这符合儒家的经世济民之道,气象
阔大,"勃勃有英气"。

　　作为一个笃信儒家学说的读书人,总体上郑板桥对四书五经等儒

① 郑燮:《板桥自序》,本社编:《郑板桥集》,上海古籍出版社 1979 年版,第 186 页。
② 郑燮:《与江宾谷、江禹九书》,本社编:《郑板桥集》,上海古籍出版社 1979 年版,第 191 页。

第五章　观念与思想

家经典是相当崇信的，而且反复吟诵烂熟于心，但发人深思的是，对被视为儒家正统的宋明理学，郑板桥却认为其价值相当有限。他说："贾、董、匡、刘之作，引绳墨，切事情。至若韩信登坛之对，孔明隆中之语，则又切之切者也。理学之执持纲纪，只合闲时用着，忙时用不着。"①郑板桥指出，理学只能用于承平之世的维护社会秩序，而无法应对大变革大动荡时代的社会需求，换句话说，在转折或动荡关头，它无法提供符合社会需要的思想资源和有效的治理逻辑。评价虽然很含蓄、很笼统，但恰恰因为这是没有限定条件的总体判断，所以它指向了理学整个的思想体系。这样的判断，对于一个崇奉儒家的人来说是相当大胆的，这显然得益于郑板桥对中国历史的深刻解读，也得益于郑板桥多年的宦海经验。

读书之要，次在如何读书。郑板桥认为，重要的经典需要精读，精读的书要"用志不分，乃凝于神"，反复诵读，烂熟于心。郑板桥以自己的读书体验为例，说："人咸谓板桥读书善记，不知非善记乃善诵耳。板桥每读一书，必千百遍。舟中、马上、被底，或当食忘匕箸，或对客不听其所语，皆记书默诵也。书有弗记者乎？"②他曾将《四书》全部默写出来，"虽字有真草讹减之不齐，而语句之间，实无毫厘错谬。固诵读之勤，亦刻苦之验也。"③这里的第一个关键词是"诵读"。诵读的过程并不是简单的熟记过程，而是更高层面的理解过程，在此过程中需要全身心投入，调动自己所有的知识积累和人生阅历进行验证、追问，从而深入肌理洞幽烛微。在诵读的过程中潜藏的第二个关键词是"自树其帜"。验证、追问的过程必定是以我的知识和经验为前提，为依据，为主导，得出的结论自然可以做到不从世俗人云亦云，可以做到"自出眼孔"，有自己的发现和独到的见解。郑板桥之反复强调"有学而无问，虽读书万卷，只是一条钝汉尔"；"竖儒之言，必不可听，学者自出眼孔，自竖脊骨读书可尔"；"我辈读书怀古，岂容随声附和乎"；"读书要有特识，不可依

---

① 郑燮：《板桥自叙》，本社编：《郑板桥集》，上海古籍出版社 1979 年版，第 177—178 页。
② 郑燮：《板桥自叙》，本社编：《郑板桥集》，上海古籍出版社 1979 年版，第 176 页。
③ 郑燮：《四子书真迹序》，本社编：《郑板桥集》，上海古籍出版社 1979 年版，第 182 页。笔者核查，郑板桥所默《四书》尚有"毫厘"之差，此或板桥记忆之误，抑或版本之误。

样葫芦。而特识又不外乎至情至理",其用意正在于此。《清史列传·郑燮传》说郑板桥"读书饶别解",也就是说,他的判断和评价经常独出机杼,不与人同,这确实点出了郑板桥读书的特点。

对待前人之书没有选择地普遍阅读、对所读之书不分精粗地一律牢记,仅以多读、熟记为能事,甚至以"过目不忘"自炫,这类人被郑板桥不屑地称为"呆子""蠢材""钝汉""破烂橱柜"。他挖苦道:"《五经》《廿一史》《藏》十二部,句句都读,便是呆子;汉魏六朝、三唐、两宋诗人,家家都学,便是蠢才。"①"读书以过目成诵为能,最是不济事。眼中了了,心下匆匆,方寸无多,往来应接不暇,如看场中美色,一眼即过,与我何与也。……若一部《史记》,篇篇都读,字字都记,岂非没分晓的钝汉!更有小说家言,各种传奇恶曲,及打油诗词,亦复寓目不忘,如破烂橱柜,臭油坏酱悉贮其中,其龌龊亦耐不得。"②这种人读书,因为没有主体的投入,没有个人的思考,且不说不可能有发现有创新,甚至做不到立定脚跟,而只能人云亦云随风俯仰,"如扬州人学京师穿衣戴帽,才赶得上,他又变了"③般的可笑。所以郑板桥强调,与重要的经典"不当忘"相反,其他的一般性著作读过就"当忘","当忘者不容不忘,不当忘者不容不不忘耳"④。郑板桥特地介绍自己的读书体验:"板桥居士读书求精不求多,非不多也,唯精乃能运多,徒多徒烂耳。"⑤由此可见,郑板桥抓住了根本、精要,便可以提纲挈领,举一反三,便可以以此为基点推衍四方,运用随心。

基于此,郑板桥把他所推崇的读书方法做了一个概括,他说:"善读书者曰攻、曰扫。攻则直透重围,扫则了无一物。"⑥。这就是说,聚焦一点深入钻研,则可一针见血入木三分,发前人所未发;抓住精要登高望远,则可纵横古今一览众山,不受时风左右。郑板桥没有明说却属题中之义的是,前者为"精",后者为"多","精"是"多"的前提和根本,"多"是

① 郑燮:《随猎诗草、花间堂诗草跋》,本社编:《郑板桥集》,上海古籍出版社1979年版,第174页。
② 郑燮:《潍县署中寄舍弟墨第一书》,本社编:《郑板桥集》,上海古籍出版社1979年版,第15—16页。
③ 郑燮:《与江宾谷、江禹九书》,本社编:《郑板桥集》,上海古籍出版社1979年版,第192页。
④ 郑燮:《四子书真迹序》,本社编:《郑板桥集》,上海古籍出版社1979年版,第182页。
⑤ 郑燮:《板桥自序》,本社编:《郑板桥集》,上海古籍出版社1979年版,第186页。
⑥ 郑燮:《随猎诗草、花间堂诗草跋》,本社编:《郑板桥集》,上海古籍出版社1979年版,第173页。

"精"的应用与发挥。

郑板桥这些读书经验未必完全正确,更未必适用于每人,但确是他的肺腑之言、经验之谈,是认识分析他的教育思想的最好资料。他的读书当"求精不求多"的看法,他的学者当"自树其帜""自出眼孔"的主张,他的理学著作"闲时用着,忙时用不着"的观点,都是发人深省的,可供每一个读书人、每一个受教育者参考。

第四节　扬清激浊说妇女

郑板桥的生活中,除了母亲、继母、乳母,前后两任妻子及小妾饶氏、女儿及佣妇而外,还出现过不少女性。这些女性有的是青梅竹马,有的是红粉知己,有的是惊鸿一瞥,有的是萍水相逢。与她们交往,郑板桥并不介意发生点风流韵事,甚至直接纳入房中,以至于在袁枚笔下留下了"多外宠""闻者笑之"的记载。当然,作为读书人,他自然也从史书、笔记和诗文中,对历史上的女性有所认知,作为县令,他对治下的女性也有近距离的观察。由此,考察郑板桥的女性交往经历并探究他对女性的态度,亦是不惟无益之事。

郑板桥对他的母亲,包括后母和乳母都怀有深厚的感情,在《七歌》《乳母诗》等诗文中深情怀念她们的养育之恩;在《细君》《雨中》《贫士》《怀扬州旧居》《贺新郎·赠王一姐》《踏莎行·无题》《酷相思·本意》《贺新郎·有赠》《板桥偶记》等众多诗文中,郑板桥描绘了许多温馨的家庭生活场景,对妻子、小妾饶五姑娘,以及初恋王一姐也都怀有真诚美好的情感。这些,我们在叙述郑板桥生活经历的时候已经做了比较充分的展开,不再赘述。她们都是郑板桥的亲人或与之感情深厚之人,从一般意义上讲,无法成为观察郑板桥对于女性态度的最理想对象,所以暂且把她们搁置一边。

撇开那些与郑板桥关系密切者,我们还是可以看到许多他对佳人的怜惜眷恋。这些诗作,有的写对歌儿的思念,有的写对佳人不幸遭遇的感伤,在缠绵的思绪、刻骨的相思和衷心的祝愿中,寄寓着对人间美好感情的肯定和对世事沧桑的无限感慨。

郑板桥情感丰富，有着艺术家的"好色"本能，他对女性怜惜眷恋的情愫不仅倾注在亲人身上，也倾注到偶然飘来的落花之上。他有一首词便写他的惊鸿一瞥：

> 绿杨深巷，人倚朱门，不是寻常模样。旋浣春衫，薄梳云鬓，韵致十分娟朗。向芳邻潜访，说自小青衣，人家厮养。又没个怜香惜媚，落在煮鹤烧琴魔障。顿惹起闲愁，代他出脱千思万想。　　究竟人谋空费，天意从来，不许名花擅长。屈指千秋，青袍红粉，多少飘零肮脏。且休论已往，试看予十载醋瓶齑盎。凭寄语雪中兰蕙，春将不远，人间留得娇无恙，明珠未必终尘壤。①

　　这首词叙事、抒情、议论兼备，说自己在绿杨深巷一家朱门前看到一个"韵致十分娟朗"的女子，向邻人打听之下，得知是一个青衣婢女，主子却是一个不懂"怜香惜媚"的"魔障"，一个"煮鹤烧琴"的薛蟠式人物。这让郑板桥立刻动了要救她出火坑、让名花得其所的护花心思，可"千思万想"，"究竟人谋空费，天意从来，不许名花擅长"。他感慨万千，从千秋以来有多少美人零落成泥，联想到自己十年来日子何尝顺畅，发出"同是天涯沦落人"的深深叹息。感伤之余，郑板桥只能寄托未来，"明珠未必终尘壤"是希望，是祝福，是鼓励，其实也是无奈地自我宽慰。郑板桥这次所遇所感大不同于杜牧《叹花》的"自是寻春去校迟，不须惆怅怨芳时。狂风落尽深红色，绿叶成阴子满枝"，他不是伤心自己失去了一段艳遇，而是眼看佳人所遇非人却护花无术，这才是郑板桥伤心之所在。而"天意从来，不许名花擅长"，"明珠未必终尘壤"的感慨，既是在说佳人的命运，也在其中蕴含着郑板桥自己的身世之痛和对人间不平的愤慨。

　　在郑板桥看来，美女国色，最好如虞姬般"英雄骏马与美人"，虽然青春暂忽红颜早夭却是得其所哉，即使不能遇到项王这样顶天立地的英雄，若能遇上"怜香惜媚"者也是不错，落在"煮鹤烧琴魔障"的手中，让人不忿，最是伤心。这不是对别人拥有艳妻的妒忌觊觎，而是对人间

① 郑燮：《玉女摇仙佩·有所感》，本社编：《郑板桥集》，上海古籍出版社1979年版，第142页。

美好事物遭到摧残的不平和惋惜。

这种爱美、护花而并非只求自己拥有的态度,在郑板桥面对歌妓时坦陈无遗:

> 玉笛声迟,琵琶索缓,几回欲唱还停。拈花微笑,小立绣围屏。待把金尊相劝,又推辞宿酒还醒。秋堂静,露华悄悄,银烛冷三更。
>
> 轻轻喉一转,未曾入破,响迸秋星。又低声小叠,暗衮柔情。试问青春几许,是莫愁未嫁芳龄。吾惭甚,髭黄鬓苦,未敢说销魂。[①]

词作写的是在一次筵席上见到一个色艺双优而又情致可人的"歌儿"。在玉笛、琵琶的演奏中,她拈花微笑,婉曼轻歌,"响迸秋星"的歌声胜过白居易当年遇见的琵琶妇,"暗衮柔情"的媚人韵致不亚于杜牧的"卷上珠帘总不如"。面对这样"豆蔻梢头"的妙龄少女,郑板桥尽管心怀艺术家的"好色"本能,却也知自己"髭黄鬓苦",还是爱护珍惜美好的事物,不愿暴殄天物。

当然,不必讳言,郑板桥有不少风流韵事,他曾写自己落魄时"乞食山僧庙,缝衣歌妓家"[②],可见他与一些歌妓关系非同一般。他有词记录他在妻妾之外与别人的床笫之欢:

> 韵远情亲,眉梢有话,舌底生春。把酒相偎,劝还复劝,温又重温。　柳条江上鲜新,有何限莺儿唤人。莺自多情,燕还多态,我只卿卿。[③]

词的受赠者很可能是个妓女,因为词里的她表情丰富,眉眼会说话,更善辞令,而且欢场技巧娴熟,"把酒相偎,劝还复劝,温又重温"。这位陪酒女不是如李白诗中那位普通的"吴姬压酒唤客尝"者,或许是富商专门请来陪侍郑板桥的,因而郑板桥对她也就不同于那些"莫愁未嫁芳龄"的歌儿,也就放浪形骸"卿卿"一番,连室外的柳舞莺啼都无暇

164

---

① 郑燮:《满庭芳·赠歌儿》,本社编:《郑板桥集》,上海古籍出版社1979年版,第144—145页。
② 郑燮:《落拓》,本社编:《郑板桥集》,上海古籍出版社1979年版,第46页。
③ 郑燮:《柳梢青·有赠》,本社编:《郑板桥集》,上海古籍出版社1979年版,第131页。

顾及。不过，从诗词中可以看到，对这些欢场女子，郑板桥并未如杜牧《遣怀》"十年一觉扬州梦，赢得青楼薄幸名"，倒也投入了真感情，有的还始终惦记在心头，《寄招哥》诗就是一例：

> 十五娉婷娇可怜，怜渠尚少四三年。
> 宦囊萧瑟音书薄，略寄招哥买粉钱。①

郑板桥在自述《道情十首》的创作情况时曾说："道情十首""传至京师，幼女招哥首唱之"②，可知这个"招哥"是京师的一个歌女，就像能唱《琵琶行》的歌女受到白居易青睐一样，因为她首唱郑板桥的《道情》，所以郑氏对她格外青眼，始终记挂着这个"十五娉婷娇可怜"的小歌女，多年后还从远方"略寄招哥买粉钱"。由此可知，郑板桥对这些歌妓舞娘的态度是随着"知己"之感而深深镌在心上的。

对这些歌儿、舞女，郑板桥是惊其艺、感其情而不迷其色，即使在"销魂当此际"时也不失分寸。他检讨自己说："自知老且丑，此辈利吾金币来耳。有一言干与外政，即叱去之，未尝为所迷惑。"③此话说得直爽斩截，向他索要钱财书画没有问题，但如果有所请托，想用"美人计"来"干与"他的"外政"，则显心机而猥琐，有赚人入局之嫌，是磊落干净、我行我素的郑板桥最厌恶的行为，不能容忍。这就是板桥本色。

综上可知，郑板桥在情爱问题上对待女性的态度可以归纳为：一是不反对纳妾但反对强纳，更反对使用蛮力拆散别人。他赞赏顾姓代弟买妾时，得知该女有夫，就返金让其团圆，就是一个例子；二是不介意流连欢场周旋歌儿舞女，但不愿被她们迷惑，更不能容忍被她们左右；三是分得清主次轻重，在情和色并列时重情义轻美色；在美色和财富并列时重美色轻财富；在节义和缠绵并列时重节义轻缠绵；在才艺和贞操并列时重才艺轻贞操。总之，他好色而不淫且愿护花，特别看不得佳丽所遇非人，"怜香惜媚"不为自己，而是愿佳人各遂心意。无论美女才女抑或丑女佣妇，他希望各得其所，适得其人。

---

① 郑燮：《寄招哥》，本社编：《郑板桥集》，上海古籍出版社 1979 年版，第 77 页。
② 郑燮：《刘柳村册子》，本社编：《郑板桥集》，上海古籍出版社 1979 年版，第 188 页。
③ 郑燮：《板桥自叙》，本社编：《郑板桥集》，上海古籍出版社 1979 年版，第 176 页。

郑板桥对女性风流疏狂的态度，颇与魏晋人物行事、观点相近。《世说新语》所载那些名门闺秀，思想都颇为活泼，她们在意女性的德与韵致，而"德"指助人、助夫、察世，并不指贞操，不认为再嫁、外遇是奇耻大辱。男子更是如此，对女性的赞赏也在德、韵、能，而不是贞洁。所以魏晋名士被视为"狂""诞"，其风流韵事常被传为美谈。郑板桥个性真率不拘形迹，对魏晋风度极为心仪，曾说自己"束狂入世犹嫌放"，他对女性的看法正是"狂"的一个表现。

脱开那些与郑板桥有直接接触的女性，从更大的范围来看，郑板桥对女性的看法比较客观也更加理性，有许多可取之处。

首先，他赞扬女性勤苦。郑板桥在诗文中多处赞美劳动妇女，所关注者有田家女，有"采桑娘""渔婆""山妻"等等，其中反复推崇的是织女。《七夕》二首称天上人间都认同织女辛苦，一年一度鹊桥相会，相爱而不能相守，受尽离愁之苦，似是咏"七夕"诗词的传统套路。其实，牛郎织女在郑板桥心中是别有意味的，他在给金农的信中说：

> 赐示《七夕诗》，可谓词严义正，脱尽前人窠臼，不似唐人作为一派亵狎语也。夫织女乃衣之源，牵牛乃食之本，在天星为最贵，奈何作此不经之说乎？如作者云云，真能助我张目者，惜世人从未道及，殊可叹也。①

郑板桥一直认为将织女牛郎只当作离人思妇来歌咏是"不经之说"，是亵渎了他俩所蕴含的"衣之源""食之本"的价值，金农的诗正道出了郑板桥的心意。这在家书中也有道及：

> 尝笑唐人《七夕》诗，咏牛郎织女，皆作会别可怜之语，殊失命名本旨。织女，衣之源也，牵牛，食之本也，在天星为最贵，天顾重之，而人反不重乎！其务本勤民，呈象昭昭可鉴矣。吾邑妇人，不能织绸织布，然而主中馈，习针线，犹不失为勤谨。②

这段话其实是对《与金农书》的发挥，"在天星为最贵"，"天顾重之，

---

① 郑燮：《与金农书》，本社编：《郑板桥集》，上海古籍出版社 1979 年版，第 195 页。

② 郑燮：《范县署中寄舍弟墨第四书》，本社编：《郑板桥集》，上海古籍出版社 1979 年版，第 13 页。

而人反不重乎"，是对织女的最高赞词，是对劳动妇女的最高赞词。在郑板桥的意识中，妇女不论尊卑美丑，不论家世身份，不论艺高技低，只要能持家勤谨，就符合天重织女之意，就是善良本色。于是，在郑板桥笔下，"养蚕忙杀采桑娘"，"笑山妻涂粉过新年"①，"面上春风眼上波，秧歌高唱扮渔婆，不施脂粉天然俏，一幅缠头月白罗"②，虽是村妇粗女，但健康快乐天趣自然，诗歌在谐趣中洋溢着对她们的敬意和爱心。

其次，他辨诬女祸误国。郑板桥不反对女色，并不认为近女色会误事，他还说过自己"迷花顾曲，偶一寓意可耳"③。他常常感慨佳人的命运始终受到男性的操控，是男性的宠物也是男性欲望的受害者，却还要被诉"红颜祸水"承担男性泼来的污水。在游历江宁的时候，面对六朝遗迹，郑板桥以一组《念奴娇》词，反复为女性抱不平：

> 假使夷光，苎萝终老，谁道倾城哲？王郎一曲，千秋艳说江楫。

> 前殿金莲，后庭玉树，风雨催残骤。……桃叶身微，莫愁家小，翻借词人口。风流何罪？无荣无辱无咎。

> 井底胭脂联臂出，问尔萧娘何处？清夜游词，后庭花曲，唱彻江关女。词场本色，帝王家数然否？

> 弘光建国，是金莲玉树，后来狂客。草木山川何限痛，只解征歌选色。④

郑板桥认为，如果西施终老苎萝山下，谁会知道她倾国倾城？同理，如果不是因为王献之的《桃叶歌》，有谁认识桃叶？而莫愁女之不幸不也是源于梁武帝觊觎她的美色吗？那陈后主、隋炀帝，乃至弘光帝，这些亡国之君"征歌选色"，明明是他们自己醉生梦死荒淫无度，是"帝

---

① 郑燮：《田家四时苦乐歌》，本社编：《郑板桥集》，上海古籍出版社 1979 年版，第 140 页。
② 郑燮：《潍县竹枝词四十首》，周积寅、王凤珠《郑板桥年谱》，山东美术出版社 1991 年版，第 339 页。
③ 郑燮：《板桥自序》，本社编：《郑板桥集》，上海古籍出版社 1979 年版，第 187 页。
④ 郑燮：《念奴娇》之《桃叶渡》《莫愁湖》《胭脂井》《弘光》，本社编：《郑板桥集》，上海古籍出版社 1979 年版，第 133—137 页。

王家数",与"色"何干？就此,"风流何罪"？女性根本上是"无荣无辱无咎"。正如花蕊夫人在《述国亡诗》中所说:"君王城上竖降旗,妾在深宫哪得知。十四万人齐解甲,宁无一个是男儿。"郑板桥主张男人须"好色有道",即可以好色,但也应该站在女性的立场替她们着想关心她们的幸福。在郑板桥看来,即使是曹操这样的成大事者,死前对自己身边美女的安排过于自私,也是有缺陷的,所以郑板桥以"若教卖履分香后,尽放民间作佳偶"的诗句予以指责。

第三,他称颂坚毅女德。郑板桥的诗中有一类妇女,她们或夫贫或夫殁,身陷困境,但她们从不放弃自己的家庭责任,或慰夫或抚孤或奉老,始终坚毅从容地面对生活磨难。她们完整地、完美地体现了女性作为妻子、母亲和媳妇的美德,让郑板桥发出了由衷的敬佩和赞美。贫士生活艰窘难以度日,去故人处"谋告"求助却空手而归。他满脸羞惭局促不安,可妻子没有一点埋怨,反而想方设法让夫君和孩子能够果腹:"谁知相慰藉,脱簪典旧衣。入厨燃破釜,烟光凝朝晖;盘中宿果饼,分饷诸儿饥。"①这种贫贱不移、百计谋家的糟糠之妻是贫士一家能够度过艰难的砥柱,可以视为郑板桥对普天下贫士之妻的贤良品质和持家能力的赞美。

如果丈夫去世了,只留下一个遗腹子,这些贫士之妻将会陷入更加艰难的境地,郑板桥有感于此,专门写下一曲"孀妇抚孤颂":

> 十年夫殁扃书簏,岁岁晒书抱书哭;
> 缥缃破裂方锦纹,玉轴牙签断湘竹。
> 孀妇义不卖藏书,况有孤雏是遗腹,
> 四壁涂鸦嗔不止,十日索墨五日纸;
> 学俸无钱愧塾师,线脚针头劳十指。
> 灯昏焰短空房黑,儿读无多母长织。
> 败叶走地风沙沙,检点儿眠听晓鸦。②

丈夫一死,家庭支柱倒了,经济来源没了,"抚孤"成为孀妇面临的

---

① 郑燮:《贫士》,本社编:《郑板桥集》,上海古籍出版社 1979 年版,第 62 页。
② 郑燮:《抚孤行》,本社编:《郑板桥集》,上海古籍出版社 1979 年版,第 41 页。

最大困难。要自己谋生,要抚育幼子成长,还要让幼子接受教育,她只能靠十指针线,十年来为儿子准备文房四宝,准备学费,陪伴儿子学习,日间晚上儿读母织直至黎明,就这样日复一日年复一年,无怨无悔默默奉献。这样的品质怎不令人肃然起敬?或许,郑板桥从中看到了自己后母的身影。

如果亡夫没有留下孩子,却留下一双年迈的父母,则孀妇又该当如何?郑板桥在《海陵刘烈妇歌》中给出了答案。诗前有小序:"烈妇夫武举,从左良玉阵亡,无后。妇誓奉公姑,待其终年,即自缢死。州人哀之,称为刘烈妇云。"全诗洋洋洒洒,以激情跌宕的笔墨抒写烈妇的事迹:"温言绪语慰翁媪,幽闺裂破绣罗裙;椎心一哭数斗血,纸钱飘去回秋云……翁殒媪殒妇即殒,宗祀无人妾何立? 拼将皓颈委红罗,要使芳魂觅沙碛。丈夫死国妻死夫,忠义不得转呼吸"[1]。这位烈妇强忍失夫之痛,坚持赡养双亲直到终其天年,然后殉夫从容自尽。这种深明大义的精神,正是郑板桥要歌颂的。今天看来,殉夫之举迂腐愚昧,无法认同,但在那个时代,歌颂中华妇女坚贞不屈的传统美德,却具有激励坚贞的正气。值得注意的是,小序中交代丈夫是在抗清名将左良玉军中阵亡,也是位抗清志士。联系诗句中的"丈夫死国妻死夫",和郑板桥在《六朝》诗中说的"南人爱说长江水,此水从来不得长",似能从中听到郑板桥心灵深处的声音。虽然不必强行认为郑板桥借此鼓吹反清意识,但如此歌颂一个抗清志士之妻并要世人"求其曹",恐怕是因为他心灵深处深受民族传统的影响。

第四,揭示妇女陋习。郑板桥注意到妇女在小农经济下形成的一些狭隘偏私的弱点,从教化的立场著诗加以揭示指责,希望引起人们重视以为借鉴。

姑媳不和在当时较为常见,姑婆常常作践媳妇,"姑恶"现象几成社会痼疾,《孔雀东南飞》里的阿母便是众所周知的典型。郑板桥对这一普遍的妇女社会问题表示憎恶摒弃,写下了长诗《姑恶》。他在诗前小序里交代:"古诗云'姑恶、姑恶,姑不恶,妾命薄'。可谓忠厚之至,得三

① 郑燮:《海陵刘烈妇歌》,本社编:《郑板桥集》,上海古籍出版社 1979 年版,第 29—30 页。

百篇遗意矣！然为姑者，岂有悛悔哉？因复作一篇，极形其状，以为激劝焉。"诗中有翁、姑、小妇、阿夫、邻居五人，分为三个阵营，一是虐待媳妇的恶姑，二是受恶姑迫害的小妇，三是同情小妇的翁、阿夫、邻居。诗中详细描写了婆婆折磨媳妇的穷凶极恶："今日肆詈辱，明日鞭挞俱。五日无完衣，十日无完肤。"媳妇被折磨得不想活，宁愿"饱食偿一刀，愿作牛羊猪"。而当翁、阿夫、邻居想表达一下对小妇的同情、改善一下小妇的境遇时，这个恶婆便大逞凶威，"执杖持刀锯""努目真凶屠"①，可见是何等的凶残变态。她的借口是，现在如不能降伏媳妇，将来媳妇就不会好好侍奉翁姑和丈夫。郑板桥认为，这种畸形的婆媳关系亟需改变，否则它会加重社会风气的恶劣，而且会成为恶性循环，带来许多人间悲剧和严重的社会问题。所以，郑板桥要写这首诗"以为激劝"，让"姑恶"无容身之地，让母性慈爱的美德得到充分发扬。

现实生活中，还有的妇女受金钱财产占有欲的驱使，迷失本性，丧失人伦道德，显示了人性中的丑陋一面。他在《孤儿行》中描写了孤儿寄人篱下的悲惨生活，也刻画了阿叔阿母的丑恶嘴脸："孤儿踯躅行，低头屏息，不敢扬声。阿叔坐堂上，叔母脸厉秋铮铮。"叔母板着面孔，一脸秋霜，全不念哥嫂的托孤之情，只想独霸家产，于是千方百计地折磨这个孤儿，让他吃猪狗食干牛马活，还要受家奴的欺负。老仆看不下去，告诉主人，阿叔叔母却置若罔闻，"终然不念茕茕孤"②。如此见利忘义，早已丧失了亲情和妇女的善良品质，也是妇女应摒弃的恶习。

总体而言，郑板桥对妇女的态度还是坚持儒家的正统思想，只是他结合社会现实和自己的切身体会，加以发挥深化，从而在教化中促进社会的安定和黎民的幸福。

---

① 郑燮：《姑恶》，本社编：《郑板桥集》，上海古籍出版社 1979 年版，第 95 页。
② 郑燮：《孤儿行》，本社编：《郑板桥集》，上海古籍出版社 1979 年版，第 91—92 页。

第六章　创作成就

郑板桥一生的创作,包括诗文、中国画和书法三个方面。这三个方面分属文学与艺术的不同学科和艺术学科内中国画、书法的不同方向,但它们作为人类外观宇宙天下、内察自我心灵的基本方式,虽有诉诸语言和诉诸图像的不同,但就描写生活、抒发情志的根本主旨而言,三者有着许多内在的共同性和共通性。它们都统一在郑板桥这同一个创作主体之下,都是郑板桥的思想倾向、精神人格和艺术冲动的反映。源于此,我们有可能把郑板桥诗文、中国画和书法两类三种创作方式,放入同一个分析框架进行整体的、综合的考察。

第一节　"慰"劳人与"为"劳人

在文艺创作的门类体裁上,郑板桥的创作以诗书画为主,同时兼及散文、小曲、楹联、篆刻等。上海古籍出版社版的《郑板桥集》中不含补遗,粗略统计有诗 210 题 288 首,词 72 题 81 阕,还有家书、《道情》等通俗文学、序跋碑记、书札等散文。此外,郑板桥还有楹联、篆刻等特殊体裁,以及大量的书法和绘画作品。当然,这些书画作品迄今存世有多少并无确数,坊间各类书法集、画集均没有给出数目,即使冠以"全集"之名,也没有一个准确的数字统计。极具板桥味的"配画诗"和他的"六分半书"书法艺术将在下文专门论述,这里对他的诗词、散文、楹联等含有文字的文学艺术分别作论述。

郑板桥涉及众多体裁和题材的创作,是因一时一地的具体缘由随意而作,呈散珠碎玉之态,还是有着内在的可把握可追寻的精神脉络,这是我们在探究郑板桥创作之前必须解决的问题。我们无法详尽各种可能,或者说无法把包括偶然性在内的各种因素整合到一起,但至少,为什么而创作,创作什么,如何创作,牵涉到郑板桥的创作目的、创作原则等一些基本问题,是需要我们首先面对的。

首先,需要考察的是郑板桥的创作动机。

从常识的角度,作为一个文人,郑板桥创作的首要动机是表达对天地万物、宇宙人生的看法,抒发自己的情怀。另外,郑板桥在入仕前和罢官后都存在着养家糊口的生计问题,于是为"稻粱谋"成为他创作的另一个重要动机。

郑板桥在《板桥偶记》中提起李鱓、金农等和他自己在扬州卖画,从事的是"笔租墨税",这正是稻粱之谋。不过,他在家书中又说:"愚兄少而无业,长而无成,老而穷窘,不得已亦借此笔墨为糊口觅食之资"①。其"不得已"三字,说明郑板桥认为"卖画糊口"是不得已而为之,也说明他对艺术创作的目的另有认识。他在家书中说:

> 写字作画是雅事,亦是俗事。大丈夫不能立功天地,字养生民,而以区区笔墨供人玩好,非俗事而何?②

可见,他向往的人生事业是大丈夫"立功天地,字养生民",并不倾慕"以区区笔墨供人玩好"。这些话也是写给他自己的。紧接着,他又举例:

> 东坡居士刻刻以天地万物为心,以其余闲作为枯木竹石,不害也。若王摩诘、赵子昂辈,不过唐宋间两画师耳!试看其平生诗文,可曾一句道着民间痛痒?设以房、杜、姚、宋在前,韩、范、富、欧阳在后,而以二子厕乎其间,吾不知其居何等而立何地矣!门馆才情,游客伎俩,只合剪树枝、造亭榭、辨古玩、斗茗茶,为扫除小吏作头目而已,何足数哉!何足数哉!

---

① 郑燮:《潍县署中与舍弟第五书》,本社编:《郑板桥集》,上海古籍出版社 1979 年版,第 22 页。
② 郑燮:《潍县署中与舍弟第五书》,本社编:《郑板桥集》,上海古籍出版社 1979 年版,第 22 页。

郑板桥在这里一口气举了十数人，这些人大体可分三类：

第一类为苏轼。在郑板桥看来，苏轼能被称为"大画家""大书法家"，是因为他有志于天下生民，"刻刻以天地万物为心"，只以"余闲作为枯木竹石"。这里，不仅体现了"业"与"余"之分，更主要是体现了人生目的和创作目的的"主"与"次"之分，是创作实践与现实关系的亲疏远近之分。郑板桥认为只有苏轼这样的人才够得上称为"雅士""名士"，也只有这样的人才值得他尊崇。郑板桥极其赞赏苏轼的画论，也常称自己的书法、绘画学自苏轼，道理恐怕就在这里。

第二类是"王摩诘、赵子昂辈"。唐代诗人王维是能诗善画的艺术大师，其诗富于画境，其画饱含诗意，被誉为"画中有诗，诗中有画"；元代松雪道人赵孟頫书法工行楷，画擅山水兼工人物，是南宗画派巨擘，诗文亦清逸可诵。他的书画风靡后代，影响深远，直到清朝皆为士子必学。但在郑板桥看来，这二人"不过唐宋间两画师耳"，因为他们平生诗文无"一句道着民间痛痒"，不过是"门馆才情，游客伎俩"，一帮清客而已。郑板桥之所以鄙视王维、赵孟頫，还因为郑板桥极为推崇士人的"气节"，而王维在"安史之乱"时曾投降安禄山，并写过歌颂安禄山的诗章，如此屈节颂贼为郑板桥所深恶。而身为宋宗室的赵孟頫屈身事元朝，"官翰林学士承旨"，如此背宗忘祖腆颜事敌，固然无法与壮烈殉国的史可法等相比，与清初的石涛、八大山人、髡残等人相比亦差之远矣。只是郑板桥心中厌恶，却不好明说也不敢明说，害怕再发生"此水从来不得长"诗被铲版的事件。不过，从郑板桥赞扬石涛、史可法那些气贯长虹的诗词中，可以看出他对坚持气节者的赞美和对失节者的贬斥。这一类人大节有亏，可称为人品不高的书画家。

第三类是唐宋时代的八位大政治家，都对国计民生作出了很大贡献。"房、杜、姚、宋"指唐朝的房玄龄、杜如晦、姚崇、宋璟四位名相。房玄龄、杜如晦在贞观年间共执朝政，促成了著名的"贞观之治"；姚崇、宋璟在玄宗"开元"年间先后执政为相，促成有名的"开元之治"，这四人对唐朝鼎盛局面起到了很大作用。"韩、范、富、欧阳"指宋朝的韩琦、范仲淹、富弼与欧阳修，他们都是北宋政绩卓著文章昭昭的执政者。韩琦、范仲淹在仁宗宝元、康定年间守边防御西夏，堪为国之干城，庆历年间又同时入朝执政,多有革新。或许因此之故,范仲淹的"将军白发征夫泪"和"先天下之忧而忧,后天下之乐而乐"的名句方流传千古。富弼在庆历三年(1043 年)与范仲淹共同执政,提出关于河北防御的十二策,对安定社稷起了很大作用,欧阳修更是当时政坛明星、文坛领袖,是众所周知的唐宋八大家之一,"文起八代之衰"的古文运动的重要健将。在郑板桥心中,这八个人都是"能立功天地,字养生民""刻刻以天地万物为心"的大丈夫,因之,他们的文章诗书画方才具有扛鼎的分量。郑板桥在这里列举他们,就是将其与王维、赵孟頫辈作比照的。比之这些巍巍高山、浩浩江海,王维、赵孟頫辈不过是一些"不知其居何等而立何地"的闲花野草、细流小溪,是"何足数哉"不足挂齿的。

由此可知,郑板桥认为,着眼于内容,创作若无关乎天下民生,即使技艺再高明也无非是一个庸碌的"画师"。也就是说,无论是抒发自己情志,还是为稻粱谋,两种创作动机在内容上应该归结于有益于国计民生。于是,这就引出了他的第三个创作动机。他在《恬然自适》的印跋中说:

> 三间茅屋,十里春风,窗里幽兰,窗外修竹,此是何等雅趣,而安享之人不知也。懵懵懂懂,绝不知乐在何处。惟劳苦贫病之人,忽得十日五日之暇,闭柴扉,扫竹径,对芳兰,啜苦茗,时有微风细雨,润泽于疏篱仄径之间,俗客不来,良朋辄至,亦适然自惊,为此日之难得也。凡吾画兰画竹画石,用以慰天下之劳人,非以供天下之安享人也。①

郑板桥根据对难得遇到的美雅境界的不同感受,将"安享人"和"劳苦贫病之人"进行对比。"安享人"早已习惯了世俗庸常,以歌吹宴饮、淫乐荒唐为极乐极趣,正如枚乘《七发》所云:不知皓齿蛾眉乃伐性之斧、甘脆肥浓乃腐肠之药,所以他们自然不懂真正的雅趣乐事,面对美景佳境也懵然"不知乐在何处"。唯有"劳苦贫病之人"方能与自己心意相通,懂得"闭柴扉,扫竹径,对芳兰,啜苦茗,时有微风细雨,润泽于疏

---

① 郑燮:《怡然自适》,卞孝萱编:《郑板桥全集》,齐鲁书社 1985 年版,第 457 页。

篱仄径之间,俗客不来,良朋辄至"的雅趣,欣赏这天时、地利、人和三者具备的赏心乐事。郑板桥深知这一刻得来不易而倍加珍惜。为了更好地领略、更为久远地记忆这雅趣乐事,并因之推己及人,要使天下人知我之乐并与我同乐,自然而然地萌发了创作念头,也更加明确自己是为谁而创作,于是奋笔写下"凡吾画兰画竹画石,用以慰天下之劳人,非以供天下之安享人也"。

何谓"劳人"? 此概念与今天所指的"劳动人民""工农兵知识分子"等不能简单地画等号,郑板桥的"劳人"是相对于"安享人"而言的。郑板桥附录的陆种园词中有"吾辈无端寒至此,富儿何物肥如许"①之句,"吾辈"即"劳人",富儿即"安享人"。换言之,"安享人"即为富鲜仁者,所有食利而肥、不劳而获的社会寄生虫都属于"安享人",而"劳人"即劳作之人,所有需要付出体力和智力的劳苦"农工商士",包括像郑板桥这样的清寒读书人都属于"劳人",是"劳人"就可进入郑板桥用创作来慰藉的行列。在三百多年前的清朝,郑板桥能明确提出这样的创作目的,是难能可贵的。

可以看出,郑板桥"述怀"的主体内容是述"立功天地""字养生民"之怀,道民生疾苦之怀,于是述怀与"慰天下之劳人"有了内在的一致性,核心是"慰天下之劳人"。由此,似乎"稻粱谋"溢出了这个核心,不过这还需要作进一步分析。郑板桥为稻粱谋的"卖画糊口"是不得而已,并非出自内心的创作目的。在内心深处,他将糊口之作与"慰天下之劳人"之作区别开来,对二者的看法还是有高下之别的。他称糊口之术为求生之术、为生之术,能利人的才是活人之术。他在赠友人的印章"活人一术"中作铭曰:

> 诗书六艺,皆术也。生两间而为人者,莫不治一术以为生,然弟赖此以生,而非活人之术。有术焉,疾痛困苦,濒亡在即,而以术治之,无不安者,斯真活人之术矣。吾友蕉衫,博学多艺,更精折肱之术,因为之作此印,并贻以颂曰:存菩提心,结众生缘,不是活佛,便是神仙。②

① 郑燮:《满江红·田家四时苦乐歌》,本社编:《郑板桥集》上海古籍出版社 1979 年版,第 141 页。
② 郑燮:《活人一术》,卞孝萱编:《郑板桥全集》,齐鲁书社 1985 年版,第 456 页。

在郑板桥看来：艺术也是一种"技能"，生于天地之间的人都要"治一术"作为谋生之用，然而只能满足自己个人或一家人衣食之资的"术"是低层次的，只有它同时又是"活人之术"，能够成为有利他人的"活民之术"甚至"活国之术"才是高层次的，才是值得称道的。郑板桥推举友人蕉衫的医道：当别人"疾痛困苦，濒亡在即，而以术治之无不安者，斯真活人之术矣"。中国传统中有不为良相即为良医之说，意思是做不了良相无法医国还可以做个良医去医人，其旨趣还是推崇为国为民的精神，郑板桥此话的弦外之音也是在这里。可见，在郑板桥的思想中，艺术要能为国为民才能称为高层次的。当然，仁人志士都应该既掌握谋生之术又掌握救人之术，进可从谋生之术拓展到济世，用以安邦治国，退则足以谋生，即儒家所谓的"达则兼济天下，穷则独善其身"。但进也罢退也罢，所操之术都应统一在一个大原则下：既为己也为人，在为人中为己，"存菩提心，结众生缘"，果如此，"不是活佛，便是神仙"了。

至此，我们可以清楚地看到，即便是为稻粱谋，郑板桥也不甘心不满足于仅仅糊口，而是努力将其提升到高层次，纳入"慰天下之劳人"的艺术创作目的。就此，郑板桥艺术创作的三个动机都形成了内在的相关性和趋同性，而其佳作更能够将三者融为一体。譬如他的题有"衙斋卧听萧萧竹"的墨竹图，到底是述怀，还是稻粱之谋，抑或是"慰天下之劳人"，已经融为一体无从分辨了。

在探讨了郑板桥为什么而创作和创作什么这两个问题之后，我们还需要探讨他如何创作这一话题。这里的如何创作不是指他采取什么艺术样式，而是指包含在各种艺术样式中的内在的精神旨趣。

郑板桥在《板桥自叙》中有言："板桥诗文，自出己意，理必归于圣贤，文必切于日用。"①这里的"圣贤"，不是指被宋明理学所固化的儒家经典，而是指"贾、董、匡、刘之作"，"韩信登坛之对，孔明隆中之语"，因为他们都是关乎国计民生，都是针对现实的需要提出切实的主张。这

---

① 郑燮：《板桥自叙》，本社编：《郑板桥集》，上海古籍出版社 1979 年版，第 177—178 页。

样的说法,与郑板桥在家信中所说的文章价值在于"敷陈帝王之事业,歌咏百姓之勤苦,剖析圣贤之精义,描摹英杰之风猷"①是一致的,与他多次推崇的杜甫"三吏""三别"等诗作的精神旨趣也是一致的。基于此,"日用"的含义也就清楚了,那就是面对当下的现实针对性,面对具体问题的可操作性和广泛适应社会需要的简明通俗性。

于是,从创作什么到如何创作,郑板桥又给出了一个清晰的价值指向。由此,"慰天下之劳人"和"理必归于圣贤,文必归于日用",成为解读郑板桥诗书画各类创作的一把钥匙。

关于郑板桥偏重于图像艺术的书画创作,下文将专门讨论,此处暂略。这里,我们且来用这样的视角观察郑板桥语言艺术创作内在的精神理路。

一、诗词等韵文

在题材上,郑板桥的诗词大致可分为咏古诗与现实题材诗两大类。

咏古代人物的诗包括咏项羽、曹操、荆轲、四皓、史书等,词则有咏王安石、徐渭、史可法、弘光君臣等等。这些咏史诗词有两点值得关注:一是他并非凭空发思古之幽情,为咏古而咏古,而是有着现实的触发动机,即所谓尽有感而发,不无病呻吟;二是常常围绕古人古事的某一点聚焦思绪,从而借古喻今针砭现实,为现实提供可汲取的借镜。就此,他的咏古诗都有很强的现实针对性。

直接取材于现实的诗词大致可分为六类:

一是摹写自然之美。郑板桥多将收入眼底者形诸笔墨,历历如画地写出当前美景,《由兴化迂曲至高邮七截句》之"乱摊荷叶摆鲜鱼""鸡头米赛蚌珠圆",是盛夏的水乡清景;《和洪觉范潇湘八景》之"晨起望沙滩,一片波澜,乱流飞瀑洞庭宽",让人如亲见潇湘夜雨;《潍县竹枝词》之"红荷花间白荷花""一痕青雪上西山",写出了潍县"小苏州"的特有风景,这些都是人们喜闻乐见的。

二是慨叹自己身世。《七歌》之"爨下荒凉告绝薪,门前剥啄来催

① 郑燮:《潍县署中与舍弟第五书》,本社编:《郑板桥集》,上海古籍出版社 1979 年版,第 21 页。

债"，《乳母诗》之"食禄千万钟，不如饼在手"，《沁园春·恨》之"荥阳郑，有慕歌家世，乞食风情"，《哭犉儿五首》之"天荒食粥竟为长，惭对吾儿泪数行"，《得南闱捷音》之"何处宁亲唯哭墓，无人对镜懒窥帏"等等，读来酸鼻，令人愤慨不已。这些诗句虽然述说的是个人的痛苦不平，但极有社会普遍性，正是陆游《病起》诗中所说的"志士凄凉闲处老，名花零落雨中看"的普遍情状。这是郑板桥以自己的经历写出了普通人的苦痛与伤心，也是为天下才人长歌当哭。

三是实录现实不平。《悍吏》《私刑恶》《孤儿行》《逃荒行》等诗，完全遵循白居易奉行的"唯歌生民病"的"新乐府"主旨，为底层百姓的痛苦不幸大声疾呼。郑板桥深知，即使在"人安与岁丰"时，"田家"也"最嫌吏扰，怕少官钱"，何况遭受连年灾荒，这些诗歌写出了农民的伤痛，也写出了作者对农民的深切同情，读来深觉伤惨。综合考察郑板桥对田家的全面描绘就能够发现，郑板桥对农民的深切同情尤其是他的悯农、爱农诗歌，是杜甫"三吏""三别"的姐妹篇，闪烁着人本主义的思想光辉。

四是表彰落拓友朋。在郑板桥的朋友尤其是书画界的朋友中，有许多人身怀绝艺而落拓江湖、名位不显，甚至由于个性卓特而不讨俗世所喜。郑板桥为他们的遭遇和命运而愤愤不平，所以特意以诗歌传递友情并为他们树碑立传，其最典型的是《绝句二十一首》，共写了二十一位师友。

五是杂录宴游应酬。如《扬州》《赠石道士》《饮李复堂宅赋赠》《送都转运卢公》等等，虽多"风月花酒"①，甚至还有不少含有虚美官僚的庸俗气，但总体说来其中仍蕴含着"关心民瘼"的情怀。在与官僚发起召集的宴饮酬唱中并不含及时行乐的庸俗趣味，更没有一副受宠若惊、颂圣阿谀的谄媚相，而是在逸乐之中不忘民生之艰辛，勉励当权的友人能努力国事，勿忘民瘼。

六是描写男女情爱。郑板桥以对男女情感生活的描绘，表达了对美好生活的感念和追求，更以其对才艺双优却遭遇不幸的妇女的同情，

---

① 郑燮：《后刻诗序》，本社编：《郑板桥集》，上海古籍出版社 1979 年版，第 24 页。

显示了其对普通"劳人"的关爱。

在这六类题材的诗词中,郑板桥尤其看重他的悯农、爱农诗。他在《板桥自序》中说:"板桥诗如《七歌》,如《孤儿行》,如《姑恶》,如《逃荒行》《还家行》,试取以与陋轩①同读,或亦不甚相让"②。这里,郑板桥特地拈出明末清初擅写百姓贫困生活的布衣诗人吴嘉纪,恰恰说明了他的诗在精神旨趣和诗歌风格上是与吴嘉纪可有一比的。关于郑板桥包括悯农诗在内的农村题材诗歌,下文将作专门论述,这里不作展开。

通俗唱本《道情》可以视为郑板桥另类的诗歌创作,正如我们在本书第二章第二节所分析的,为了教化百姓正道直行、洁身自好,它从帝王将相说到渔樵儒道,以深刻的寓意、生动的形象、通俗的语言、和谐的音调,让人人耳入心,以收"唤庸愚,警懦顽"的效果。与郑板桥的诗歌一样,它同样有着鲜明的现实针对性和警世教化的意旨。

与诗歌有很近血缘关系的还有楹联,不过它却是个独立的品种,是中国传统的艺术形式之一。它在形式上要求对仗工整、朗朗上口,在内容上要求有虚有实,描摹场景抒发情怀,还要求很强的针对性,婚丧嫁娶、亭台楼阁、四时节令、五行八作等各有要求。工诗者未必工联,工联者却多工诗。郑板桥是很善于楹联创作的,他自拟的"润格"中楹联的价格不高,只有"一两",可见得到并不困难,由此或许可以猜测他创作的楹联很多。卞孝萱在所编《郑板桥全集》中虽然只收辑 56 副,但仍可看出郑板桥堪称高手。郑板桥的对联,即使不考虑其书法载体的绝妙,仅就内容而言也是趣理兼备、耐人寻味。譬如"百尺高梧,撑得起一轮月色;数椽矮屋,锁不住五夜书声","富于笔墨穷于命;老在须眉壮在心""搔痒不着赞何益;入木三分骂亦精","删繁就简三秋树;领异标新二月花"③等等,或传递发愤读书的高远志向,或抒发老骥伏枥的旷达情怀,或主张文艺批评须鞭辟入里、一针见血,或强调艺术的真谛在于删

---

① 吴嘉纪(1618—1684 年),字宾贤,号野人,泰州安丰场人,明末诸生,入清不仕。生活贫寒,所居仅草屋一楹,名曰"陋轩"。工诗,其诗多描写盐民贫苦生活,语言质朴通俗,是明末清初著名的布衣诗人、盐民诗人。著有《陋轩诗》等。
② 郑燮:《板桥自序》,本社编:《郑板桥集》,上海古籍出版社 1979 年版,第 187 页。
③ 郑燮:《对联》,卞孝萱编:《郑板桥全集》,齐鲁书社 1985 年版,第 439、449、448、435 页。

繁就简、独创出新,均托物寄兴,情景交融,言简意赅,见解独到。在六十岁的时候,郑板桥给自己写了一幅自寿联:

> 常如作客,何问康宁,但使囊有余钱,瓮有余酿,釜有余粮,取数叶赏心旧纸,放浪吟哦,兴要阔,皮要顽,五官灵动胜千官,过到六旬犹少;
>
> 定欲成仙,空生烦恼,只令耳无俗声,眼无俗物,胸无俗事,将几枝随意新花,纵横穿插,睡得迟,起得早,一日清闲似两日,算来百岁已多。①

这副寿联以跳脱恣肆的笔法直陈自己的喜怒哀乐,有着阅遍红尘的恣意潇洒,活脱脱一副板桥道人的"大写真"。总之,郑板桥的对联工稳雅切、灵巧新鲜,道人所未道、人所不能道,有鲜明的特色。清楹联权威梁章钜很喜爱郑板桥的对联,在《楹联丛话》中辑录了不少有关郑板桥联语的轶事。

二、家书

郑板桥自己非常看重家书并在编辑《板桥集》时专门将其归于一类,因此它有着特殊的分量。他自信满满地说:"板桥十六通家书,绝不谈天说地,而日用家常,颇有言近指远之处。"②这里不妨对其十六通《家书》做一些简要的观察。

第一通主要讲人生祸福相依,这既是天道倚伏,也在人事修为,并无注定的富贵或贫贱,所以待人要心存忠厚,不可算计别人。

第二通针对秀才称和尚异端而深恶痛绝、和尚于是反骂秀才的现象,分析秀才与和尚各有不足之处,提出不必相互指责。

第三通分析王羲之、李白、王维、杜牧等众前贤的文字与其命运之间的关系,谈家族子弟作文应该取法何家。

第四通历数古代主要经典,谈读书应选择《左传》《史记》《庄子》《离骚》及韩愈文、杜甫诗等那些"日月经天,江河行地""混沦磅礴,阔大精

---

① 郑燮:《对联·六十自寿》,卞孝萱编:《郑板桥全集》,齐鲁书社 1985 年版,第 436 页。
② 郑燮:《板桥自叙》,本社编:《郑板桥集》,上海古籍出版社 1979 年版,第 178 页。

微,却是家常日用"的书。

第五通主要讲家中买墓地应秉忠厚之意,不可损人利己,对原有之孤坟也应一样尊爱。

第六通检讨自己"漫骂无礼"之过,但也有珍惜人才之长:"囊中数千金,随手散尽,爱人故也"。

第七通历数族中穷亲友生活之贫困,交代弟弟将自己带回家的薪金分赠亲朋及邻里乡党,"相赒相恤","务在金尽而止"。

第八通畅谈自己在故乡建房的设想,并称无须惧怕盗贼,因"盗贼亦穷民耳",不妨"开门延入,商量分惠,有甚么便拿甚么去"。

第九通分享读史书的心得,强调"读书要有特识",要独立思考,指出"竖儒之言,必不可听,学者自出眼孔、自竖脊骨读书可尔"。

第十通主要分析"士农工商"对社会的贡献,认为农夫"耕种收获,以养天下之人",工人制器利用,商人搬有运无,皆有便民之处,惟有士人于世无益,指出需要重新排列"四民"秩序:"天地间第一等人,只有农夫,而士为四民之末"。

第十一通从命题差异分析杜甫诗和陆游诗的价值及与时代的关系,指出作诗须以他们为准绳,要"慎题目","端人品,厉风教"。

第十二通再谈读书,要力戒肤浅的过目成诵,应该挑选经典之作"反复诵观"。

第十三通谈爱子之道的关键在于仁爱品格的培养,"要须长其忠厚之心,驱其残忍之性",强调"读书中举中进士作官,此是小事,第一要明理作个好人"。

第十四通主要谈要尊重老师,善待同学,要从小懂得稼穑艰难,民生不易。

第十五通谈读书要有远见,是为了求学问,不能急功近利只求"科名"。

第十六通围绕读书问题,一是谈当今时文与古文的文章高手;二是谈好文章的标准,在内容上应该关涉帝王、百姓、圣贤、英杰,在风格上应"沉着痛快"畅所欲言,如《左传》《史记》《庄子》《离骚》和杜甫诗、韩愈文;三是谈下笔能"道着民间痛痒",方才是大丈夫、真名士。

这十六通信大致可分为两组,第一、五、六、七、八、十三、十四通可为一组,其余为另一组。前一组主要围绕家事展开,涉及为人处世的基本准则、家族子弟包括自己儿子教育的关键、贫穷亲友和乡党邻里的赒恤、墓地的处理、建房的设想等,都是家常日用的具体事项,但其中贯穿着一个主旨,即心存忠厚。其背后隐含的基本逻辑,如第一通信所揭示的,是人生祸福相依并无天定,只有懂得民生疾苦秉持忠厚家风,方能趋吉避凶福泽延绵;后一组谈读书及由此引发的思考,涉及读书的目的、读书的方法、书籍的选择,以及如何品鉴前贤诗文、如何理解"士农工商"对社会的贡献等等,其中贯穿的主旨,是学以致用、为国为民。这两组书信着重点虽然有别,但其中许多地方互相穿插也互相说明,并最终归于同一的精神旨趣。如第十通信由得悉家中新置田获秋稼五百斛起手,提出家中须置备各种农具、家人均参与秋收活动,并以此形成"靠田地长子孙气象"的家风,由此引发尊重农夫的情感态度和对士农工商社会价值的深度思考,体现出归结到人的精神世界的思想线索;第十三通信围绕笼中养鸟、发系蜻蜓、线缚螃蟹等儿童游戏之事谈爱子之道和儿童心性培育,强调"虽嬉戏玩耍,务令忠厚悱恻,毋为刻急","要须长其忠厚之情,驱其残忍之性",其中贯穿着众生平等、富家子与贫家儿平等的精神,关注的是人的精神成长的大命题。可见,第一组谈家常而指向其背后蕴含的人的品格养成,第二组谈读书而收束到人的社会担当和价值追求,两组信札从不同的角度切入而归于同样的精神旨趣,完成了作者所说的以"日用家常"体现"言近指远"的根本宗旨。因为是家书,无须在意社交应酬的分寸讲究,所以作者取材于日常生活又作用于日常生活,娓娓而谈,自然坦荡而挚切,自有一种从容畅达的风致。郑板桥家书还有不少未编入《板桥集》中,那些书信的主要精神亦复相类。

三、其他散文

在《家书》之外,郑板桥也写有不少散文,上海古籍出版社编的《郑板桥集》在"补遗"中收集了《花品跋》《扬州竹枝词序》《随猎诗草·花间堂诗草跋》《跋临兰亭叙》《板桥自叙》等二十多篇。卞孝萱编的《郑板桥全集》又补充了《乾隆修城记》《梅庄记》《板桥偶记》《论书》《与柳斋书》

《与李鱓书》《题宋拓虞永兴破邪论序册》《李约社诗集序》《题宋拓圣教序》《集唐诗序》《题程邃印谱》《南垞诗钞序》《题丁有煜石砚》《英雄本色印跋》等，以及很多较长的画作题词（如《题李鱓花卉蔬果册》）等等。这些散文内容切实，行文自然，有的洋洋数千字，委婉详尽，淋漓尽致，有的三言两句，隽雅惊人。这些散文没有被编入《板桥集》中，但这不表示郑板桥对它们的不看重，相反，他曾留有这样一段文字：掀天揭地之文，震电惊雷之字，呵神骂鬼之谈，无古无今之画，原不在寻常眼孔中也。①从排序上，郑板桥把"文"排在了"字""画"之前，列为第一，而且称之为"掀天揭地"，可见郑板桥对它们的重视。细细品味之下，这些散文琳琅满目，精彩纷呈，有的是碑记，有的是书序，有的是长信，有的是小启；有的借神道以教人，有的述古而励今；有的说别人成败，有的谈自己得失；有的"迷花顾曲，偶一寄意"，有的勖"学者当自树其帜"。它们虽不如诗词数量多，含金量却不少，谆谆切切理明词畅，随手挥洒一片神行，真气盎然灵思多变，立论惊警隽语络绎，满纸灵秀之气，且多自然韵味，皆是内容形式洵称双美并且相得益彰的佳篇，可与《家书》并列而为绝佳之郑氏散文集。即使仅从文学欣赏的角度，其妙处与前贤时隽之作相比毫无逊色，可称之为美文妙品。开卷一读，清新隽永，正是明末清初张岱、归有光的风神。郑板桥自列"文"为首，也许正是他的自知之明，而非信口偏爱。

且举一例：

《花品跋》

仆江南逋客，塞北羁人。满目风尘，何知花月；连宵梦寐，似越关河。金尊檀板，入疏篱密竹之间；画舸银筝，在绿若红蕖之外。痴迷特甚，惆怅绝多。偶得乌丝，遂抄《花品》。行间字里，一片乡情；墨际毫端，几多愁思。书非绝妙，赠之须得其人；意有堪传，藏者须防其蠹。

雍正三年十月十九日，板桥郑燮书于燕京之忆花轩。②

江南游子羁旅北国，虽然关山万里风尘满目，但家乡的"疏篱密竹"

① 郑燮：《印跋·花萝绿映衫》，卞孝萱编：《郑板桥全集》，齐鲁书社1985年版，第458页。
② 郑燮：《花品跋》，卞孝萱编：《郑板桥全集》，齐鲁书社1985年版，第275页。

"绿若红蕖"的景致、"金尊檀板""画舸银筝"的风华还是频频入梦,让人惆怅绝多情难自已。于是寄情笔下:"偶得乌丝,遂抄《花品》。行间字里,一片乡情;墨际毫端,几多愁思。"短短百字,却用风流蕴藉、鲜明爽利的文字淋漓尽致地道出了作者的乡愁,也道出了中国文人千古不绝的永恒情思,颇得六朝小品之神韵。

再举一例:

《扬州竹枝词序》

秋云再削,瘦漏如文;春冻重雕,玲珑似笔。挟荆轲之匕首,血濡缕而皆亡;燃温峤之灵犀,怪无微而不照。招尤惹谤,割舌奚辞;识曲怜才,焚香恨晚。盖广陵风俗之变,愈出愈奇;而董子调侃之文,如铭如偈也。更有失路名流,抛家荡子,黄冠缁素,皂隶屠沽,例得载于诗篇,并且标其名目。譬夫酿家纪叟,青莲动问于黄泉;乐部龟年,杜甫伤心于江上。琵琶商妇,白老歌行;石鼎轩辕,昌黎序次。修翎已失,犹怜好鸟之音;碧叶虽凋,忍弃名花之本。酒情跳荡,市上呼驹;诗兴颠狂,坟头拉鬼。于嬉笑怒骂之中,具萧洒风流之致。身轻似叶,原不借乎缙绅;眼大如箕,又何知夫钱虏。

乾隆五年九月朔日,楚阳板桥居士郑燮题。①

流寓扬州的诗人董伟业著有《扬州竹枝词》《扬州杂咏》《耻夫小稿》等,因善作竹枝词,有"董竹枝"之称。他的《扬州竹枝词》九十九首,内容不仅写扬州的名胜、文艺、物产、风情,更以调侃嘲讽之笔针砭社会恶俗,以至于遭缙绅嫉恨,被诉于官。从郑板桥序文的"招尤惹谤,割舌奚辞"语判断,郑板桥对董伟业遭受的不平之事是了然于胸的。不过他不仅不以为意,反而对作者的才华和胆识大为赏识,称赞董氏的竹枝词不仅视野开阔内容丰富,把"失路名流,抛家荡子,黄冠缁素,皂隶屠沽"等社会三教九流都"载于诗篇""标其名目",而且如温峤燃犀角般洞幽烛微,如荆轲投匕首般犀利泼辣,如杜甫诗赠龟年、李白伤咏纪叟、白居易

---

① 郑燮:《扬州竹枝词序》,卞孝萱编:《郑板桥全集》,齐鲁书社 1985 年版,第 277 页。

歌琵琶妇、韩愈序石鼎诗般情意深长。他还称赞董氏虽屡经磨难，所谓"修翎已失""碧叶虽凋"，但不改其"酒情跳荡""诗兴颠狂"之豪迈本色谐谑风度，"于嬉笑怒骂之中，具萧洒风流之致"。于是，董氏之冷眼热肠不屈不挠的卓特个性，其竹枝词笑骂随心鞭辟入里的鲜明风采，固然呼之欲出，而郑板桥的序言虽不免刻意，但文字灵秀用典工切，音调铿锵笔力雄强，与董氏为人及其竹枝词恰恰相副。在此背后，可以看出郑板桥与董伟业是属于同一类人，所以体会深切，表达有力。在这里，我们可以看出郑板桥散文的非凡功力。

第二节　农村题材诗歌

郑板桥的书画创作努力体现了"慰天下之劳人"的情怀，而他的诗词则更直接地体现其为天下"劳人"，尤其是为农民的生存苦难而不平而发声的愤激呐喊，呈现出迥异于许多传统士大夫诗词吟风弄月的新面貌。

打开《郑板桥集》，可以发现书中很少富贵之气，不甚合乎达官贵人的胃口。他的诗词大量描写了不登大雅之堂的民风村俗，深切表达其悯农爱农的情怀。

其实，郑板桥并非天生地具有开阔的社会视野和浓重的悲悯情怀。他出生在书香门第，面对的是庭院里四角天空和堂前草木，习惯的是"两耳不闻窗外事，一心只读圣贤书"。尽管家境贫寒，童年经历了许多苦难，但个人苦难虽与社会普遍的民生苦难相通，却毕竟不是一回事，是社会的磨砺、岁月的淘洗打开了他的双眼，使他重新打量世界体验人生。这里列举三幅图画，借以观察郑板桥视野和情感的变化历程。

第一幅，"水乡欢乐图"。郑板桥为应举而离乡外出，一路上，金秋的田园风光让他情不自禁引吭高歌：

百六十里荷花田，几千万家鱼鸭边。

舟子搁篙撑不得，红粉照人娇可怜。

烟蓑雨笠水云居，鞋样船儿蜗样庐。

卖取青钱沽酒得,乱摊荷叶摆鲜鱼。

一塘蒲过一塘莲,茡叶菱丝满稻田。
最是江南秋八月,鸡头米赛蚌珠圆。[1]

上述诗句取自《由兴化迁曲至高邮七截句》第一、二、六首的三首诗,构成了一幅"桃花源"式的"水乡欢乐图",一派《桃花源诗》中"秋熟靡王税"和《击壤歌》中"帝力与我何有哉"的清美绝俗的图景。此外,郑板桥在另一首诗中还描画过"老渔翁,一钓竿,靠山崖,傍水湾;扁舟来往无牵绊。沙鸥点点清波远。荻港萧萧白昼寒,高歌一曲斜阳晚。一霎时波摇金影,蓦抬头月上东山"[2]的如画美景,其赏心悦目极类陶渊明、王摩诘诗中的佳作。这样的生活是否郑板桥在描写自己的"理想国"呢?笔者以为,这些是诗人以过路游客的眼光对眼前景象的即兴描写"走马看花",背后隐含的是自己对中举的美好憧憬。在这样的心理中,眼前的一切都带上喜悦祥和的色彩,他看到的只是生活的表象而与农民的实际生存状态有不小偏差。实际上,在他生息的与高邮比邻的兴化土地上,农民并不是以此为"乐土"的。

第二幅,"苦乐相间图"。郑板桥在《满江红·田家四时苦乐歌》中描绘了农民一年四季的"苦"与"乐":

细雨轻雷,惊蛰后和风动土。正父老催人早作,东畬西圃。夜月荷锄村犬吠,晨星叱犊山沉雾。到五更惊起是荒鸡,田家苦。

疏篱外,桃华灼;池塘上,杨丝弱。渐茅檐日暖,小姑衣薄。春韭满园随意剪,腊醅半瓮邀人酌。喜白头人醉白头扶,田家乐。[3]

麦浪翻风,又早是秧针半吐。看垄上鸣槔滑滑,倾银泼乳。脱笠雨疏头顶发,耘苗汗滴禾根土。更养蚕忙煞采桑娘,田家苦。

风荡荡,摇新箬;声浙浙,飘新籉。正青蒲水面,红榴屋角。原上摘瓜童子笑,池边濯足斜阳落。晚风前个个说荒唐,田家乐。

---

① 郑燮:《由兴化迁曲至高邮七截句》,本社编:《郑板桥集》,上海古籍出版社1979年版,第52页。
② 郑燮:《道情十首》,本社编:《郑板桥集》,上海古籍出版社1979年版,第150页。
③ 郑燮:《满江红·田家四时苦乐歌》,本社编:《郑板桥集》,上海古籍出版社1979年版,第140页。

云淡风高，送鸿雁一声凄楚。最怕是打场天气，秋阴秋雨。霜穗未储终岁食，县符已索逃租户。更爪牙常例急于官，田家苦。

紫蟹熟，红菱剥；栀桔响，村歌作。听喧填社鼓，漫山动郭。挟瑟灵巫传吉兆，扶藜老子持康爵。祝年年多似此丰穰，田家乐。

老树槎丫，撼四壁寒声正怒。扫不尽牛溲满地，粪渣当户。茅舍日斜云酿雪，长堤路断风吹雨。尽村春夜火到天明，田家苦。

草为榻，芦为幕；土为铫，瓢为杓。砍松枝带雪，烹葵煮藿。秫酒酿成欢里舍，官租完了离城郭。笑山妻涂粉过新年，田家乐。

桃花灼灼，柳丝弱弱，春景正好，可农民得披着稀疏的晨星和浓浓的晨雾下地干活，直至踏着夜月和着村犬的吠声方能返回，春天的"苦"自不必说。到了夏天，"脱笠雨疏头顶发，耘苗汗滴禾根土。更养蚕忙煞采桑娘，田家苦"。秋熟时节，"霜穗未储终岁食，县符已索逃租户。更爪牙常例急于官，田家苦"。冬天亦复如此，"扫不尽牛溲满地，粪渣当户。茅舍日斜云酿雪，长堤路断风吹雨。尽村春夜火到天明，田家苦"。春夏秋冬，无论是忙于耕种还是恼于催租逼债，农民始终是"苦"。而他们的"乐"呢，也只是可怜的"腊醅半瓮邀人酌""原上摘瓜童子笑""挟瑟灵巫传吉兆""笑山妻涂粉过新年"而已。

值得注意的是，第二幅图不仅比第一幅图增加了"苦"味，还由于郑板桥已经体悟到，农民是苦多于乐、重于乐、先于乐的，所谓"乐"，只是在被盘剥之余享受一点辛勤劳动的果实而已。农民的苦中有乐源自他们直面苦难人生的坚韧和乐观，但在郑板桥眼中，这是不公正的、令人心酸的苦中作乐。当然，这是郑板桥有了一定的生活阅历、对农民生活有了更多的了解之后的结果。

第三幅，"荒年流民图"。在县官任上，郑板桥耳濡目染更多的是豺虎横行、饿殍遍野，而他这个父母官只有如韦应物般感慨"邑有流亡愧俸钱"的份儿。他一方面深深感到"天地间第一等人，只有农夫……皆苦其身，勤其力，耕种收获，以养天下之人。使天下无农夫，举世皆饿死矣"[1]，并特为孩子们选了唐朝李绅的《悯农》诗等，要下一代也懂得尊

① 郑燮：《范县署中寄舍弟墨第四书》，本社编：《郑板桥集》，上海古籍出版社 1979 年版，第 12 页。

第六章 创作成就

农,另一方面却深深感到农民所受太不公正,承受了太多的苦难,于是,他笔下的画面比之以前大不相同:

县官编丁著图甲,悍吏入村捉鹅鸭;
县官养老赐帛肉,悍吏沿村括稻谷。
豺狼到处无虚过,不断人喉抉人目。①

官刑不敌私刑恶,掾吏搏人如豕搏……
一丝一粒尽搜索,但凭皮骨当严威。②

十日卖一儿,五日卖一妇,
来日剩一身,茫茫即长路……
豺狼白昼出,诸村乱击鼓。
嗟予皮发焦,骨断折腰膂。
见人目先瞠,得食咽反吐。③

归来何所有,兀然空四墙……
念我故妻子,羁卖东南庄……
其妻闻夫至,且喜且彷徨……
摘去乳下儿,抽刀割我肠。
其儿知永绝,抱颈索阿娘;
坠地几翻复,泪面涂泥浆……
后夫携儿归,独夜卧空房;
儿啼父不寐,灯短夜何长!④

这是一幅惨不忍睹的场景:一方面,衙门的恶吏像豺狼一样在村里横行霸道,搅得鸡飞鹅跳,农民像猪狗一样被捆绑着勒索粮食财物;另

---

① 郑燮:《悍吏》,本社编:《郑板桥集》,上海古籍出版社 1979 年版,第 40 页。
② 郑燮:《私刑恶》,本社编:《郑板桥集》,上海古籍出版社 1979 年版,第 41 页。
③ 郑燮:《逃荒行》,本社编:《郑板桥集》,上海古籍出版社 1979 年版,第 98 页。
④ 郑燮:《还家行》,本社编:《郑板桥集》,上海古籍出版社 1979 年版,第 99 页。

一方面,农民断股折臂,卖儿卖妻,被迫逃荒他乡。即使有熬过来的幸存者,却比"十五从军征,八十始得归"的从军者还要多一重凄凉。那从军者回家只见家中亲人都死了,剩下自己孤身一人和"松柏冢累累",而郑板桥笔下的这个拼死逃荒、苦撑归来的幸存者,凭借"圣恩许归赎"得以赎回妻子实现破镜重圆,可妻子在后夫家又生了孩子,现在只能"摘去乳下儿,抽刀割我肠",还要告别这个几年来相濡以沫的后夫,情何以堪。一个家庭团圆,另一个家庭因之破碎,而无辜的孩子却还要忍受母子生离的悲痛。这种感情折磨,如同钝刀割颈,令人惨不忍睹。这类"横涂竖抹千千幅,墨点无多泪点多"的图画,在郑板桥笔下,还有《孤儿行》《后孤儿行》《姑恶》等等,这些诗写连年灾荒后的农村惨象,孩子、妇女受到非人的待遇,令人悲伤。

从这三幅由乐到有苦有乐到直似地狱的乡村图,我们看到了郑板桥随着对现实的了解而变换构图和色泽的画笔,以及背后所蕴含的思想与情感变化的轨迹。一开始,他对农民了解不深,不免蜻蜓点水,只看到一片青山绿水。这样的画面染着太多的文人模山范水的传统积习,过于肤浅,未免失真。随着视野的开阔,郑板桥仔细打量之下,就发觉即使在"乾隆盛世",农村也是苦多乐少,绝非天堂。在目睹了农村连年的灾荒之后,郑板桥更发现,在天灾与人祸的交相夹击之下,农村实际成为农民的地狱。

在中国历史上,清以前比较进步的观念是诗人在诗中以"唯歌生民病"的情怀为民请命,而在书画中则多表现文人的闲情逸趣,或如徐渭在《题〈墨葡萄图〉》中所说"笔底明珠无处卖,闲抛闲掷野藤中",宣泄个人的郁勃愤懑。到了郑板桥这里,他主张文人要淡化闲情凸显民情,在诗词领域为世人留下了富有思想深度和情感温度的历史图画。

或许有人说,前述三组图画是他在不同地点的写生,不足以说明诗人对农村认识的变化。那么,我们来看看诗人写于同一地点的组诗《潍县竹枝词》,这组篇幅40首的组诗都是写潍县,每首既可独立成篇,又可合组为一卷潍县历史风景风情风俗画。

山东潍县自然环境是优美的,山明水秀,物产丰富,诗人对此作了动人的勾勒:

三更灯火不曾收，玉脍金齑满市楼。

云外清歌花外笛，潍县原是小苏州。（其一）

水流曲曲树重重，树里春山一两峰。

茅屋深藏人不见，数声鸡犬夕阳中。（其十）

北洼深处好拿鱼，淡荡春风二月初。

河水尽开冰尽化，家家网罟暴村墟。（其十五）

城上春云拂画楼，城边春水泊天流。

昨宵雨过千山碧，乱落桃花出涧沟。（其十九）

这是不亚于"芳草鲜美，落英缤纷"的"桃花源"，也是不亚于"鸡头米赛蚌珠圆"的兴化、高邮水乡。可是，在这如画美景中，我们赫然发现了"天堂"与"地狱"两种截然相反却都趋于极致的景象。

有的人吃喝嫖赌：

斗鸡走狗自年年，只爱风流不爱钱。

博进已赊三十万，青楼犹伴美人眠。（其二）

这是指土豪劣绅。他们"呼卢一夜烧红烛，割尽膏腴不挂心"；他们"洋菊洋桃信口夸"；他们"西施舌进玉盘中"。醉生梦死穷奢极欲。

有的人像《水浒》里的"没毛大虫"牛二一样横行乡里：

街头攫得百钱文，烂肉烧肠浊酒醺。

到得来朝无料理，又寻瞎帐闹纷纷。（其二十七）

风光秀丽的潍县，是这些土豪劣绅、纨绔子弟、地痞流氓的天堂，却是农民的地狱：

绕郭良田万顷赊，大都归并富豪家。

可怜北海穷荒地，半篓盐挑又被拿。（其二十四）

征发钱粮只恨迟，茅檐蔀屋又堪悲。

扫来草种三升半,欲纳官租卖与谁?(其三十四)

泪眼今生永不干,清明节候麦风寒。
老亲死在辽阳地,白骨何曾负得还?(其三十八)

赖以谋生的土地被富豪们抢走了,他们只能贩点私盐糊口,却又被官府抓住;他们收不到庄稼可还要交租,只能拾些草种却又不知卖给谁;他们的亲人死在关外,尸骨也不得还乡,清明只能遥祭,今生今世一任泪水长流;他们逃荒异地沿途乞讨,"卖儿卖妇路仓惶,千里音书失故乡";他们忍无可忍铤而走险,"二十条枪十口刀,杀人白昼共称豪",可被捉将官府里去的命运是不难想见的。对此,诗人无法说这些"杀人"者是否该存活在这个世界上,只能说"汝曹躯命原拼得,父母妻儿惨泣号"。言下之意,这位县令并不十分责怪他们,而只是深深地同情他们的家属。如果这些强梁成为囚犯后有幸没有被砍头,如果更有幸还蒙受"君恩"被赦宥,他们又会进入怎样的境地?郑板桥注意到:

放囚宣诏泪潺潺,拜谢君恩转戚颜。
从此更无牢狱食,又为盗窃触机关。(其三十二)

囚犯们不仅脑袋能保,还获得可立即回家的机会,该是何等地出乎意料,潺潺的泪水是苦尽甘来的激动,还是事出意外的惊喜?可他们"拜谢君恩"之后为何又变"戚颜"?原来,委屈方伸忧患又来,在"牢狱"之外还不如在"牢狱"之内,离开牢房连牢饭也吃不到,为了活命又要为盗。于是,他们只能回到先前做强梁的老路,他们的生存陷入了一个死循环。这样的命运比方苞《狱中杂记》所描写的要深刻得多,因为在方苞笔下,那个恶囚以监狱为生财之地所以留恋牢房,而在郑板桥眼中,穷困的农民因牢狱尚有可以活命之牢饭而不希望出狱。狱内与狱外两相比较,狱中更胜一筹,潍县农村实实在在成了农民的地狱。

正是在潍县,郑板桥见到了他心目中天下第一等人的农民,却在承受着非人的甚至地狱般的遭遇,这让他无比愤怒,也让他对所谓的乾隆盛世有了更深刻的认识。

概括起来,郑板桥的农村题材诗歌,在内容上有几个鲜明的特点:

第一，在宏观层面，紧扣农民最根本的土地问题。

在郑板桥诗歌里，农民总是与他们的命根子——土地联系在一起的。这里有"十亩种枣，五亩种桑"的阡陌景象，不过这种散淡平和的田园风光通常出现在文人的眼中，体现了他们对农民的良好祝愿和对升平世界的美好想象。而在现实生活中，更多的是"山田苦旱生草菅，水田浪阔声潺潺"的水旱灾害，是"绕郭良田万顷赊，大都归并富豪家"的土地兼并，前者的凶猛与后者的残酷揭示了在土地问题上人与自然、人与社会的关系的严峻①。

第二，在微观层面，以细节展现农民的生存状态。白居易曾以"两鬓苍苍十指黑"的细节写出了卖炭翁的形象特征，而郑板桥笔下的农民，其细节的丰富和毕肖可直追前贤。"脱笠雨梳头顶发，耘苗汗滴禾根土"②的农人，"乱戴银冠钉假珠""一幅缠头月白罗"③的农妇，"疤痕掩破襟，秃发云病疏"④的童养媳，"见人目先瞪，得食咽反吐"⑤的饥民，均紧扣主人翁的身份和遭遇，这些丰富的细节将农民的艰辛和苦难描绘得跃然纸上、历历在目。

第三，在思想层面，指出造成农民苦难的根本原因。郑板桥把探索的目光伸向农民苦难的背后，努力揭示他们不幸命运的深层原因。在他看来，农民生存艰难的原因，一是不可阻挡的水旱天灾，即所谓"木饥水毁太凋残"；二是土豪劣绅的土地兼并，即所谓"绕郭良田万顷赊，大都归并富豪家"；三是恶吏的敲诈勒索，即所谓"悍吏贪勒为刁奸""一丝一粒尽搜索"；四是森严的官僚统治，即所谓"县门一尺情犹隔，况是君门隔紫宸"⑥。这四种原因中，第一种是天灾，后三种则是"人祸"，而且是与社会结构和运行体制密切相关的"人祸"。

郑板桥不是"布衣"，而是官僚体制中与农村距离最近的一级官员，

---

① 郑燮：《范县诗》《悍吏》《潍县竹枝词四十首》，本社编：《郑板桥集》，上海古籍出版社 1979 年版，第 80、40、200 页。

② 郑燮：《田家四时苦乐歌》，本社编：《郑板桥集》，上海古籍出版社 1979 年版，第 140 页。

③ 郑燮：《潍县竹枝词四十首》，本社编：《郑板桥集》，上海古籍出版社 1979 年版，第 201、202 页。

④ 郑燮：《姑恶》，本社编：《郑板桥集》，上海古籍出版社 1979 年版，第 95 页。

⑤ 郑燮：《逃荒行》，本社编：《郑板桥集》，上海古籍出版社 1979 年版，第 98 页。

⑥ 郑燮：《范县》，本社编：《郑板桥集》，上海古籍出版社 1979 年版，第 77 页。

是一个有远大抱负的"良吏",也是一个有人道情怀的诗人,所以他的立场既不完全是民间立场又不完全是正统官方立场,而是介于两者之间。站在官员的立场,他看到农村的许多鄙风陋俗,主张要好好对农民进行"教化",许下"老夫欲种菩提树,十里春风作化城","留取三分淳朴意,与君携手入陶唐"①的宏愿;而站在诗人的立场,他又深深痛心于农民的苦难,知道农村问题的症结不在天灾而在人祸,所以又在"衙斋卧听萧萧竹,疑是民间疾苦声"的哀痛中传递"些小吾曹州县吏,一枝一叶总关情"的人道情怀。当然,由于他自己身处封建体制之内,何况他还生活在文字狱炽盛的乾隆时代,他无法也不敢从整体上质疑当时的官僚体制,只能以"县门一尺情犹隔,况是君门隔紫宸"的感喟一笔带过,而把批判的目光聚焦在劣绅恶吏的层面。平心而论,虽说这些看法实际上处于替封建社会"补天"的层面,但能够看到这些人祸,并且在官场生涯中努力救民于水火,也是难能可贵的。当然,由于这两种立场的内在张力和反复冲突,郑板桥在县令的位子上坐得并不舒坦,"坐曹一片吱呼碎,衙子催人妆傀儡"的生活,有着太多"如收败贯钱,如撑断港航"的无趣无聊无奈,让他生发出"多少雄心退"的念头并最终愤然离开官场。②此事在前文已经详述,此处从略。

第三节　诗词艺术探源

人们在谈论郑板桥的艺术创作时,总是说"三绝诗书画"。尽管后世人们在评价这三门艺术各自的成就和影响时,总以书、画、诗或画、书、诗排序,诗词只能列在"三绝"之末,但郑板桥对自己的诗词是相当珍爱的。他认为,他的诗词与散文一样继承了诗三百以来杜甫、白居易等为国为民的传统,可与书、画、家书一样脍炙人口。他不仅列举了不少时人对他诗词的赞赏,甚至觉得他比清初诗人吴嘉纪(陋轩)更为高明:"板桥诗如《七歌》,如《孤儿行》,如《姑恶》,如《逃荒行》《还家行》,试

---

① 郑燮:《潍县竹枝词四十首》,本社编:《郑板桥集》,上海古籍出版社 1979 年版,第 202、203 页。
② 郑燮:《青玉案·宦况》,本社编:《郑板桥集》,上海古籍出版社 1979 年版,第 127 页。

取以与陋轩同读,或亦不甚相让;其他山水、禽鱼、城郭、宫室、人物之茂美,亦颇有自铸伟词者。而又有长短句及家书,皆世所脍炙,待百年而论定,正不知鹿死谁手。"①

这样一种内容丰富"无所不有"、艺术精湛"脍炙人口"的诗词,在笔者看来,有着显在和潜在的不同艺术渊源。

从显在的角度看,郑板桥诗,尤其七律,受到陆游诗的深刻影响。他在刻印自己诗钞的时候承认:"余诗格卑卑,七律尤多放翁习气。"②对于这个自我评价,同代与后代诗评家也多认同。卞孝萱所辑《板桥集五家评》指出,郑板桥《赠博也上人》诗"神似放翁";《瓮山示无方上人》诗"全似剑南矣"③。

这两首诗是:

> 闭门何处不深山,蜗舍无多八九间。
> 人迹到稀春草绿,燕巢营定画梁闲。
> 黄泥小灶茶烹陆,白雨幽窗字学颜。
> 独有老僧无一事,水禽沙鸟听关关。④

> 松梢雁影度清秋,云淡山空古寺幽。
> 蟋蟀乱鸣黄叶径,瓜棚半倒夕阳楼。
> 客来招饮欣同出,僧去烹茶又小留。
> 寄语长安车马道,观鱼壕上是天游。⑤

为何说此二诗"神似放翁""全似剑南"?换句话说,什么是"放翁习气"?这里且抄录陆游《西村》《春残》二首:

> 乱山深处小桃源,往岁求浆忆叩门。
> 高柳簇桥初转马,数家临水自成村。
> 茂林风送幽禽语,坏壁苔侵醉墨痕。

---

① 郑燮:《板桥自序》,本社编:《郑板桥集》,上海古籍出版社 1979 年版,第 187 页。

② 郑燮:《板桥诗钞·前刻诗序》,《郑板桥集》,上海古籍出版社 1979 年版,第 24 页。

③ 《板桥集五家评》,转引自卞孝萱编《郑板桥全集》,齐鲁书社 1985 年版,第 723、727 页。

④ 郑燮:《赠博也上人》,本社编:《郑板桥集》,上海古籍出版社 1979 年版,第 38—39 页。

⑤ 郑燮:《瓮山示无方上人》,本社编:《郑板桥集》,上海古籍出版社 1979 年版,第 55 页。

一首清诗记今夕,细云新月耿黄昏。①

石镜山前送落晖,春残回首倍依依。
时平壮士无功老,乡远征人有梦归。
苜蓿苗侵官道合,芜菁花入麦畦稀。
倦游自笑摧颓甚,谁记飞鹰醉打围。②

　　这两首诗表现日常生活、闲适情态的诗,以清新的语言、工稳的对仗(主要用"流水对",偶尔也用倒装句式),在移步换景、逐层拓展中,细致地展现主人公的所见、所思、所感,或"闲适细腻,咀嚼出日常生活的深永的滋味,熨帖出当前景物的曲折的情状"③,或在舒缓的写景中含蓄地表现内心的无奈和愤懑。这大约就是陆游此类"闲适"诗的所谓"放翁习气"。如果以此对照上引郑板桥二诗,可以看出诗评家的"神似""全似"确非虚语,完全可以对号入座。其实,郑板桥不仅这两首多"放翁习气",像"千家养女先教曲"等写扬州四时的四首,"关心民瘼尤堪慰"等"和"与"再和"卢雅雨扬州修禊的各四首,真州八首及"再叠前韵"八首等,皆是这种"模式"。这也是郑板桥的一贯笔法:以鲜活的语言写眼前动态,在实景与典故组成的工丽对联中穿插感慨,抒发闲适之情,而在看似不经意之处蕴含忧思。这是郑板桥闲适类诗歌学习陆游的成功之处,也是他诗歌的一大特色。

　　当然,郑板桥并不仅仅师法陆游,因为二人所处的时代不同。陆游处于朝廷积弱之乱世,统治者只求偏安而不谋振作,故陆游的闲适其实常怀"志士凄凉闲处老"的伤感。郑板桥处于朝廷兴旺之盛世,但表面的繁荣依然掩不住政治高压、民生多艰,故郑板桥诗词在闲适中多有按捺不住的愤懑。由此,"放翁习气"并不能概括郑板桥诗的全貌尤其是其词的特质,这一点,诗词评家还是能看清楚的。这里摘录几则:

---

① 陆游:《西村》,参阅《四部精要》集部五《剑南诗稿》,上海古籍出版社 1992 年版,第 634 页。
② 陆游:《春残》,参阅《四部精要》集部五《剑南诗稿》,上海古籍出版社 1992 年版,第 601 页。
③ 钱钟书:《宋诗选注》,人民文学出版社 1958 年版,第 193 页。

诗言情述事，恻恻动人，不拘体格，兴之则成，颇近香山、放翁。①

诗取道性情，务如其意之所欲出。……其诗流露灵府，荡涤埃壒，视世间无结辖不可解之事，即无梗咽不可道之词。空山雨雪，高人独立；秋林烟散，石骨自清，差足肖之。②

诗近香山、放翁，有"郑虔三绝"之目。词胜于诗，吊古摅怀，激昂慷慨。与集中《家书》数篇，皆不可磨灭。③

能诗、古文，长短句别有意趣。未遇时曾谱《沁园春·书怀》一阕云："花亦无知，月亦无聊，酒亦无灵。把夭桃斫断，煞他风景；鹦哥煮熟，佐我杯羹。焚砚烧书，椎琴裂画，毁尽文章抹尽名。荥阳郑，有教歌家世，乞食风情。单寒骨相难更，笑席帽青衫太瘦生。看蓬门秋草，年年破巷；疏窗细雨，夜夜孤灯。难道天公，还箝恨口，不许长吁一两声？癫狂甚，取乌丝百幅，细写凄清。"其风神豪迈，气势空灵，直逼古人。④

诗文琐亵不入格，词独胜。……莫不谢华启秀，新意宜人。《满江红》旧有平仄二体，板桥填《田家四时苦乐歌》，一阕前后苦乐分押，目为"过桥新格"，亦词苑别调也。⑤

郑板桥之词，皆词中之大文，不得以小技目之。⑥

---

① 《清史列传·文苑传·郑燮传》，转引自卞孝萱编：《郑板桥全集》，齐鲁书社1985年版，第545页。

② 郑方坤：《本朝名家诗钞小传·板桥诗钞小传》，转引自卞孝萱编：《郑板桥全集》，齐鲁书社1985年版，第546页。

③ 窦镇：《国朝书画家笔录·乾隆朝郑》，转引自卞孝萱编：《郑板桥全集》，齐鲁书社1985年版，第553页。

④ 查礼：《铜鼓书堂遗稿·词话》，转引自卞孝萱编：《郑板桥全集》，齐鲁书社1985年版，第702页。

⑤ 谢章铤：《赌棋山庄集·词话》，转引自卞孝萱编：《郑板桥全集》，齐鲁书社1985年版，第704—706页。

⑥ 张维屏：《国朝诗人征略》，转引自卞孝萱编：《郑板桥全集》，齐鲁书社1985年版，第669页。

这些评论，有的出自国史专家的史笔，有的出自私家读诗的心得，有的是综合评议，有的是专项评介，有的只辍一二论断，有的还附大段引述，但无论长短，在承认他诗风近于白居易、陆游之外，却充分肯定他的诗词尤其是词有"激昂慷慨"的另一风貌，是"词中之大文"，无论是"空山雨雪，高人独立，秋林烟散，石骨自清"，还是"风神豪迈，气势空灵"，这些评价恰恰道出了郑板桥诗词的独特之处。

对郑板桥诗词，李濬之和陈廷焯两位诗词评家，都既选录了不少郑板桥的作品，又探讨了其诗词艺术的渊源和影响，其中陈廷焯的评论更引人注目。

陈廷焯是清代著名的诗词高手，又是苛刻的诗词选家和严厉的词学理论家。他在《词则》的《放歌集》《别调集》《闲情集》中选录了郑板桥23阕词（《放歌集》收16首、《别调集》收3首、《闲情集》收4首），近于《板桥词钞》总数的三分之一（郑板桥《词钞》共收81阕），表明了对郑板桥词作的器重。他对所选的每阕词都作了点评，如评《贺新郎·徐青藤草书一卷》曰："板桥词最为直捷痛快，魄力自不可及。若再加以浩瀚之气，便可亚于迦陵。"对《贺新郎·赠陈周京》评曰："一气旋转，笔力横绝。其年赠何生铁一篇后有嗣音矣。""何意百炼钢，化为绕指柔，同此浩叹！几于痛哭！"对《念奴娇·莫愁湖》评曰："板桥《金陵怀古》十二首，圣哲、英豪、美人、名士，苍茫感喟，毕现毫端，惟不免稍涉叫嚣。"对《念奴娇·胭脂井》评曰："此词精绝，为诸篇之冠"，"妙语解颐"。对《念奴娇·方景两先生祠》评曰："此阕未免粗野，然语极雄奇，足为毅魄忠魂生色，故终不忍置也"，"'信心'十字刺骨。孔曰'成仁'，孟曰'取义'，原非勉强得来"。对《贺新郎·有赠》评曰："题前设色。迤逦写来，宛如画稿。情深似海，血泪淋漓，不谓艳词有如许笔力，真正神勇。"①这些评语，从阅读感受入手，在微观的层面简要指出词的特色妙处，语虽寥寥而含金量很高，推崇之意溢于言表。

从以上资料来看，郑板桥的词和他的诗同样得到了词坛权威人士

① 陈廷焯：《词则·放歌集·国朝词》《词则·闲情集·国朝词》，转引自卞孝萱编：《郑板桥全集》，齐鲁书社1985年版，第685—692页。

的赞许。但诗词评家并没有比较郑板桥的诗词之不同,诸家基本未说何以郑板桥"词好于诗"。笔者以为:

一是诗词精品中词多于诗。从精品比例来说,词总数 81 阕,被各种选本选中的佳作有近 30 首,超过三分之一。而诗总数有 288 首(不计补遗及《潍县竹枝词》),郑板桥自己称诗歌"世所脍炙"者不过 20 首左右,不足全部的十分之一。

二是词作体裁特色体现得好。郑板桥认为:"词与诗不同,以婉丽为正格,以豪宕为变格。"[①]他又说:"作词一道,过方则近于诗,过圆则流于曲,甚亦词学之难也。"[②]在郑板桥看来,诗通常冠冕堂皇正襟危坐,内含郑重之意;曲则过于嬉皮笑脸滑向世俗,有浅薄油滑之讥。在两者之间,作词既无须写诗那般端严持重的"方",也不至于作曲那般嘻哈俚俗的"圆",可以在便装随性之中表达更多的自我,表达更多的属于个人的性情才具。郑板桥对词的理解符合文学传统对诗、词、曲三种诗歌样式的角色定位,而其作品也很好地体现了这一特点,仅在《贺新郎》中,便既有"情深似海,血泪淋漓"的"婉丽"之作《有赠》,也有"一气旋转,笔力横绝"的"豪宕"之作《赠陈周京》,是深得作词之法三昧真谛的。

三是词作更充分地表现了郑板桥的气质。郑板桥个性疏宕洒脱、落拓不羁,好放言高谈,臧否人物,在世人目中有"狂"名。在词中,郑板桥可以放下架子,无所顾忌,任意而行,或慷慨激昂叫嚣痛哭,或百转千回悱恻动人,均喜怒由心、情真语挚。在这里,词的样式水乳无间地融合了郑板桥的气质,助推了郑板桥个性才具的发挥,这在《板桥词钞》中可以获得大量的例证。

不过,无论是"放翁习气"还是"词好于诗",上述评论毕竟以郑板桥自己的论说作为线索,所以诗评家们的评论多少有"顺着说"或"接着说"的意味。只是在笔者看来,这些说法固然不错,但还不能穷尽对郑板桥诗词的认识。毕竟,除了这些显在的影响脉络之外,还存在着隐在的诗歌渊源。

---

① 郑燮:《与江宾谷、江禹九书》,本社编:《郑板桥集》,上海古籍出版社 1979 年版,第 192 页。
② 郑燮:《与金农书》,本社编:《郑板桥集》,上海古籍出版社 1979 年版,第 196 页。

笔者认为，从隐在渊源的角度，郑板桥诗受到了李白诗的深刻影响。

郑板桥虽然自称诗学陆游，而且在家书中多次推崇杜甫，认为杜甫是"诗圣"，推荐家人尊奉学习，但他同时更激赏李白，并在诗词中常常以李白为榜样，留下多处学李白诗的痕迹。

比郑板桥小三十二岁的赵翼曾说"李杜诗篇万口传，至今已觉不新鲜"，可郑板桥始终认为李杜诗充满新鲜秀活之气，堪为楷模，在家书、自叙和与友人通信中多次予以称赞。譬如他称李白诗为"仙品"，比之王维、孟浩然的"修洁"更加"沉雄"，认为李白与杜甫并称"双峰"，与文王、周公、孔子的经典一样可以使个人的艺、德、寿都有长益[1]，如此等等，见出郑板桥对李白的推崇备至。

无论是因李白在文学传统中的崇高地位，还是李白傲岸恣肆的气质与郑板桥形成某种精神共鸣，郑板桥与其似有一种内在的心灵相通。他在家书中说：

> 惟太白长流夜郎。然其走马上金銮，御手调羹，贵妃侍砚，与崔宗之著宫锦袍游遨江上，望之如神仙，过扬州未匝月，用朝廷金钱三十六万，凡失路名流，落魄公子，皆厚赠之，此其际遇何如哉！正不得以夜郎为太白病。[2]

郑板桥同情李白因参加永王"勤王"军受牵连而被流放夜郎的不幸遭遇，认为不应因此而予以歧视或指责，更羡慕称赏李白得到玄宗赏识大展诗才，如他在《流夜郎赠辛判官》中所称"五侯七贵同杯酒""风流肯落他人后"的豪华得意。他在《文章》诗中也说："唐明皇帝宋神宗，翰苑青莲苏长公。千古文章凭际遇，燕泥庭草哭秋风。"郑板桥艳羡李白的这段"际遇"，也不免结合自己的经历再乐道一番。他在《板桥自序》中说：

> 紫琼崖主人极爱惜板桥，尝折简相招，自作骈体五百字以通

---

① 郑燮：《仪真县江村茶舍寄舍弟》《潍县署中与舍弟第五书》《贺新郎·述诗二首》《骨董》，本社编：《郑板桥集》，上海古籍出版社1979年版，第5、22、125、61页。

② 郑燮：《仪真县江村茶社寄舍弟》，本社编：《郑板桥集》，上海古籍出版社1979年版，第4页。

意,使易十六祖式、傅雯凯亭持以来。至则袒而割肉以相奉,且曰:"昔太白御手调羹,今板桥亲王割肉,后先之际,何多让焉!"①

我们从郑板桥的津津乐道中看到的,不仅仅是紫琼崖主人慎郡王乃乾隆皇叔的高贵身份,不仅仅是他喜爱诗文书画、优礼文士的超迈品格,不仅仅是他作为郑板桥的知己靠山、为郑板桥大力荐官的识人之能,而是郑板桥借慎郡王之口表达了他享受类似李白"际遇"的荣宠。对于慎郡王而言,其中或许含有社交场合的恭维客套,但对郑板桥而言,他对李白"际遇"的向往之意,和获得主人拿李白作比的得意之情则是浓厚的、真切的。

郑板桥推崇李白,认为李白的诗属于诗文中的"大乘法"。他说:

> 文章有大乘法,有小乘法。大乘法易而有功,小乘法劳而无谓。……曹操、陶潜、李、杜之诗,所谓大乘法也。理明词畅,以达天地万物之情,国家得失兴废之故。②

这里所说的"大乘法",其要义在于内容上要关系天地万物和国家兴亡,写法上要理明词畅,这也就是郑板桥反复强调的"文必切于日用,理必归于圣贤",要"刻刻以天地万物为心"的意思。但引文所说"大乘法"只是在泛论诗文的基本价值,并不专指李白。如果落实到李白,最让郑板桥醉心的,是李白的诗艺诗风。李白那些想象奇特、气势奔放、语言飞动、构思别致的诗篇,是郑板桥心追手摹的"师法",尤其是李白那些新鲜活泼、灵变多姿的七绝,让郑板桥十分激赏,并作了诸多摹写:

> 渴疾由来亦易消,山前酒旆望非遥。
> 夜深更饮秋潭水,带月连星舀一瓢。③

> 百六十里荷花田,几千万家鱼鸭边。
> 舟子搦篙撑不得,红粉照人娇可怜。④

---

① 郑燮:《板桥自叙》,本社编:《郑板桥集》,上海古籍出版社1979年版,第186—187页。
② 郑燮:《与江宾谷、江禹九书》,本社编:《郑板桥集》,上海古籍出版社1979年版,第191页。
③ 郑燮:《访青崖和尚……》,本社编:《郑板桥集》,上海古籍出版社1979年版,第55页。
④ 郑燮:《由兴化迂曲至高邮七截句》,本社编:《郑板桥集》,上海古籍出版社1979年版,第52页。

小廊茶熟已无烟,折取寒花瘦可怜。
寂寂柴门秋水阔,乱鸦揉碎夕阳天。①

树满空山叶满廊,袈裟吹透北风凉。
不知多少秋滋味,卷起湘帘问夕阳。②

天远山空塞草长,太平羽猎出渔阳;
少年马上谈诗事,一种风流夹莽苍。③

　　这些诗均"理明词畅",且往往有奇特的想象和出人意表的转折:
"带月连星舀一瓢",既有"举杯邀明月,对影成三人"的异想天开,又有
"夜悬明镜青天上,独照长门宫里人"的飘逸多姿;"红粉照人娇可怜",
"乱鸦揉碎夕阳天","一种风流夹莽苍"也多有杜甫赞李白诗那样"飘然
思不群"的佳句。

　　郑板桥的诗学李白,还结合自己的立身行事来谋篇结句。如他说
自己"束狂入世犹嫌放,学拙论文尚厌奇",正似李白的"我本楚狂人,凤
歌笑孔丘";如"文章自古通造化"正似李白的"笔参造化,学究天人";如
"尽把黄金通显要,惟余白眼到清贫",正似李白的"珠玉买歌笑,糟糠养
贤才";如"河桥尚欠年时酒,店壁还留醉后诗"④,正似李白的"长安市上
酒家眠","自称臣是酒中仙"。慎郡王称郑板桥诗有"按拍遥传月殿曲,
走盘乱泻蛟宫珠"之美,说郑板桥的诗珠玑琳琅犹如仙乐,是神仙笔墨,
郑板桥对此非常欣赏也很认可,特地在《刘柳村册子》中摘出说"愧不敢
当,然亦佳句"⑤。这两句正说明在时人眼中郑板桥的诗格诗风颇似
李白。

---

① 郑燮:《小廊》,本社编:《郑板桥集》,上海古籍出版社 1979 年版,第 44 页。

② 郑燮:《法海寺访仁公》,本社编:《郑板桥集》,上海古籍出版社 1979 年版,第 56 页。

③ 郑燮:《塞下曲三首之一》,本社编:《郑板桥集》,上海古籍出版社 1979 年版,第 64 页。

④ 本段所引郑板桥诗句,出自《自遣》《偶然作》《扬州》《客扬州不得之西村之作》,本社编:《郑板桥集》,
　　上海古籍出版社 1979 年版,第 27、29、30、42 页。

⑤ 郑燮:《刘柳村册子》,本社编:《郑板桥集》,上海古籍出版社 1979 年版,第 189 页。

不仅如此，郑板桥还用李白喜用的乐府旧题写了不少诗，如《塞下曲》《白门杨柳花》《长干女儿》《长干里》等。

郑板桥不仅自己对李白的诗艺心仪手追，对别人摹拟李白的佳作也称美不已。他的《题陈孟周词后》跋语说的即是此事：

> 陈孟周，瞽人也。闻予填词，问其调。予为诵太白《菩萨蛮》、《忆秦娥》二首。不数日，即为其友人填二词，亦用《忆秦娥》调。其词曰："光阴泻，春风记得花开夜。花开夜，明珠双赠，相逢未嫁。
>
> 旧时明月如钩挂，只今提起心还怕。心还怕，漏声初定，玉楼人下。""何时了，有缘不若无缘好。无缘好，怎生禁得，多情自小。
>
> 重逢那觅回生草，相思未创招魂稿。招魂稿，月虽无恨，天何不老！"予闻而惊叹，逢人便诵。咸曰青莲自不可及，李后主、辛稼轩何多让矣。拙词近数百首，因愧陈作，遂不复存。①

郑板桥称誉这位摹拟诗仙的盲诗人为"圆峤仙人海上飞"，显然是说陈孟周和李白一样也是"仙人"。有趣的是，"仙人"也是郑板桥友人对郑板桥的赞誉，蒋士铨就有诗云："未识顽仙郑板桥，非人非佛亦非妖"②，可以想见，"仙气"是如何活跃在郑板桥的立身行事和作品中的了。

"摹仿"是艺术家在艺术创作起步阶段的必由之路，从开始"描红"式的亦步亦趋，到走出窠臼进入"遗貌取神"的阶段，并最终走向独创，建立自己独特的诗歌风格，郑板桥也是如此。他与李白处在不同的生活时代，有着不同的个人经历，也有着不同的个性气质，这从根本上决定了郑板桥对李白诗歌的基本态度，那就是以我为主，活学活用，所以，较之李白诗，郑板桥诗的"仙气"不足而"狂气"过之，这个"狂"不是目中无人、唯我独尊的狂妄，而是童真不泯、笑骂由心的癫狂痴狂，就此，蒋士铨的"顽仙"之说确实道出了郑板桥的独特之处。于是我们看到，郑板桥的"带月连星舀一瓢""乱鸦揉碎夕阳天""卷起湘帘问夕阳"……是

---

① 郑燮：《题陈孟周词后》，本社编：《郑板桥集》，上海古籍出版社 1979 年版，第 93 页。
② 蒋士铨：《忠雅堂诗集·丁酉·题杂家书画册子七首》，转引自卞孝萱编：《郑板桥全集》，齐鲁书社1985 年版，第 629 页。

多么的神似李白又不似李白，这正是郑板桥所特有的，它们与"一枝一叶总关情""任尔东西南北风"等组成了无古无今、惊世骇俗的"板桥味"。

第四节　书法"板桥体"

由于中国文字的独特和书写方式的独特，中国书法成为一个独特的艺术门类，历朝历代、真草隶篆各种书体都积累了众多的艺术珍品，涌现了众多精于此道的书法大家，在艺术史上熠熠生辉。这些艺术家以极具个性风采和辨识度的书法风格，各自标识着某一时代在某种书体上的成就，成为后代书法家汲取营养的重要资源和追赶并努力超越的具体目标。随着时代的不断演进，书法艺术家的画廊越来越璀璨，也越来越拥挤，追赶他们并进入这个画廊也越来越不易，而如果突破书体的界限，或者说把各种书体熔于一炉创造新的书体，也似乎越来越困难，书法艺术家无不以创造出书坛具有鲜明辨识度的独特风格并进入这个画廊为荣。郑板桥正是一位勇于和善于创造特殊品种的大艺术家，他的"板桥体"就是一个显例。

在中国，有些人在唐代诗人中可能分不清杜甫和杜牧，在宋代书法家中可能分不清苏轼和黄庭坚，在清代画家中可能分不清石涛和八大山人，但一看到郑板桥的书法，就会脱口而出：这是"板桥体"。显然，"板桥体"有着鲜明的特色，那种既非行书、草书、楷书、隶书、篆书却又有行书、草书、楷书、隶书、篆书笔意的字体，那种乱石铺街、纵横挥洒却又布局井然、法度不乱的结构，如女娲补天顺手挥出的彩石令人惊叹不已，让人不得不由衷地发出"震电惊雷之字"的感慨。这种"板桥体"，从单个字看无一字无来历，从整体看无一家有此字，从笔划看无一笔无来处，从综合看无一笔似来处。这是一种真正的博采众长而又重新创造的新体，似蜜蜂采百花而酿成的蜂蜜，似春蚕嚼桑叶后吐出的蚕丝，新而不谬，怪而不诞，奇而不妄，秀而不弱，字字挺隽，人见人爱。

郑板桥对自己的众多技艺各有评价，自称诗是"诗格卑卑"，画是

"余闲作",但说到书法的时候则称"善书法,自号'六分半书'"①,一个"善"字见出他对书法的得意。何为"六分半书"? 傅抱石说:"大体说来,他的字,是把真、草、隶、篆四种书体而以真、隶为主的综合起来的一种新的书体,而且又用作画的方法去写。"②因"六分半书"为郑板桥独创,故人们又称"板桥体",它给人的震撼,可借用唐朝陈子昂"前不见古人,后不见来者"诗句来评价。

董其昌在赞美颜鲁公书法《送裴将军诗》时说:

> 鲁公《送裴将军诗》,兼正行分篆体。倏肥倏瘦,倏巧倏拙。或劲若钢铁,或绰若美女;或如冠冕大人,鸣金佩玉于庙堂之上,或如龙跳天门,虎卧凤阁;或如金刚瞋目,夜叉挺臂,或如飘风骤雨,落花飞雪。信手万变,逸态横生。③

这里,董其昌是用文学的语言表达他的强烈感受,这段话同样可以移来用以评价"板桥体"。当然,如果不用文学的语言而用分析的眼光去审视"板桥体",可以看出其艺术特色大致有三点:一是将真草隶篆揉为一体。书法中隶篆笔法很多,金石味很浓,有的地方还直接掺入篆字,它破除陈规大胆创新,但有的时候也有造作之嫌。二是以画笔入书。中国有书画同源之说,据说郑板桥受到黄庭坚启发,借用了黄庭坚用笔的长撇,又巧妙掺以兰竹画法。三是行款布局如乱石铺街。"板桥体"章法貌似凌乱,但其实上下呼应左右顾盼,内中流淌着音乐般的节奏和韵律,这得力于颜真卿的《争座位帖》。同时,郑板桥又是画家,且精于篆刻,对于书法的布局是独具慧眼的。

"板桥体"的形成有一个过程。郑板桥开始学书并非想以卖字为生,而是为了应举迎考。他从小学"馆阁体",写得一手工整的楷书、行书。后来他感到要转益多师,于是学了黄庭坚等人的字,开始向书法家方向发展了。但此时学的仍是名家法帖,以楷行为主,仅略有变化。后来他由帖学转向碑学,重视魏碑和隶书,书法遂带有隶意,着意朝书法

---

① 郑燮:《板桥自叙》,本社编:《郑板桥集》,上海古籍出版社1979年版,第177页。
② 傅抱石:《前言——郑板桥试论》,本社编:《郑板桥集》,上海古籍出版社1979年版,第14—15页。
③ 董其昌:《论法书》,《出神入化·书品卷》,内蒙古人民出版社2006年版,第84—85页。

家方向前进,但这时他写的仍是三种字:第一种是试卷公文必用的馆阁体,取其案卷清晰辨识度高;第二种是书札包括判词常用的、行楷为主略带草意的自由体,取其自由快捷;第三种就是与众不同、执意创新的"艺术体"或者说"破格书"。罢官以后,郑板桥再也没有顾忌,就"自树其帜"锐意成家,在已有的"破格书"上不断"破格",直到形成新的"定格",创造出成熟的"板桥体"。

如果给"板桥体"划一个演化的时间段,大体可分为孕育期、萌芽期、成长期、成熟期四个阶段。

第一阶段,孕育期。大致在35岁以前,郑板桥力攻楷书和行书,以学欧阳询为主,以逼肖古人而知名,其代表作是传为23岁赴京写于瓮山的《秋声赋》。此字大幅小楷,流利秀整,千字巨篇,一气呵成,有王羲之、钟繇的笔意,但主要还是以欧字为底,偶尔尝试在综合钟王的基础上变化行楷。

第二阶段,萌芽期。在36岁至45岁之间,郑板桥主要学习黄庭坚和怀素,书法也渐渐知名,能到街头换钱数十,但以赠送为主,得些小馈赠而已。36岁时,他与同窗友人比赛默写《四书》,就有意识地模仿黄庭坚的杜诗钞本和赵孟頫的《左传》钞本,于是有了郑板桥的《四书》钞本。在"默写"的过程中,郑板桥意识到自己"既无涪翁之劲拔,又鄙松雪之滑熟",就自为"奇异","创为真隶相参之法,而杂以行草"。[1] 这部《四书》钞本可称为"准板桥体",楷隶气息很浓,行草极少,只偶在一些过渡字中见之,字的大小、间隙、行距都较整齐,颇似书帖。他写于41岁时的《朱子功寿序》十二幅条屏顶天立地、气势磅礴,但从字体上来说多用黄庭坚笔意,偶有变异古字,草意比《四书》钞本要浓,可以说得山谷之挺拔雄劲,得怀素之狂放飘逸,隶意则尚不如《四书》钞本。

第三阶段,成长期。从46岁到60岁,郑板桥将"怒不同人"的书体创新冲动化为自觉行动,经过刻苦努力,取得了令自己满意、让世人认可的成绩,这个成绩就是"板桥体"的成型和稳定,由此他也敢于称自己"善书法,自号'六分半书'"。前阶段写于45岁的《道情》已经具有了

第六章 创作成就

① 郑燮:《四子书真迹序》,本社编:《郑板桥集》,上海古籍出版社1979年版,第183页。

"乱石铺街"的特点,它融合行草一片神行,不见起止之痕,是一种得意笔墨,有一种倔强激愤的气息,但既多怀素草意又未脱山谷笔意,隶意则更少。他进入本阶段后,48 岁默写怀素《自叙帖》一段和 53 岁临写《兰亭序》一样,完全是"自出己意",篆隶楷行草五体俱全融化为一,甚至融入了画兰竹的笔法。此时怀素也罢,山谷也罢,右军也罢,欧阳询也罢,都不见了,只见满纸幻化明灭、怪怪奇奇、飘逸潇洒的"破格书"。郑板桥还怕别人理解不深,特加"叙"曰:

> 板桥道人以中郎之体,运太傅之笔,为右军之书,而实出己意,并无所谓蔡钟王者,岂复有兰亭面目乎! 古人书法入神超妙,……故作此破格书以警来学,即以请教当代名公,亦无不可。[1]

在这一段话中,郑板桥标明了自己书法的立意、作法及"标牌"。这个"破格书"与十年后自称的"六分半书"是同一个意思,即"板桥体"。换句话说,所谓"板桥体"即"破"包括王羲之在内的前贤之"格"的书体,它能将似乎无法融合的隶、篆、草及黄庭坚、怀素风格融为一体,就像取了多种营养品的汁水熬煮成的新羹汤,肉舌凡唇根本无法分清原先的来源了。当然,这一时期也有"自由体"作品,如"判词""家书"等等,但这是"内部"发行的,其中虽也有珍品,但只是咳唾成珠,而非精雕细琢的结果。

第四阶段,成熟期。郑板桥 61 岁被罢官后,无官一身轻,再也不用写那些苦心劳形的案牍公文,开始一心追求书艺的完美,加上市场的驱使、清官受污的愤慨、摆脱庸琐的欢乐、"怒不同人"的宿志,多种复杂的情感激荡在胸中,经桀骜张扬个性的熔铸,一股脑儿在书法中倾泻了出来。此时,无论"自由体"还是"实用体",统统让位给了"板桥体",于是产生了许多一扫前贤、后难追攀的名作,如写于 64 岁的《王维山中与裴秀才迪书》,写于 65 岁的《赠织文》,写于 66 岁的《书陶潜桃花源记并诗》《书李壶庵道情十首》等,布局得体,疏密互映,字的大小、行距参差有致,斜正得当,一气呵成,达到了深厚质朴而又流贯畅达的境地,并且矫正了以往一些"蹲笔过重""略有拼凑"等欠完美的地方,充分表现出

---

① 郑燮:《跋临兰亭叙》,本社编:《郑板桥集》,上海古籍出版社 1979 年版,第 175 页。

书法大家的书法品位和艺术境界。再以后,佳作更是连翩而至,67岁时写的《润格》,68岁时写的《跋李鱓花卉蔬果册》,怨愤喷发,真情涌现,尤其是后者,既有对老友超迈人品的阐发,又有对其不幸遭遇的同情,还有对其独到艺术的品鉴,在章法笔法上则是众体俱来,小大瞬变,疏密倏转,像吼叫,似唔叹,如哭泣,类长吟,千变万化,莫知所以,感人肺腑,动人心魄。这些作品,书艺与人品齐赞,朋友与自己共述,是书,是画,是人,是己,尽在尺幅之中,是"板桥体"中佳品。

69岁以后,虽然已经进入生命的晚年,但"富于笔墨穷于命,老在须眉壮在心"的郑板桥,并不觉得大化之期不远,仍是奋进不已,留下的书法佳品比此前的总和还要多,对联也罢,题跋也罢,题扇也罢,脱却秀媚,人书俱老,"琢出云雷成古器,辟开蒙翳见通衢",文意和书法都臻于化境,可谓幅幅锦绣,字字珠玑,笔落惊风雨,书成泣鬼神。这些作品将"板桥体"推向了新高度,奠定了"板桥体"在中国书法史上的杰出地位。

这种"板桥体",可以从一个字到一行字到整幅字三个层面来理解。

郑板桥书写的对联

在字的层面,有的字可能隶意浓一点,有的字或楷意、行意、草意多一点,但每个字都兼有行、楷、隶、草、篆各体的韵味,这就是说,从每个字的笔划中,可以析出隶味、楷味、行意、草意,或者说似隶非隶、似楷非楷、似行非行、似草非草,这样每个字都是多种书体的化合物,特别是一些笔画比较复杂的字更容易看出。例如对联"作画题诗双搅扰,弃官耕地两便宜"的"擾"①字,整体是一派楷的骨架,但"提手旁"却又是行意,横、竖、钩皆不同于楷书,横短,竖上瘦中斜而向下略弯,下钩很短,"提"亦短而不过竖,正是行意,右侧中间的"心"字成两点,也是行意。偏旁上一横是带兰意的变体隶书,最后一笔捺也是隶兰笔意。整个字显得劲秀端凝,自然灵妙,却又隐隐传递出"擾"的不安气氛。

在行的层面,通常一行字有大有小,有正有斜,有方有长有扁,有时还夹入古体、异体、篆体字,看似乱如"乱戴银冠钉假珠",实是"炼石补天女娲手",在参差错落、画龙点睛中带动了其他的字,化平庸为警拔,形成字与字的神意相连、形体相亲,被人称为"乱石铺街"。这个"乱"字很有概括力,可称乱中有法,乱而得趣,正如红花绿叶,各得其所。以人们所称道的《道情》为例(见《郑板桥集》卷首插页郑燮墨迹),这幅字连引子加尾声共十二段。引子十行,第一行"花"字偏右,"烟"字偏左;第二行"人"字盖在"愁"字头上,"少"字长撇更伸到"年"字腰中;第三行"今"字偏左,"板"字偏右;第四行"和"是古字,比"公"字大几倍,"歌"字一捺也如武术师的腿踢向天外,第五行"道"字头两点变三弯竖,"情"字左边竖心旁比右边"青"旁肥大,"十"字却只有"情"字的四分之一;第六行"聋"为异体字且特大;第七行"歌"字偏右,但长捺则凝成一点,似武术师重拳;第八行"利"字向左大斜,长竖与"之"字连笔,两个"觉"字一简一繁似如父子;第九行中间向左弯,似一根风竹随风而动;第十行"笑"字行草笔意,笔简形小,像士人淑女在掩口葫芦。"老渔翁"整段字比前面引子要大,比后面"老樵夫"也大;"老道人"末尾"何处相寻"四字特别醒目,给人"踏破铁鞋无觅处"之感;"遨唐虞"则多为隶意,"慌忙"之"慌","龙盘"之"龙","虎踞"之"虎",隶意、异体篆笔,整段也都是特

---

① 见《郑板桥全集》《郑燮书对联(拓本)》,卞孝萱编:《郑板桥全集》,齐鲁书社 1985 年版,插页。

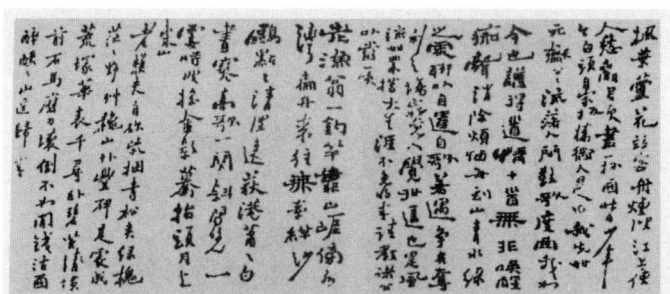

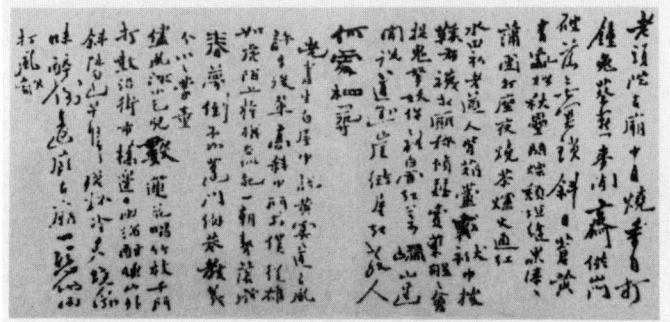

《道　　情》

大字,大约是历史教训太多了,非大字不足以显历史感,不足以寓警世意;尾声"拨琵琶"段,大大小小,行行草草,正似"大珠小珠落玉盘","弦弦掩抑声声思",又似无限泪点长歌当哭;落款末特加记"极热微凉"四字,字形大,虽是"记实",亦有醒人觉世之意。

　　在整幅字的层面,无论是大到径丈的中堂,还是小到几寸的扇面,行款虽有直有弯,但弯不伤直,弯而有致,字与字之间彼此呼应,行与行之间疏密得宜,跌宕起伏,一片神行。大小、敧正、肥瘦、古今等各种看似相互矛盾的元素,在郑板桥诗人胸襟、画家眼光的调度下,搭配天然,布局得体,蒋士铨对此有"波磔奇古形翩翩""颓唐偃仰各有态"①之语,可谓道出了郑板桥书法的妙处。由此,郑板桥书法的整体风貌时而傲岸不羁,时而情秀可人,或如世外方士,或如失群才子,或如盛筵歌女,

① 蒋士铨:《忠雅堂诗集·戊子·题郑板桥画兰,送陈望亭太守》,转引自卞孝萱编:《郑板桥全集》,齐鲁书社1985年版,第629页。

或如深院闺秀，杜牧"秀眉老父对樽酒，茜袖女儿簪野花"的诗句或可形容。

要准确评价"板桥体"，我们还必须探索郑板桥在书法方面的师承。郑板桥在多种题跋和自述中都提到，他自己欣赏和师承的书家有崔瑗、蔡邕、钟繇、王羲之、虞世南、褚遂良、欧阳询、颜真卿、怀素、苏轼、黄庭坚、高其佩、傅青主、郑谷口、万九沙、金农、高凤翰等等，可见郑板桥于古今名家、各体大师和历代碑帖精品，都下过一番功夫。从历代书家那里，郑板桥汲取了众多的养分，归结起来，大致可以概括为以下几点。

首先，郑板桥学习各名家的精神品格。从郑板桥的许多题跋、自述中可以看到，郑板桥之所以欣赏他们，多因为他们的书法各有特色，自成一家。同为楷书，但钟是钟，王是王，一篇《兰亭序》流传千年而不衰，且不说真迹，即使临摹之作也成稀世珍宝。再如，颜真卿汲取汉隶的古朴深厚，创造了端方而具隶意的"颜体"楷书；傅青主则在楷书中又融入了"八分书"。显然，这种追求独创的精神启发并激励了"板桥体"的诞生。还值得注意的是，郑板桥所赞赏并以为师法楷模的，都取自"人品与书法相表里"者。对前辈大师的学习，他是临帖中有思考，临其体，思其人。他之所以不喜欢赵孟頫，很大程度上是因为赵孟頫人品有瑕，尽管御颁钦定，郑板桥可以公然"鄙松雪之滑熟"。此话虽然只就书艺而言，但"鄙"其身事异朝的人品不高则尽在不言之中。

其次，郑板桥致力于学各体妙处、各家妙处。在书法字体上，真、草、行、隶、篆各有各的妙处，书法家中，钟繇是钟体，王羲之是王体，颜真卿是颜体，宋徽宗是瘦金体，张旭是张草，怀素是怀素体，它们也各有特点，各有妙处。郑板桥正是既学习真、行、草、隶、篆的妙处，也学习前贤名家名作的妙处，但他并非只是简单堆砌组合一下这些妙处，而是像蚕吃桑叶一样通过理解吸收将众妙熔铸为一体。一般来说，"板桥体"进入成熟阶段以后很难一下子看出哪一笔哪一字出自哪一家，可以说，"板桥体"是化合物而不是拼合物。当然，正如真正的化合物也可以分析其要素一样，从"板桥体"中也可以分析出它的所学。

大体而言，"板桥体"学的是草神、行意、楷骨、隶气。分析"板桥体"的结构、笔划、用墨，可以看到它狂放恣肆、疾如风雨、一气呵成、字字呼应,但又劲挺隽秀,完全是草书狂放之神,行书洒脱之意,楷书端秀之骨。而其中时时露出的古朴厚质,如糅入一些古字、僻字,则显得凛然庄严,完全是一派士人正气,这正是隶气,汉隶讲究端严厚重,正是士子正气的显示。他自己也说:"板桥书法以汉八分夹入楷行草,以颜鲁公《座位稿》为行款,亦是怒不同人之意。"①这句话中,"怒不同人"的"怒"字也含有士子正气,也即隶气。他曾解释"怒"的含义:"庄生谓:'鹏怒而飞,其翼若垂天之云。'古人又云:'草木怒生。'然则万事万物何可无怒邪?"②这里"怒"的含义有多重:一是《战国策》所说"伏尸二人,天下缟素"的士人之怒,是胸中不平、按捺不住、怒发冲冠的怒;二是勃勃生机的"怒生"之怒,是坚毅果决、非破土而出不可的怒,可见,郑板桥要在书法中创造出自己绝不同于他人特色的信念已经是喷薄欲出、无法遏止了。此时,他对大师妙处的学习,主要是思临交织,思重于临,思得众妙。

再次,郑板桥化众家和各体之妙,融入独到见解以开拓新妙。在得到众妙之后,郑板桥又从前贤的"书法入画"中获得启发,以反向操作、字画互融的方式铸造新妙。他意识到,书画虽是不同的艺术形式,但有着内在的互通和一致。他在一幅竹画上题曰:"与可画竹,鲁直不画竹,然观其书法,罔非竹也。瘦而腴,秀而拔;欹侧而有准绳,转折而多断续。……书法有行款,竹更要行款;书法有浓淡,竹更要浓淡;书法有疏密,竹更要疏密。……酉北善画不画,而以画之关纽,透入于书。燮又以书之关纽,透入于画,吾两人当相视而笑也。"③这就是说,画家可用书法入画,书家自然也可用画法入书,将画的笔法、墨法、章法融入书法之中。郑板桥从黄山谷的字中读出了不少自己画竹的笔法,而郑板桥的字,如"也"字的末笔,许多时候长撇大捺都有兰叶之姿,其风貌有如蒋士铨所说的"板桥作字如写兰,波磔奇古形翩翻"④。

---

① 郑燮:《刘柳村册子》,本社编:《郑板桥集》,上海古籍出版社 1979 年版,第 190 页。
② 郑燮:《刘柳村册子》,本社编:《郑板桥集》,上海古籍出版社 1979 年版,第 190 页。
③ 郑燮:《题画竹》,本社编:《郑板桥集》,上海古籍出版社 1979 年版,第 155 页。
④ 蒋士铨:《忠雅堂诗集·戊子·题郑板桥画兰,送陈望亭太守》,转引自卞孝萱编:《郑板桥全集》,齐鲁书社 1985 年版,第 629 页。

郑板桥的以画入字法体现在多个方面,他不仅以画的笔法当作字的笔法,还以画法中"墨分五色"的浓淡枯润用于书法,在章法布局上也

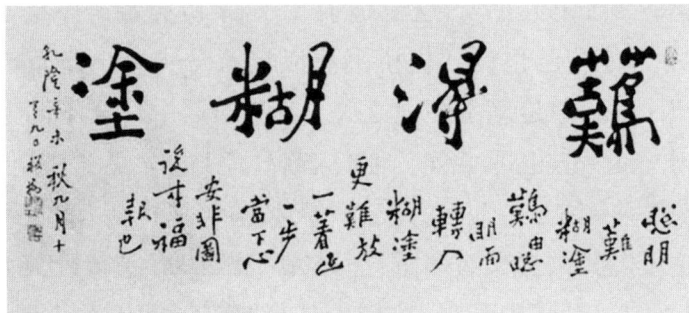

《难得糊涂》

把一幅字当作一幅画来处理。他的横卷《难得糊涂》便如一幅写意山水,主体是四个大字在上,下面十四行大大小小歪歪斜斜的小字,最后题款则通栏上下,再缀以"难"等一两个古字,起到古朴醒目且动静相配之妙,完全是一派画趣。显然,郑板桥创一家之风的"板桥体"得益于画法,各体笔法、大小参差能够统一于画面,正得益于绘画的章法原理。

当然,"板桥体"多少有精心构图的痕迹,尽管达到了无可挑剔的境地,但精心构图似比不上信手拈来、不期而然之更入化境。此外,与郑板桥桀骜不驯的个性一样,他的书法"板桥体"也个性太强,无法为后人所楷模,无论是谁,一旦楷模,便入窠臼。这既是优长,也是缺失。

第五节　绘画"郑家香"

从郑板桥大量的诗词和绘画来看,一般情况下,他追求诗中有画意,画中有诗情,以诗画交融来体现他的创作追求。

郑板桥善画兰、竹、石,曾说自己的画是"无古无今之画"。他的"无古无今"不是说超越古今,而是"自树其帜"、自立门户之意,因为他的画既不专师古人,也与今人大不一样。只是,"无古无今"究竟体现在哪些方面?郑板桥自己有一些论述:

予作兰有年,大率以陈古白先生为法。及来扬州,见石涛和尚

墨花,横绝一时,心善之而弗学,谓其过纵,与之自不同路。又见颜君尊五,笔极活,墨极秀,不求异奇,自有一种新气。又有友人陈松亭,秀劲拔俗,矫然自名其家,遂欲仿之。兹所飘擎,其在颜、陈之间乎? 然要不知似不似也。①

兰草写三台,无人敢笔栽。取得新奇法,墨香吹出来。②

古人以喜气写兰,怒气写竹,盖物之至清,专以意似,不在形求。欧阳文忠公云:萧闲疏淡之致,惟画笔偶能得之。此真知画者也。③

对郑板桥的兰、竹,当时以及后代的友朋和研究者也有很多论述,择要介绍如下:

近今学者,多宗矩亭、板桥两家,缘两家最近,真迹流传尚多。然两家异法:郑氏兰叶尚古健,不尚转折,用笔直来直去,却逐步顿挫,留得笔住,否则便直率无余味矣;蒋氏叶尚纵横,尚转折,而用笔却极挺劲流利,不复逐步顿挫,以顿挫则软弱无力矣。郑叶转处用笔蹲;蒋叶转处用笔提。郑氏体劲而用婉;蒋氏体婉而用劲。此余悉心体验而得者。郑氏写花,雄浑挺拔;蒋氏则超逸如作草书,纯有笔尖为之,较有风趣,蕙花尤喜疏疏密密不匀排,尤有致也。……

画兰之法,贵秀逸而非柔媚。贵奔放而非粗野,贵峭健而非生硬,贵朴茂而非拙塞,然总宜有春夏气,乃为可贵耳。昔板桥老人作折枝兰蕙,自题云:"非有他巧,不过春夏气为多耳。"此语妙双关,能明画法而得春夏气,无论娟娟烟痕,萧萧雨影有之,即纵横驰骤,破笔焦墨,亦自有蓬勃之致。惟画法端由积学而成,而画兰尤

① 郑燮:"中国美术研究所藏墨迹",卞孝萱编:《郑板桥全集》,齐鲁书社1985年版,第344页。
② 郑燮:"常州何乃扬藏墨迹",卞孝萱编:《郑板桥全集》,齐鲁书社1985年版,第348页。
③ 郑燮:《兰竹》,卞孝萱编:《郑板桥全集》,齐鲁书社1985年版,第510页。

以立品为要。①

从来画墨兰者，无著名专家。至国朝，推郑板桥为首。板桥又最佩服白丁、石涛两禅师。余尝论白丁以少胜，以韵胜；石涛以多胜，以气胜。板桥兼而有之，故名盛一时。②

竹易于密而难于疏，惟板桥能密亦能疏……③

相较之下，有关郑板桥画竹的资料更多于画兰者，因为前后章节已引或将引，故此处从略。

上引资料足可看出郑板桥画作多集中在兰、竹、石三方面，尤以兰竹为多，可以说是竹有苏轼、文同之秀，兰继陈少白、石涛之新，石添竹兰之韵。他的兰竹画，构思新颖笔力清劲，千姿百态各具个性，令人初观惊喜细思钦佩，雅人倾倒俗人喜爱。后之学人可达其笔法功力，却难达其清逸洒脱之致和立意构思之独特匠心。戴熙在仿郑板桥画后感慨道："此仿板桥道人，力求其韵，转失其气，难学难学。"④这是因为，郑板桥以兰竹石寄托自己的情志，他笔下的兰竹就是他灵魂的体现，任何人都无法替代郑板桥，无法变成郑板桥，自然也就无法还原郑板桥之画了。

综观郑板桥绘画创作的特色和成就，大致可以概括为下列两点：

第一，画艺精湛，崭露个性，卓立门户。

对于学画，郑板桥说是"吾师造化"，此话作为他的夫子自道，当然需要重视。从这个角度，他的画竹固然如此，其实画兰也不例外。他曾在自家宅院植兰数十盆，日夕观察，深有心得。他曾说："余种兰数十盆，三春告暮，皆有憔悴思归之色。因移植于太湖石黄石之间，山之阴，石之缝，既已避日，又就燥，对吾堂亦不恶也。来年忽发箭数十，挺然直

---

① 马棪：《论画兰》，转引自卞孝萱编：《郑板桥全集》，齐鲁书社1985年版，第755、757页。
② 桂馥：《丁亥烬遗录.卷三》，转引自卞孝萱编：《郑板桥全集》，齐鲁书社1985年版，第778页。
③ 戴熙：《赐砚斋题画偶录》，转引自卞孝萱编：《郑板桥全集》，齐鲁书社1985年版，第738页。
④ 戴熙：《习苦斋画絮·杂件类》，转引自卞孝萱编：《郑板桥全集》，齐鲁书社1985年版，第739页。

上,香味坚厚而远。又一年更茂。乃知物亦有本性。"①但这并不意味着他藐视前贤,他是既师造化,亦如上面引文所示师古人,同时也对时贤下过一番功夫。他不仅懂得时贤之所长,还研究了时贤的师承,譬如他在《题画》中说他的乡前辈李鱓是"蒋南沙、高铁岭弟子,花卉翎羽虫鱼皆妙绝,尤工兰竹",可他又说自己"画兰竹绝不与之同道"。李鱓懂得他的心意,不仅不介怀,反而喜曰:"是能自立门户者。"②故而,他的"吾师造化"是与"无古无今"一样,同是强调自立门户的意思。应该说,郑板桥是将兰竹作为他生命的一部分,作为他献给"天下劳人"的花束和抗击社会污浊的利器,这样的兰竹,在卓越的技巧中深刻融入了画家的爱恨情仇,早已超越了他师法的对象并具备了强烈的"怒不同人"的个性,在这个意义上,郑板桥的自立门户之说完全成立。所以,尽管从古至今善画兰竹者众多,而郑板桥的兰竹仍然可以脱颖而出独树一帜,获得大师、同行和社会的认可。

第二,诗画融会,移情炼意,针砭社会。

郑板桥作画,并不是以理性目光去冷静地描绘一个客观实在物,他抒写的是经过自己的情感熔铸之后的心中之物,于是他笔下的兰、竹、石便蕴含了人的性情品质,具备了浓郁的诗意。他又常以题诗的方式给画点睛,进一步开掘提炼了画作的深层意蕴,激浊扬清,针砭时世,形成了诗画融合的鲜明特色。譬如,他在一幅荆棘丛兰画上题曰:"不容荆棘不成兰,外道天魔冷眼看"③,在另一幅题画中,他解释"荆棘""如国之爪牙,王之虎臣"④。显然,这是将兰比作贤君,将荆棘比作"国之爪牙,王之虎臣",其主次褒贬之意一目了然。再如,他在另一幅兰画上题道:"屈宋文章草木高,千秋兰谱压风骚。如何烂贱从人卖,十字街头论担挑"⑤,这是感慨社会不懂得尊重人才,是李白所说的"珠玉买歌笑,糟糠养贤才"。又如,他在《画盆兰劝无方上人南归》图上题曰:"万里关河

---

① 郑燮:《兰》,本社编:《郑板桥集》,上海古籍出版社 1979 年版,第 159 页。
② 郑燮:《兰竹石》,本社编:《郑板桥集》,上海古籍出版社 1979 年版,第 164 页。
③ 郑燮:《为侣松上人画荆棘兰花》,本社编:《郑板桥集》,上海古籍出版社 1979 年版,第 162 页。
④ 郑燮:《丛兰荆刺图》,本社编:《郑板桥集》,上海古籍出版社 1979 年版,第 162 页。
⑤ 郑燮:《兰》,本社编:《郑板桥集》,上海古籍出版社 1979 年版,第 158 页。

异暑寒,纷纷灌溉反摧残;不如归去匡庐阜,分付诸花莫出山。"①这是以红尘纷扰有伤贤才之意,劝贤才不如归去隐居不出。

郑板桥笔下的竹也是如此,只是更加突出了藐视恶势力的壮士气质。如众所熟知的"惟有竹枝浑不怕,挺然相斗一千场""扫云扫雾真吾事,岂屑区区扫地埃"②均是如此。读了这些,一位胸怀大志、奋发有为的志士形象活现在人们眼前。墨竹由文人雅士的"高士"形象深化为"志士""战士"形象,完全是郑板桥的移情创造。

不仅画竹如此,郑板桥画石也是如此。"石依于竹,竹依于石;弱草靡花,夹杂不得"③的高人雅士相映相依的形象是画中常见的。在郑板桥的笔下,石还是对良相贤臣的写照,他在一幅兰石画中题道:"一卷柱石欲擎天,体自尊崇势自偏;却似武乡侯气象,侧身谨慎几多年。"④这与其说是对诸葛亮"国之柱石"形象的歌颂,不如说是对君王上司嫉贤妒能、能人贤士终日惴惴的现实的揭露。

人的智愚贤不肖的品性,社会的恶风俗气,本与自然之物无关,但郑板桥却从物的特性联想到人与社会,并且赋予物以社会的和人的特性,于是既开掘了物的意蕴,也拓展了画的意境,更能启发观者联想,激发观者共鸣。上文所引劝贤者归山,是对贪恋红尘者的警醒,也是对社会恶浊的针砭;说贤者烂贱从人卖,是对贤者不幸的惋惜,也是对社会愚昧的抨击;说竹枝不惧狂风,是对勇者宁折不弯的激励,也是对社会摧残贤者的斥责。如此等等,可知郑板桥画之移情于物,正着意于展示自己的襟怀,也正着意于对世风时弊的针砭。

郑板桥的画尤其是兰竹画取得了极高的成就,这个成就中也包含了作为画作有机部分的题画诗。极具个性的"诗画配",成为郑板桥画作的经典标识。

题画诗是诗的一个特殊品种,几乎与画同时出现。它既有独立存在的价值,又可以与画相互依存、相得益彰,形成两者聚合升华的效应。

---

① 郑燮:《画盆兰劝无方上人南归》,本社编:《郑板桥集》,上海古籍出版社1979年版,第161页。
② 郑燮:《题画竹六十九则》,本社编:《郑板桥集》,上海古籍出版社1979年版,第206、214页。
③ 郑燮:《题画竹六十九则》,本社编:《郑板桥集》,上海古籍出版社1979年版,第211页。
④ 郑燮:《石》,本社编:《郑板桥集》,上海古籍出版社1979年版,第164页。

这种特殊而融洽的关系，是因为历代名画家同时多为名诗人，他们深谙诗与画之间互通互融的亲缘关系，苏轼就曾在《书摩诘蓝田烟雨图》中赞扬王维"画中有诗"，而诗人王维也在《偶然作六首》中说自己"前身应画师"。当然，苏轼指的是画中的诗意，但画中是否有诗意是题画诗的前提和根基。至于直接在画上题诗文，纵观郑板桥之前，从顾恺之到唐代郑虔、杜甫、李白，到宋代苏轼、明代徐渭、清代石涛等名家大师，都各具风采。郑板桥是汲取了前代大师之长，丰富并提升了以往的题画诗文，以画意饱含诗情、诗意提升哲理的方式，形成了自己"诗画配"的鲜明特色。

观察郑板桥的"诗画配"，就诗与画出现的顺序而言，有两种情况：

第一种情况是就一些诗或诗句作画，画好后将诗题写于画上，颇有点类似于命题作画。如将柳宗元的"千山鸟飞绝"诗作成画，然后题在画上；再如将王安石的"欲记荒寒无善画，赖传悲壮有能琴"作画然后题写。这类例子在前人诗话、杂记中载述甚多，如古代画院考试，以"野渡无人舟自横""踏花归去马蹄香""深山藏古寺"等诗句作画即是。这种情况在今天也常见，老舍曾请齐白石以"蛙声十里出山泉"作画，齐白石所作之画，画中多有乱山重叠，一道弯弯山溪自上泻下，到近处水面略宽，一群蝌蚪嬉戏水中，以此暗示蛙声，其构思之精巧博得了大家赞赏。丰子恺此类画作更多，他往往按古人名句作画，然后直接写上该诗句，如"夜花深处一灯归""流光容易把人抛，红了樱桃，绿了芭蕉""人比黄花瘦"等等。第二种情况是画作完成后，依画意创作一首诗，并题写到画上。

郑板桥的画作中，上述两种情况均有。前者如：

杭州金寿门题墨兰诗云："苦被春风勾引出，和葱和蒜卖街头。"盖伤时不遇，又不能决然自引去也。芸亭年兄索余画，并索题寿门句。使当事尽如公等爱才，寿门何得出此恨句？

扬州豪家求余画兰，题曰：写来兰叶并无花，写出花枝没叶遮。我辈何能构全局，也须合拢作生涯。金寿门见而爱之，即以为赠。题曰：昨宵神女降云峰，折得花枝洒碧空。世上凡根与凡叶，岂能安顿在其中？以寿门诗文绝俗也。①

当然，这两种情况中，占压倒性多数的是后者，而且这些专门创作的题画诗时至今日仍多脍炙人口。这里再援引几则题竹诗：

画工何事好离奇，一竿掀天去不知；
若使循循墙下立，拂云擎日待何时！②

两枝修竹出重霄，几叶新篁倒挂梢。
本是同根复同气，有何卑下有何高！

新竹高于旧竹枝，全凭老干为扶持。
明年再有新生者，十丈龙孙绕凤池。③

郑板桥的题画诗，有时为了翻新也取前人之诗，但多以自创为主，郑板桥在自编的《诗钞》中收题画诗很少，或许他认为题画诗不足以与其他作品并列，目前大量的题画诗都是后人从他的画中辑录的。其题画诗题材以兰、竹、石为主，渐渐开拓至松、竹、梅、菊、葵、鹌鹑等；体裁多为律诗、绝句、杂言，七绝最多，词极少；内容或述怀，或勉友，或讽世，或谈艺，丰富多彩。

仔细品味郑板桥的题画诗，可以发觉其内涵丰富，它既具有题画诗的共性，又显示了其独特的个性。

从共性的角度可以看出：

其一，这些题画诗都具有切画、切时、切地、切人的"四切"特点，前举的"新竹高于旧竹枝，全凭老干为扶持"诗，就是为"孊石十哥弄璋之兆"而作的；也有题诗寄托自己特定时地感受的，如"四十年来画竹枝，日间挥写夜间思。冗繁削尽留清瘦，画到生时是熟时"④，写自己艺术实践的感受和对"生""熟"换位的思考，用短短的诗句将多年的甘苦刻画

① 郑燮：《题画兰二十一则》，本社编：《郑板桥集》，上海古籍出版社 1979 年版，第 220 页。
② 郑燮：《出纸一竿》，本社编：《郑板桥集》，上海古籍出版社 1979 年版，第 168 页。
③ 郑燮：《题画竹六十九则》：《郑板桥集》，上海古籍出版社 1979 年版，第 209、212 页。
④ 郑燮：《题画竹六十九则》：《郑板桥集》，上海古籍出版社 1979 年版，第 206 页。

得生动深刻,引人深思。再如:

> 文与可墨竹诗云:"拟将一段鹅溪绢,扫取寒梢万尺长。"梅道人云:"我亦有亭深竹里,也思归去听秋声。"皆诗意清绝,不独以画传也。不独以画传而画益传。燮既不能诗,又不能画,然亦勉题数语:雷停雨止斜阳出,一片新篁旋剪裁;影落碧纱窗子上,便拈毫素写将来。言尽意穷,有惭前哲。①

以如许多的篇幅题画,在郑板桥作品中并不少见,但此幅很有代表性。它一是记两位前辈的佳作,是"诗意清绝,不独以画传也";二是谦称己作有"言尽意穷,有惭前哲"的弱点,这实际上也是艺术理论的探索。所以郑板桥题画诗所"切"的内容是多方面的,意义更为深广。

其二,这些题画诗兼备写照与传神。所谓"写照",就是所题之诗能凸现出画作内容,别人从诗中就能体会到"诗中之画",即使不看画也能想象出画面;所谓"传神",就是所题之诗能巧妙地传递出"画外音",能画龙点睛地拈出画中呼之欲出的"神气"。题画诗在结构上多为上半写照、下半传神,写照要抓住画面主要部分彰显特色,传神则要根据画意发掘新意,或增添生活情趣,或揭示艺术规律,或促人向上,或讽刺陋习,或寄托襟怀等等。板桥集中此类佳作随手可得,兹举几例:

> 进又无能退又难,宦途蹒跚不堪看;
> 吾家颇有东篱菊,归去秋风耐岁寒。②

> 岂是人间短褐徒,胸中锦绣要模糊。况经风雨离披后,废尽天吴紫凤图。南阜山人作披褐图,寂寥萧澹。既已蔬食没齿无怨矣。板桥居士为题二十八字,则又怨甚,然居士实不怨也。复录《遣怀》旧作一首,寄于卷内,以与先篇相发明焉:江海飘零窃大名,宫花曾

---

① 郑燮:《竹》,本社编:《郑板桥集》,上海古籍出版社 1979 年版,第 155 页。
② 郑燮:《画菊与某官留别》,本社编:《郑板桥集》,上海古籍出版社 1979 年版,第 167 页。

压帽檐轻。尊前更挟韦娘艳,再怨清贫太不情。①

　　春雨春风洗妙颜,一辞琼岛到人间;
　　而今究竟无知己,打破乌盆更入山。②

　　画盆兰送范县杨典史谢病归杭州。题曰:兰花不合到山东,谁识幽芳动远空? 画个盆儿载回去,栽他南北两高峰。后被好事者攫去,杨甚愠之。又十余年,余过杭,而杨公已下世久矣。其子孙述故,乞更画一幅补之。既题前作,又系一诗曰:相思无计托花魂,飘入西湖叩墓门;为道老夫重展笔,依然兰子又兰孙。③

　　这些题画诗写照传神兼备,却各有特点,或传神多于写照,或写照多于传神,有所侧重;或写照在前,或传神在前,顺序灵活处置;或写照传神融于一句之中,琳琅满目,启人思路。

　　从个性的角度可以看出,郑板桥的题画诗之所以能为人注目、卓然特立,不仅在于能兼容并蓄、集前辈诸家之长,更在于能融入独特个性,创造独特风华。

　　第一,突出强项不断出新。郑板桥独擅兰竹,他说自己"闭门只是画兰竹","画家无别个,只画郑家香","四十年来画竹枝",可以说郑板桥千古不磨、脍炙人口之画作,尽在兰竹。仅就上海古籍出版社版《郑板桥集》的"补遗"部分,题画竹者就有 69 则,题画兰者有 21 则,题兰竹石者有 27 则,数量固然一枝独秀,而质量更是精品迭出,力压其他。阅读他的数十百幅兰竹画上的题诗,令人惊叹。就此,郑板桥可称竹圣,亦可称兰圣。

　　如此众多的题兰竹诗,可贵之处在于其立意、谋篇、琢句,千姿百态,不断翻新,出神入化,无一雷同。郑板桥写兰的题画诗,有"累尔夫妻""兰子兰孙",有"自然九畹尽开花""唯君心地有芝兰",有"打破乌盆

---

① 郑燮:《题高凤翰披褐图卷》,本社编:《郑板桥集》,上海古籍出版社 1979 年版,第 234 页。
② 郑燮:《破盆兰花》,本社编:《郑板桥集》,上海古籍出版社 1979 年版,第 160 页。
③ 郑燮:《盆兰》,本社编:《郑板桥集》,上海古籍出版社 1979 年版,第 160 页。

更入山""山根碧蕊亦阿娜"之兰,有叶短花长、蓄力扬花之兰,有峭壁千尺之兰,有花繁叶茂"四时不谢之兰",有"叶少花稀根亦微"之兰,有狂客逼写之兰,有初画赠友被夺、思友再画之兰等等。在郑板桥的笔下,兰既有"世上凡根与凡叶,岂能安顿在其中"之王者之香的高雅,又有"苦被春风勾引出,和葱和蒜卖街头"之怀才不遇的伤心,兰极似"便觉眼前生意满"的美人,但"坚贞还自抱,何事斗群芬",又如不让须眉的巾帼。郑板桥写竹的题画诗更是多姿多彩、美不胜收,令人瞠目,或敲窗弄影清光映画,或自然淡疏翠影离离,或插天盖地翻云覆雨,或新笋破泥嫩篁挂梢;或"留与三更"邀竹为良友,或"阶前绝尘"拜竹为高士,或"扫云扫雾"视竹为英雄,或"十丈龙孙"以竹为后起之秀;或晨起看竹得清和之意,或卧听萧竹思民生之苦,或睹新篁起故乡之思,或见岩竹寄咬定青山之意。在郑板桥的笔下,题兰竹诗不仅境新意新,也活色生香富有生命,成为他心灵的寄托和施展才华的园地。

第二,将题画诗推进到更新的阶段。郑板桥的题画诗不仅内容上精心结撰,形式上也极为考究,何种体裁、何种字体、多少字数都精心考虑,连写在哪个画面部位也精心安排。他在一幅竹画上写下一段话,颇有趣味和启发:

> 画有在纸中者,有在纸外者。此番竹竿多于竹叶,其摇风弄雨,含露吐雾者,皆隐跃于纸外乎!然纸中如抽碧玉,如削青琅玕,风来戛击之声,铿然而文,锵然而亮,亦足以散怀而破寂。纸中之画,正复清于纸外也。乾隆甲申,七十二老人板桥郑燮写此。①

全文 96 字,在画面上写了七行,分布在竹竿间隙,字也大小不一,看似随手挥洒,其实是精心结构,因而十分赏心悦目。这一方面显示了他"三绝诗书画"的咳唾成珠的本领,另一方面也显示了他兴之所至、不拘一格的本性,更显示了他对题画诗的突破藩篱的开拓。

第三,既锋芒毕露又谐趣满纸。郑板桥的题画诗有的数句甚至数百字,但都生动形象、别具一格,谐趣中寄哲理,锋芒中存忠厚,是绝佳

① 郑燮:《题画竹六十九则》,本社编:《郑板桥集》,上海古籍出版社 1979 年版,第 208 页。

第六章　创作成就

的小品或散文诗。如"乌纱掷去不为官""来年看我掀天力""更无众卉许同栽""有何卑下有何高""留他君子在岩阿""秃竹应须作钓竿，江头风雨不辞寒"等等，有时令人忍俊不禁，有时看似锋芒毕露一着不让，却在愤世疾俗之中存忠厚悱恻之意。这些个性极其鲜明的题画诗文，都是郑板桥以独特的风格来抒发自己为国为民之思，来开拓文人画的新天地。

第七章 理论建树

郑板桥不是一个文论家或艺评家,他并没有把他关于创作的思想理论化或者体系化。它们大多如吉光片羽一般,零星地展布在他的诗文、书信、题跋中,缺乏比较完整的理论性说明,这给我们概括他的文学艺术主张带来了很大困难。不过,作为一个涉足领域广阔、创作成就卓著的艺术家,郑板桥关于文学艺术的许多见解,闪耀着思想的火花,这不仅有助于我们从更深的层面理解郑板桥,也对后人有许多有益的启迪。基于此,本章的任务就是努力将这些散珠串联起来,让其焕发出应有的理论光彩。

第一节 "文关国运"的创作主张

乾隆十三年(1748 年),郑板桥给友人江宾谷、江禹九写了封书信,信中谈的都是学者如何立身处世、古今诗文价值取舍等文人需要始终面对的重大理论问题:

> 学者当自树其帜。凡米盐舩算之事,听气候于商人,未闻文章学问,亦听气候于商人者也。吾扬之士,奔走躞蹀于其门,以其一言之是非为欣戚,其损士品而丧士气,真不可复述也。……文章有大乘法,有小乘法。大乘法易而有功,小乘法劳而无谓。《五经》、《左》、《史》、《庄》、《骚》、贾、董、匡、刘、诸葛武乡侯、韩、柳、欧、曾之文,曹操、陶潜、李、杜之诗,所谓大乘法也。理明词畅,以达天地万物之情,国家得失兴废之故。读书深,养气足,恢恢游刃有余地矣。

六朝靡丽,徐、庾、江、鲍、任、沈,小乘法也。取青配紫,用七谐三,一字不合,一句不酬,拈断黄须,翻空二酉。究何与于圣贤天地之心,万物生民之命? 凡所谓锦绣才子者,皆天下之废物也,而况未必锦绣者乎! 此真所谓劳而无谓者矣。且夫读书作文者,岂仅文之云尔哉? 将以开心明理,内有养而外有济也。得志则加之于民,不得志则独善其身;亦可以化乡党而教训子弟。切不可趋风气,如扬州人学京师穿衣戴帽,才赶得上,他又变了。何如圣贤精义,先辈文章,万世不祧也。贤昆玉果能自树其帜,久而不衰,燮虽不肖,亦将戴军劳帽,穿勇字背心,执水火棍捧,奔走效力于大纛之下。岂不盛哉! 岂不快哉![①]

此信可视为解读郑板桥文学观念的一个理论纲领,在郑板桥研究中具有格外重要的分量。只是,此信到底是针对一般现象泛泛而谈,还是针对特定对象有感而发? 由于缺乏与此信写作相关的缘起经过等背景资料,给理解此信的内涵带来了不少困难。不过,如果把它放入康乾时代的较大思想文化背景,或许我们更能够读出其中隐含的价值。

清康乾时代,朝廷政权巩固、经济复苏、文化兴盛,显出一派盛世景象,与此同时,"文字狱"盛行所带来的压抑的社会氛围,又极大地束缚了文人的思想自由和创作自由。在这样的背景下,文人们越来越少关心时事政治社会弊端,吟风弄月之作大行其道,与之相应的是清初文坛宗师王士禛提出了"不著一字,尽得风流"的神韵说。神韵说的核心在于"典、远、谐、则"四字:"典"是指追求典雅,鄙薄俚俗之体;"远"是指不正面刻画,强调朦胧含蓄意味悠远;"谐"是指"谐音律",要求诗歌表现音乐美;"则"是指"丽以则",主张诗要绮丽却不失正则。这种主张致力于探讨诗歌的形式美艺术美,开拓诗歌的审美特性,在中国诗歌发展史上自有其独特地位,也在相当长的时间内左右了清代的诗风。显然,它与清初顾炎武、黄宗羲等一批启蒙思想家在精神旨趣上显出不同的路向。顾炎武反对空疏提倡实学,主张文学应当经世致用,黄宗羲反对拟古复古,强调文学应该反映现实社会,应该表达真性情。他们的思想在

---

① 郑燮:《与江宾谷、江禹九书》,本社编:《郑板桥集》,上海古籍出版社 1979 年版,第 191—192 页。

一定程度上影响了清代的文风和学风,并成为乾嘉学派的先声。当然,也许他们涉足多个领域或者说主要并不以文学家名世的缘故,他们的文学主张反而并不特别显眼,或许抵不过王士禛的影响力。郑板桥不是思想家,也不是文论家,所以他无意系统地阐述自己的思想,也对无论王士禛的神韵说还是顾炎武等人的经世致用说都未有明确的论述。不过,从他的诗文书信中,他对清初这两种主张的弃绝或认同的态度则是相当鲜明的。

可与上述《与江宾谷、江禹九书》互为参照的还有他的《与杭世骏书》:

> 君由鸿博,地处清华,当如欧阳永叔在翰苑时,一洗文章浮靡积习,慎勿因循苟且,随声附和,以投时好也。数载相知,于朋友有责善之道,勿以冒渎为罪,是所冀于同调者。[1]

在这两封信中,郑板桥着重谈了两个问题:一是强调"学者当自树其帜",以独立的品格去对抗商人铜臭的侵蚀,更对抗时风的左右;二是指出古今诗文的价值取舍,他用佛家的概念加以阐发,说"文章有大乘法,有小乘法",作文当取大乘而弃小乘。在郑板桥看来,所谓"大乘法"的诗文,是指"达天地万物之情,国家得失兴废之故"的"理明词畅"之作,《五经》《左传》《史记》《庄子》《离骚》等民族最重要的基本典籍,和韩愈、柳宗元、欧阳修、曾巩之文,曹操、陶潜、李白、杜甫之诗等等,有着佛家"大乘法"一般的大格局大境界,是值得尊敬和效法的"万世不祧"的典范;而徐陵、庾信、江淹、鲍照、任昉、沈约等六朝诗人,其诗多关注个人趣味个人命运,内容贫弱窄小,诗艺讲究辞采注重音律,诗风浮华轻靡温软甜媚,缺乏刚健苍劲的大气象,只是文章中的小乘,所以郑板桥挖苦他们"取青配紫,用七谐三,一字不合,一句不酬,拈断黄须,翻空二酉"。问题在于:郑板桥这里是专门指摘六朝文人,还是以六朝文人为例指陈古今包括当下的一种文化现象?从郑板桥"凡所谓锦绣才子者,皆天下之废物也"的一般性结论来判断,所指恐怕是后者。既然如六朝

① 郑燮:《与杭世骏书》,本社编:《郑板桥集》,上海古籍出版社 1979 年版,第 195 页。

文人那样纯粹进行艺术形式探索的东西是小乘,那么,王士禛的神韵说以及类似的着眼于艺术形式探索的主张,完全符合郑板桥对小乘诗文的定义。就此,笔者可以大胆猜测,即使此信不是专门针对王士禛的神韵说,但针砭甚至不屑的对象,无疑包含了王士禛神韵说。这可以从郑板桥的《家书》中得到验证:

> 文章以沉着痛快为最,《左》、《史》、《庄》、《骚》、杜诗、韩文是也。间有一二不尽之言,言外之意,以少少许胜多多许者,是他一枝一节好处,非六君子本色。而世间娓娓纤小之夫,专以此以为能,谓文章不可说破,不宜道尽,遂訾訾人为刺刺不休。夫所谓刺刺不休者,无益之言,道三不着两耳。至若敷陈帝王之事业,歌咏百姓之勤苦,剖析圣贤之精义,描摹英杰之风猷,岂一言两语所能了事,岂言外有言、味外取味者,所能秉笔而快书乎?吾知其必目昏心乱,颠倒拖沓,无所措其手足也。王、孟诗原有实落不可磨灭处,只因务为修洁,到不得李、杜沉雄。司空表圣自以为得味外味,又下于王、孟一二等。至今之小夫,不及王、孟、司空万万,专以意外言外,自文其陋,可笑也。①

郑板桥在这里从风格入手,谈的还是诗文的价值问题。家书没有提王士禛,但却提了他的理论先祖司空图,更重要的是郑板桥对神韵说关于诗歌须朦胧含蓄意味悠远的主张发出了猛烈的抨击。于是,两封信内在的逻辑思路就变得清晰起来,其所说的两个问题也就可以归并为一个问题,即文人应该始终坚持由《左》《史》《庄》《骚》、韩、柳、李、杜等开辟的传达"圣贤天地之心,万物生民之命"的"大乘"之道。而当下,文坛诗坛已经被锦绣才子们的"小乘"之道所占据,并且这种"小乘"之道已经成为左右文坛诗坛的"时好",那么文人学者就不应"因循苟且,随声附和",而要张起改革创新的大旗,所以郑板桥大声呼吁要像唐代的古文运动那样"一洗文章浮靡积习"。为了达此目的,郑板桥激励知交好友"自树其帜",甚至愿意甘当马前卒,"戴军劳帽,穿勇字背心,执

---

① 郑燮:《潍县署中与舍弟第五书》,本社编:《郑板桥集》,上海古籍出版社1979年版,第21—22页。

水火棍捧,奔走效力于大纛之下",这显然是郑板桥在试图联络志同道合者向软媚文风和软骨文人发起宣战。这里,不必在意郑板桥的这个想法是否为一时冲动,或者说这种主张是否有实现的可能,在笔者看来,有这种意识、这种勇气、这种精神就足够了。

上述两信和家书表达的文学观念,显然不是郑板桥因某事触动而兴之所致,而是他始终秉持的信念,他在《贺新郎·述诗》中专门从诗歌的角度又作了细致的说明:

> 诗法谁为准,统千秋姬公手笔,尼山定本。八斗才华曹子建,还让老瞒苍劲,更五柳先生澹永。圣哲奸雄兼旷逸,总自裁本色留深分,一快读,分伦等。　唐家李杜双峰并,笑纷纷诗奴诗丐,诗魔诗鸩。王孟高标清彻骨,未免规方略近,似顾步骅骝未骋。怪杀《韩碑》扬巨斧,学昌黎险语排生硬,便突过,昌黎顶。

> 经世文章要,陋诸家裁云镂月,标花宠草。纵使风流夸一世,不过闲中自了,那识得周情孔调?七月东山千古在,怎描摹琐细民情妙,画不出,豳风稿。　文关国运犹其小,剖鸿蒙清宁厚薄,直通奥窔。寒暑阴阳多疹忒,笔底回旋不少,莫认作书生谈笑。回首少年游冶习,采碧云红豆相思料,深愧杀,杜陵老。①

二词一开篇就定出了"诗法"的标准。郑板桥认为,虽然自古以来有许多诗人和诗作,但按照诗法的标准,他们(它们)是分层次分等级的,等级最高的是《易经》《诗经》,它们定下了中国诗歌的千秋传统。无论是"圣哲"孔子,还是"奸雄"曹操,抑或"旷逸"陶渊明,他们虽然诗风不同,但作的都是关乎国运的"经世文章"。这其中,郑板桥格外推崇《诗经》,认为以豳风《七月》《东山》等为代表的国风,在"描摹琐细民情"中,体现了干时济世、忧国忧民的价值指向和人文情怀。相比而言,那种吟风弄月、无病呻吟的即所谓"裁云镂月,标花宠草"的东西,"纵使风流夸一世,不过闲中自了",根本无法与《国风》相比,这如同号称"才高

---

① 郑燮:《贺新郎·述诗》,本社编:《郑板桥集》,上海古籍出版社 1979 年版,第 125 页。

八斗"的曹植无法与他的父亲曹操相提并论,唐诗中无关民生痛痒的王维、陈子昂无法与杜少陵相提并论,是一个道理。他强调,诗歌的价值在于"立功天地,字养生民",只有胸怀博大关涉厚重、"达天地万物之情,国家得失兴废之故"才能经久不衰。

概括起来,郑板桥的创作主张为:在作者层面,诗人应以独立的人格精神作为自己立身处世的基石;在作品层面,诗歌应该摆脱小我、走向大我。所以他郑重地说:"叹老嗟卑,是一身一家之事;忧国忧民,是天地万物之事"①,诗人的创作应该远离叹老嗟卑,而秉持忧国忧民的情怀,拥抱广阔的社会人生。这种创作主张,既是郑板桥衡文观世、臧否褒贬的基本立场,也是规约他自己创作实践的基本准则。

郑板桥的许多作品,如《七歌》《玉女摇仙佩·有所感》《读昌黎上宰相书因呈执政》《思归行》等,透过小我见大我,其中蕴含着忧国忧民的情怀;如《孤儿行》《后孤儿行》《姑恶》《逃荒行》《还家行》《思归行》等,更继承杜甫"三吏""三别"的传统,直接抒写民生苦难,抨击社会黑暗。在诗歌中描摹世情世风、书写民生民瘼不自郑板桥始,但郑板桥这种自觉摒弃诗歌的自娱自遣功能,而将个人感情与生民社稷相关联,而且感情充沛富有力度,是很值得称道的。

摆脱小我走向大我,不仅意味着诗歌内容的变化,也意味着诗风的变化,即从消极的哀怨孤高走向积极的反抗进击。诗人在遭受人生磨难和悲剧命运的时候,常常把自己的幽愤融入某些特定的自然意象,从而曲折地传递自己的心曲,譬如屈原用幽兰寄托自己高洁而愤懑的情志,给"幽兰"染上了某种哀怨孤高的色彩,所以柳亚子有"离骚屈子幽兰怨"的诗句。可是在郑板桥笔下,传统意象中蕴含的叹息退避多化为呐喊进击,无论是兰还是竹,都不再是不甘却无奈只能在退撄中保全自己的弱者形象,而是奋起抗争的斗士形象,具有藐视凡俗、直面欺凌的强者气质。在郑板桥笔下,兰花是这样一种形象:

素心兰与赤心兰,总把芳心与客看。

岂是春风能酿得,曾经霜雪十分寒。

---

① 郑燮:《板桥自序》,本社编:《郑板桥集》,上海古籍出版社 1979 年版,第 187 页。

何劳绿叶扶持我,自有孤芳压服他。

兰为王者香,不与众草伍。①

兰蕙种种要栽盆,无数英雄挤破门。
不如画个空缸在,好与山人作酒樽。②

这里的兰花,曾经严寒霜雪,羞与众草为伍,既不在意绿叶的扶持,也无视英雄的青睐,有着一种傲岸卓特的强者风姿。如果说板桥笔下的兰多"林下风气"、巾帼英气、王者傲气,他笔下的竹,无论是"扫云扫雾真吾事,岂屑区区扫尘埃"体现的高远志向,还是"惟有竹枝浑不怕,挺然相斗一千场"彰显的豪迈风骨,抑或"千磨万击还坚劲,任尔东西南北风"蕴含的从容意态,所展现的既是有抱负的志士,也是有气概的斗士。有关题竹诗,前面已经多有论述,这里就不展开了。

第二节 "以少胜多"的艺术观念

长期以来,在人们心目中,郑板桥仿佛是一个无师自通的艺术天才,从他从未投过拜帖没有师门的角度,他确实更多地通过师前人师造化,在以能者为师、贤者为师、自然为师中摸索出一条属于自己的艺术道路。这其中,或许因为艺术气质和艺术追求的相类相近,苏轼、徐渭和石涛等人,是他特别看重,也是受影响最多的前辈大师。从"大名还属真名士,异代留传苏子瞻"③,"青藤门下牛马走"④,"石涛善画,盖有万种","甚矣石公之不可及也"⑤赞语,可知郑板桥对他们的尊崇。

或许正是源于始终自己摸索的结果,郑板桥从自我出发,对于向谁

① 郑燮:《题画·画兰》,卞孝萱编:《郑板桥全集》,齐鲁书社1985年版,第344、346、348页。
② 郑燮:《题画·杂画·兰蕙空缸》,卞孝萱编:《郑板桥全集》,齐鲁书社1985年版,第402页。
③ 郑燮:《金莲烛》,本社:《郑板桥集》,上海古籍出版社1979年版,第73页。
④ 郑燮有闲文印,印文"青藤门下牛马走"。
⑤ 郑燮:《题画·竹》,本社编:《郑板桥集》,上海古籍出版社1979年版,第156页。

学习、学习什么、如何学习从不生吞活剥、照单全收,而是始终有自己的见解,即使是对他倾心尊崇的石涛也不例外。在对石涛长期的心追手摹中,郑板桥意识到,如果亦步亦趋地学石涛,即使学得再好,也只能如李白诗所说的"寿陵失本步,笑煞邯郸人"。于是他找到了与石涛的差距,扬长避短,舍弃石涛画的浑厚苍茫,而重点选择在兰、竹、石方面学习石涛的写意笔墨,在师前人与师造化中加以自己的创造,从洒脱处见精微,在平常处见别致,以清劲简逸秀润独树一帜,从而走出了石涛的光圈,能在李鱓眼中"自立门户",开一家宗风。他后来在题画的跋中总结道:

> 石涛画竹,好野战,略无纪律,而纪律自在其中。燮为江君颖长作此大幅,极力仿之。横涂竖抹,要自笔笔在法中,未能一笔逾于法外。甚矣石公之不可及也!功夫气候,僭差一点不得。鲁男子云:"唯柳下惠则可,我则不可;将以我之不可,学柳下惠之可。"余于石公亦云。[①]

> 石涛和尚客吾扬州数十年,见其兰幅,极多亦极妙。学一半,撇一半,未尝全学;非不欲全,实不能全,亦不必全也。诗曰:十分学七要抛三,各有灵苗各自探;当面石涛还不学,何能万里学云南?[②]

郑板桥明白,他与石涛"不可及"的差距在于是否有多年积累形成的艺术底蕴,即所谓"功夫气候"。钦佩之余,他意识到,只有"学七抛三",学其该学、可学之处,才会有突破,才能得到其精髓。于是他把精力集中在与书法直接相通的,也是他最喜爱的兰、竹、石上,将石涛的狂放淋漓融入自己的秀润灵动,着力追求兰的飘逸、竹的劲节、石的坚定,加之他过人的诗词学养和书法"六分半书",长题短跋,使简洁的画面千变万化,丰富多姿。对此,郑板桥的挚友董伟业在《扬州杂咏》中予以充分的肯定:"湘兰淇竹高人格,写照传神不在奇,法拟石涛能用活,板桥

---

① 郑燮:《板桥题画·竹》,本社编:《郑板桥集》,上海古籍出版社 1979 年版,第 155—156 页。
② 郑燮:《题画·兰》,本社编:《郑板桥集》,上海古籍出版社 1979 年版,第 159 页。

居士是吾师。"①这该是郑板桥在强手如林的扬州画坛上多年拼搏的可贵收获。

在长期的艺术创作实践中,郑板桥逐渐形成了自己独特的艺术理念,诸如"以少胜多""师意不迹象""意在笔先""趣在法外"等等。这些理念,涉及"少—多""意—象""意—笔""趣—法"等多对艺术辩证关系,是他对自己创作经验的提炼总结,有鲜明的针对性,也有相当大的普适性。它们虽然比较零散,但根据他的创作实践和创作经验,我们仍然可以大致梳理出一个有着内在逻辑性的整体,这就是围绕"以少胜多"这个核心理念而形成的对艺术创作的完整思考。

郑板桥在题画跋中有过这样一段话:

> 石涛善画,盖有万种,兰竹其余事也。板桥专画兰竹,五十余年,不画他物。彼务博,我务专,安见专之不如博乎!②

郑板桥开始画兰竹的时候,或许多少有着因为自身艺术底蕴的"功夫气候"不足而舍弃其他题材的现实考量,但他"专画兰竹,五十余年,不画他物"的专注执着却不是"功夫气候"不到火候所能解释的,这其中,有着他对艺术题材"专—博"关系的深入思考。相较于"博","专"的题材外延显然要少得多,但惟其少,可以把所有的能量聚焦于一点,在持之以恒的努力中形成丰富的收获,这就是郑板桥与"专—博"相通的"少—多"的概念,即所谓"以少少许胜多多许"。郑板桥在谈读书的时候曾经说过:"《史记》百三十篇中,以《项羽本纪》为最,而《项羽本纪》中,又以钜鹿之战、鸿门之宴、垓下之会为最。反复诵观,可欣可泣,在此数段耳。若一部《史记》,篇篇都读,字字都记,岂非没分晓的钝汉!"③可见,只要抓住最精彩的部分,反复研读悉心揣摩,然后举一反三,便可以做到以少胜多、执简驭繁。关于"以少胜多",郑板桥有一副著名的对联:

> 删繁就简三秋树;领异标新二月花。④

① 董伟业:《扬州杂咏》,转引自卞孝萱编:《郑板桥全集》,齐鲁书社 1985 年版,第 612 页。
② 郑燮:《靳秋田索画》,本社编:《郑板桥集》,上海古籍出版社 1979 年版,第 165 页。
③ 郑燮:《潍县署中寄舍弟墨第一书》,本社编:《郑板桥集》,上海古籍出版社 1979 年版,第 15 页。
④ 郑燮:《对联》,卞孝萱编:《郑板桥全集》,齐鲁书社 1985 年版,第 435 页。

郑板桥在联后特题"与韩生镐论文",可见郑板桥是在与韩镐①谈论求精不求多的作文体会。不同艺术形式之间的共通性,可以让郑板桥轻易地把此作文心得推广到作画领域,便形成了他"以少胜多"的艺术理念。

如何才能"以少胜多"? 郑板桥曾经说过:"黄山谷云:世人只学兰亭面,欲换凡骨无金丹。可知骨不可凡,面不足学也。"②"徐文长、高且园两先生不甚画兰竹,而爕时时学之弗辍,盖师其意不在迹象间也。文长、且园才横而笔豪,而爕亦有倔强不驯之气,所以不谋而合。"③郑板桥深深懂得,在师法前人的时候,只能"师其意"不能"迹其象",换句话说,只能学其内在的精神风骨,而不能学其外在的皮相面貌,否则就会滑向凡庸俗媚。用这种"师其意"不"迹其象"的方法去进行创作,就决定了郑板桥注重内在精神意境的艺术追求。于是,郑板桥"以少胜多"的"少",显然在一个独特的点上凝聚了内涵的丰厚、趣味的浓郁和意境的高远,而具有了"胜多"的品质。

郑板桥有许多画作便是这种艺术理念的产物。七太守向他索画,他画了一竿竹,十五片叶,还特写上一段题跋:

> 敢云少少许,胜人多多许?
> 努力作秋声,瑶窗弄风雨。④

这个"以少胜多"的艺术理念在作于乾隆十一年(1746年)的另一幅《墨竹图》上再次得到强调。画上只有三枝竹竿,五六片竹叶。郑板桥题道:

> 一两三枝竹竿,四五六片竹叶;
> 自然淡淡疏疏,何必重重叠叠?⑤

潇潇风雨中弄窗的疏淡竹叶,恰恰渲染出萧飒的秋声;三两枝竹竿

---

① 潍县青年才俊韩镐才气横溢,惟下笔每每不能自休。得到郑板桥点拨后,他读书更加精进,后来颇有成就,《潍县志稿》还为其立传。

② 郑燮:《跋临兰亭叙》,本社编:《郑板桥集》,上海古籍出版社1979年版,第175页。

③ 郑燮:《靳秋田索画》,本社编:《郑板桥集》,上海古籍出版社1979年版,第166页。

④ 郑燮:《一枝竹十五片叶呈七太守》,本社编:《郑板桥集》,上海古籍出版社1979年版,第156页。

⑤ 郑燮:《题画·题画竹六十九则》,本社编:《郑板桥集》,上海古籍出版社1979年版,第205页。

五六片竹叶,于表现自然疏淡的意趣也恰如其分。显然,在郑板桥看来,画作的成败并不看画面的枝叶是否"重重叠叠",而是取决于能否建构出一种能传递作者高远精神趣味的超迈意境。

要充分展现"以少胜多"的艺术魅力,作者的艺术构思能力就成为核心的环节。这里,郑板桥有一段著名的论述:

> 江馆清秋,晨起看竹,烟光日影露气,皆浮动于疏枝密叶之间。胸中勃勃遂有画意。其实胸中之竹,并不是眼中之竹也。因而磨墨展纸,落笔倏作变相,手中之竹又不是胸中之竹也。总之,意在笔先者,定则也;趣在法外者,化机也。①

这段话完整展现了郑板桥对艺术创作的体悟过程,被人称为郑板桥的"竹论三变"。其中,郑板桥提出了"眼中之竹""胸中之竹""手中之竹"三个概念。"眼中之竹"是指触发创作冲动的自然对象,"胸中之竹"是指酝酿构思时的胸中形象,"手中之竹"是指随笔墨而显现固化的可视形象。它们处于创作过程中观察、构思、呈现的不同阶段,也各自有着明显的不同,一是艺术构思中对观察对象的过滤和熔铸,即"胸中之竹"对于"眼中之竹"的完善;二是创作实践中对艺术构思的矫正和补充,即"手中之竹"对"胸中之竹"的修正拓展。在这个完整的创作过程中,它们也具有不同的分量,其中居于中枢位置的核心无疑是"胸中之竹",因为它既是对"眼中之竹"的整合提升,也是展开"手中之竹"的蓝本。由此,郑板桥给出了结论性的主张:即作画与其他所有的艺术形式一样,始终是"意在笔先"。"竹论三变"是郑板桥的创见,揭示了艺术创作的深层规律,充满了辩证精神,所以一语拈出即为天下法,一直为后人所赞赏。

与"意在笔先"相伴而相对应的状态是"趣在法外"。这是郑板桥注意到的一个创作中常见的现象,即"手中之竹"对"胸中之竹"意想不到的突破,对此,郑板桥用"胸无成竹"来形容。他说:"文与可画竹,胸有成竹;郑板桥画竹,胸无成竹。浓淡疏密,短长肥瘦,随手写去,自尔成

---

① 郑燮:《竹》,本社编:《郑板桥集》,上海古籍出版社 1979 年版,第 154 页。

局。其神理俱足也。藐兹后学,何敢妄拟前贤。然有成竹无成竹,其实只是一个道理。"①这里,"胸有成竹"与"胸无成竹"都是对艺术创作中想象、情感、思维等精神活动的一种描述,彼此并无冲突,所以郑板桥说"有成竹无成竹,其实只是一个道理"。不过,前者侧重的是对法度的谨守,体现为对艺术构思的完美表达;后者侧重对法度的突破,当作者进入想象、情感、认知的某种和谐共鸣或者说"心骛八极,神游万仞"的精神活动巅峰状态时,以神来之笔给画作带来新鲜的趣味和精神,让画作神理俱足。对于这种状态,郑板桥指出:"趣在法外者,化机也。"所谓"化机",即"灵感"。

"意在笔先"是"定则",遵循这种"定则"是所有艺术创作的常态,而"趣在法外"则依赖于灵感的爆发,是一种非常态,这种非常态是不可预期的,却是所有从事创造性精神活动的人所向往所追求的。或许,一个端方谨严的人能够按部就班、一丝不苟地按"定则"持续工作,而作为一个性格桀骜狂放、藐视世俗礼法的人,郑板桥则更为看重"化机"。他深知"兴"即创作冲动对于捕捉"化机"的重要性,曾说"兴到千篇未是多,愁来一字懒吟哦"②,所以他常常充分调动自己的感官去捕捉"兴",去孕育"化机"激发灵感,从而让自己进入"想当无意中,情神乍飘忽"③的理想状态。在这方面,他留下了不少记载,譬如:

> 十日不能下一笔,闭门静坐秋萧瑟。
>
> 忽然兴至风雨来,笔飞墨走精灵出。
>
> 小草小虫意微妙,古石古云气奔逸。
>
> 字作神禹钟鼎文,杂以蝌蚪点浓漆。
>
> 怪迂荒幻性所锺,妥贴细腻学之谧。④

> 终日作字作画,不得休息,便要骂人;三日不动笔,又想一幅纸来,以舒其沉闷之气,此亦吾曹之贱相也。今日晨起无事,扫地焚

---

① 郑燮:《竹》,本社编:《郑板桥集》,上海古籍出版社 1979 年版,第 154 页。
② 郑燮:《饶诗》,本社编:《郑板桥集》上海古籍出版社 1979 年版,第 108 页。
③ 郑燮:《僧壁题张太史画松》,本社编:《郑板桥集》上海古籍出版社 1979 年版,第 75 页。
④ 郑燮:《又赠牧山》,本社编:《郑板桥集》,上海古籍出版社 1979 年版,第 58 页。

香,烹茶洗砚,而故人之纸忽至。欣然命笔,作数箭兰、数竿竹、数块石,颇有洒然清脱之趣。其得时得笔之候乎！索我画偏不画,不索我画偏要画,极是不可解处,然解人于此但笑而听之。①

　　援笔兴来……若有神助……一旦心花怒发,便如太华峰头十丈莲矣。②

　　这里,郑板桥是在讲述自己或别人的艺术创作过程,也是在讲述"兴至""兴来"对于艺术精品形成的重要契机。这一提法是郑板桥长期艺术实践和艺术思考的一个重要收获,也是古今艺术家反复探究的一个大问题,从曹丕、陆机、刘勰直到与郑板桥同时代的袁枚,历代文论家、艺术家多次论及这个问题。曹丕以"气"来解释文章的某种状态,指出"文以气为主,气之清浊有体,不可力强而至"③,不过这个说法过于抽象,尚未直接接触到灵感问题;陆机注意到灵感现象,也注意到灵感对于文章的重要性,称:"应感之会,通塞之纪,来不可遏,去不可止","吾未识夫开塞之所由也"④;刘勰在《文心雕龙》中全面论说了构思方法,却轻轻带过或许难以进行理论说明的灵感问题,称:"疏瀹五藏,澡雪精神。积学以储宝,酌理以富才,研阅以穷照,驯致以怿辞,然后使玄解之宰,寻声律而定墨;独照之匠,窥意象而运斤"⑤;苏轼显然熟悉灵感现象,所以他既感受深刻又记载生动,他在《腊日游孤山访惠勤惠思二僧》诗中用自己的体验来描述唯恐灵感消失的急迫:"作诗火急追亡逋,清景一失后难摹",他也在文中用故事来记录灵感到来时的奇妙:画家孙知微为大慈寺寿宁院作壁画,"营度经岁,终不肯下笔。一日,仓皇入寺,索笔墨甚急,奋袂如风,须臾而成"⑥。此后,文论家、艺术家们都感

① 郑燮:《靳秋田索画》,本社编:《郑板桥集》,上海古籍出版社1979年版,第165页。
② 郑燮:《随猎诗草·花间堂诗草跋》,本社编:《郑板桥集》,上海古籍出版社1979年版,第174页。
③ 曹丕:《典论·论文》,参阅萧统编,李善注:《文选》,《四部精要》集部一,上海古籍出版社1990年版,第250页。
④ 陆机:《文赋》,参阅萧统编,李善注:《文选》,《四部精要》集部一,上海古籍出版社1990年版,第538页。
⑤ 刘勰:《文心雕龙·神思》,参阅《文心雕龙》《四部精要》集部一,上海古籍出版社1990年版,第1269页。
⑥ 苏轼:《书蒲永升画后》,参阅王水照编选:《唐宋散文精选》,江苏古籍出版社1992年版,第332页。

觉到灵感之"灵"的特点,所以都在"灵"字上做文章,汤显祖有"自然灵气,恍惚而来,不思而致,怪怪奇奇,莫可名状,非物寻常得以合之"①的说法;金圣叹有"文章最妙,是此一刻被灵眼觑见,便于此一刻被灵手捉住,便更寻不出"②的说法;袁枚有"但肯寻春便有诗,灵犀一点是吾师,夕阳芳草寻常物,解用都为绝妙词"③的说法,"灵气""灵眼""灵手""灵犀"等词语,倒也与"灵感"十分般配。上述前贤诸说,或玄奥难以捉摸,或含混语焉不详,或清浅启人思考,郑板桥也用"化机"之说,以生动深刻而又饶有趣味的语言,对灵感现象作出了自己的解释,它可以概括为四句话:多日孕育,一朝触发,化机一到,精品立现。

当然,这里论说郑板桥对"化机"的重视,并不意味他不重视对艺术的长期训练而仅仅依赖于灵感,其实恰恰相反,灵感是长期艰苦磨练结出的花朵。郑板桥不仅说自己"专画兰竹,五十余年,不画他物",而且也注意到前人是如何学草书的:

> 昔人学草书入神,或观蛇斗,或观夏云,得个入处;或观公主与担夫争道,或观公孙大娘舞西河剑器,夫岂取草书成格而规规效法者! 精神专一,奋苦数十年,神将相之,鬼将告之,人将启之,物将发之。不奋苦而求速效,只落得少日浮夸,老来窘隘而已。④

如果没有自己"专画兰竹,五十余年,不画他物"的持之以恒,何来"化机"的出现? 如果没有学草书者"精神专一,奋苦数十年"的基础,并且善于从各种自然现象和人类行为中不断获得启发,何来"神将相之,鬼将告之,人将启之,物将发之"的成就? 所以郑板桥谆谆告诫:"不奋苦而求速效,只落得少日浮夸,老来窘隘而已。"这种认识,归根结底是郑板桥对艺术创作辩证法的体悟,也是给一切不肯下苦功仅祈求灵感、企望一蹴而就者的忠告。

---

① 汤显祖:《合奇序》,参阅《汤显祖诗文集》卷三十二,上海古籍出版社 1982 年版,第 1 078 页。
② 金圣叹:《读第六才子书〈西厢记〉法》,参阅傅开沛、袁玉琪点:《第六才子书西厢记》,中州古籍出版社 1987 年版,第 10 页。
③ 袁枚:《遣兴》,参阅周本淳标校:《小仓山房诗文集》,上海古籍出版社 1988 年版,第 932 页。
④ 郑燮:《靳秋田索画》,本社编:《郑板桥集》,上海古籍出版社 1979 年版,第 166 页。

第三节 "诸法融通"的艺术规律

郑板桥曾在为汪希林所刻的一枚印上作过这样一段题跋[①]：

> 掀天揭地之文，震电惊雷之字，呵神骂鬼之谈，无古无今之画，原不在寻常眼孔中也。未画以前，不立一格，既画以后，不留一格。[②]

可以猜想，郑板桥创作时灵感爆发，于是乘兴挥毫落墨如风，纵横挥洒满纸云烟，如徐渭"无古无今独逞"[③]的豪情激荡胸中，于是便写下了这段目空四海、横扫古今的话。这是郑板桥对自己作品激动而自豪的评论，而且他由眼前的"震电惊雷之字""无古无今之画"延伸开去，认为自己所作文字可与书画并列，也是"掀天揭地之文""呵神骂鬼之谈"。显然，在他看来，他所作的一切诗文书画，都是他"破格标奇"的产物。就此，我们不妨把此段话视为他的艺术宣言。

在这个题跋中，郑板桥说自己"未画以前，不立一格，既画以后，不留一格"，这就是说，无论画前还是画后，郑板桥都丝毫不考虑"格"的问题，不愿意用已有的规范或体式来限制自己。如此大胆恣肆、令人震撼的做法，根源他心中的一个重要观念，即所有的文学艺术形式之间，都有着内在的共同性共通性，所有的"格"或"法"都是相对的，只对"寻常眼孔"发生作用。因此，对于一个勇于"自树其帜"的艺术家来说，那种"格"便不再成为他进行艺术创造的束缚。

在诗文书画领域耕耘多年，郑板桥认识到，诸法是相通的，各个领域各个层面，都可以形成某种内在联系或者说共通性。他注意到："山谷写字如画竹，东坡画竹如写字。不比寻常翰墨间，萧疏各有凌云意。"[④]他又说："西北善画不画，而以画之关钮，透入于书。燮又以书之

---

① 齐鲁书社版《郑板桥全集》将此段话归入"印跋"，上海古籍出版社版《郑板桥集》则将此段话归入"题画"，因前者内容更加丰富，暂从《郑板桥全集》之说。
② 郑燮：《印跋·花萝绿映衫》，卞孝萱编：《郑板桥全集》，齐鲁书社 1985 年版，第 458 页。
③ 郑燮：《贺新郎·徐青藤草书一卷》，本社编：《郑板桥集》，上海古籍出版社 1979 年版，第 121 页。
④ 郑燮：《题画·画竹》，卞孝萱编：《郑板桥全集》，齐鲁书社 1985 年版，第 361 页。

关钮,透入于画。"①这就是说,书画之法相通,可以书法之关钮入画,也可以画之关钮入书法。在郑板桥看来,不仅图像艺术之间相通,文字艺术之间也相通,诗词之间,诗词与文章之间,古文与时文之间,都彼此相通。扩而大之,不仅相同的艺术形式内部相通,不同的艺术形式之间也相通,郑板桥意识到,作文与绘画需要秉持共同的规律,即所谓"文章绘事,岂有二道"②,所以他的绘画时常采用文章的布局。甚而至于世间的万事万物,包括风云变幻、鸟兽声行,在善于发现者的眼中都有相通之处,在善于创造者的笔下都可以建立起密切的关联,正所谓万象皆有法,万法皆可通。于是,诙谐调侃的文字固然可以写得如铭如偈般庄重凝练("而董子调侃之文,如铭如偈也"③),慎郡王的诗歌也可以看作如岳鹏举用兵、诸葛亮八阵图般的出神入化("试读其诗,如岳鹏举用兵,随方布阵,缘地结营,不必武侯八阵图矣"④),而噶将军的排兵布阵亦不妨与《左氏春秋》形成关联("寄东君满腹韬钤,盲左亦须寻讨。"⑤)。其实,郑板桥不是不知道"格""法"的存在,也不是不承认"格""法"的重要,只是他对"格""法"的理解要比"寻常眼孔"宽泛灵活得多。他曾经用为文之道和画石之法来阐述对"格"与众不同的理解,说:

> 何以谓之文章,谓其炳炳耀耀皆成文也,谓其规矩尺度皆成章也。不文不章,虽句句是题,直是一段说话,何以取胜。画石亦然。有横块、有竖块、有方块、有圆块、有欹斜侧块。何以入人之目,毕竟有皴法以见层次,有空白以见平整,空白之外又皴;然后大包小,小包大,构成全局,尤在用笔用墨用水之妙,所谓一块元气结而石成矣。⑥

由此可知,在郑板桥眼中,所谓"格"不是僵硬的条条框框,而是体

---

① 郑燮:《竹》,本社编:《郑板桥集》,上海古籍出版社1979年版,第155页。

② 郑燮:《题画·题画竹六十九则》,本社编:《郑板桥集》,上海古籍出版社1979年版,第217页。

③ 郑燮:《扬州竹枝词序》,本社编:《郑板桥集》,上海古籍出版社1979年版,第172页。

④ 郑燮:《随猎诗草·花间堂诗草跋》,本社编:《郑板桥集》,上海古籍出版社1979年版,第173页。

⑤ 郑燮:《水龙吟·寄噶将军归化城》,本社编:《郑板桥集》,上海古籍出版社1979年版,第143页。

⑥ 郑燮:《石》,本社编:《郑板桥集》,上海古籍出版社1979年版,第163页。

现为一种关系："文章"是由"炳炳耀耀"的"文"与"规矩尺度"的"章"构成的关系，"石"由形状、层次、大小等绘画元素构成的关系，其中起关键作用的，或"文"与"章"的搭配，或"用笔用墨用水"，都在于作者善于把握这种关系从而"构成全局"的妙用。如果只知道呆板恪守，即使"句句是题"也难免"不文不章"之讥；如果能抓住根本并巧妙运思，便可随心所欲而皆成方圆。他专门以高凤翰的画为例，说明不拘泥法则而重匠心独运之于艺术创作的重要性。他说，文坛上，诗古文家大骂朝廷取士的制艺和精通时文的秀才，认为是它们（他们）造成了诗古文的衰落，而郑板桥则挖苦诗古文家的责骂是"张哥帽，李哥戴"，骂错了对象，不论是诗古文还是时文制艺并不重要，重要的在于运用之妙。秀才出身的高凤翰，其画法显然得益于他深厚的制艺功底："此幅三石挤塞满纸，而其为绿、为赭、为墨，何清晰也！为高、为下、为内、为外，何径路分明也！又以苔草点缀，不粘不脱，使彼此交搭有情，何隽永也！西园老兄，秀才出身，故画法具有理解。……试看西园兄画，绝无时文气，而却从时文制艺出来。"[1]郑板桥称誉高凤翰把握了时文的精髓，于是便可以在画作中遗貌取神，脱胎换骨，自成气象。

正因为对于法则或者说"格"有超越于常人的认识，郑板桥对"格"并不那么循规蹈矩地遵奉，对高凤翰如此，对他自己更是如此，他曾在《板桥自叙》中说："平生不治经学，……有时说经，亦爱其斑驳陆离，五色炫烂。以文章之法论经，非《六经》本根也。"[2]显然，他从文章学的角度去说经，早已背离了研读经学的正统之"格"。更重要的是，郑板桥对此不仅心知肚明，而且理直气壮甚至沾沾自喜。

天地万象之间的诸法相通，并不是郑板桥的发现。古人早已说过"诸艺同源"，中国诗歌对通感、联觉的广泛运用，古人对"诗中有画，画中有诗"现象的肯定和褒扬，都说明中国人早就意识到诸法之间相通的现象。只是，这种发现更多地还停留在感觉的层面。譬如说"诸艺同源"，并没有说诸艺之法互通，书画之间的融通直到宋朝苏轼、黄庭坚才

---

① 郑燮:《题他人画·题高凤翰画册》，卞孝萱编:《郑板桥全集》，齐鲁书社1985年版，第410页。
② 郑燮:《板桥自叙》，本社编:《郑板桥集》，上海古籍出版社1979年版，第176页。

有点感性的苗头。郑板桥说"山谷写字如画竹,东坡画竹如写字",但这里一是黄山谷、苏东坡只是"如";二是他俩都是单向的,并不是双向互通,更不是多向互通;三是这个"苗头"是郑板桥发现的,苏东坡、黄庭坚之前的颜鲁公虽也作过尝试,但只是偶一为之,早已淹没于他的肥厚庄重的颜体中了。苏东坡、黄庭坚之后,郑板桥的朋友"常君西北"才"以画之关纽透入于书",这仍然是感性的、单向的,只有到郑板桥这里,才从先贤的偶作中"闻一知十"地拓展了诸法融通,并且努力上升到普遍的层面。再则,苏东坡称赞王维的作品"诗中有画,画中有诗",这是着眼于作品的情韵和意境,是在象征的层面评价作品,只有到郑板桥这里,书画之间的互"有"方才进展到了技法和笔墨的层面。可以说,将诸法相通的规律广泛运用于多方面多层面,是郑板桥的一大发现,它揭示了艺苑一大奥秘,开后人无数法门。

郑板桥的贡献也正在于此,他不仅对这种诸法相通的规律更加敏感,而且源自强烈的创新冲动,更加自觉地将此运用于自己的艺术创作实践。他反对拟古复古,厌恶打着"古学"的幌子而墨守成规者,主张"自出己意",他说:

> 或有自云高古而几唐宋者,板桥辄呵恶之,曰:"吾文若传,便是清诗清文;若不传,将并不能为清诗清文也,何必侈言前古哉?"……辄曰:"我是古学",天下人未必许之,只合自许而已。老不得志,仰借于人,有何得意?[1]

在他眼中,"傍人门户度春秋"是一种令人深恶痛绝的文风,是无法创作出充满时代气息的作品的。由此,他在《与杭世骏书》中郑重希望杭世骏"慎勿因循苟且,随声附和,以投时好也",又在《与江宾谷、江禹九书》中明确"学者当自树其帜","文章学问"不可"听气候于商人"更不能"趋风气",而且自己愿和这些志同道合者共同努力,"戴军劳帽,穿勇字背心,执水火棍棒,奔走效力于大纛之下"。

职是之故,郑板桥坚持艺术创作要敢于破格、破法,并且在文学艺

---

① 郑燮:《板桥自叙》,本社编:《郑板桥集》,上海古籍出版社1979年版,第177页。

术的各个门类都留下了他破格的印迹。

在诗词领域,郑板桥的创新主要体现有二:一是用壮烈之调写缠绵之情,仿佛关西大汉执铁绰板唱十七八女郎的妙曲一般;二是对词韵、变调的革新尝试,尤其在后者,郑板桥体现了他的独特的匠心。《满江红》本有平、仄两韵,但用时需一韵到底,但他的词作《满江红·田家四时苦乐歌》,一阕前后"苦""乐"分押不同韵部,突破了传统对于这一词牌的规定。他的《渔父》也匠心独运,呈现出多重的新意,他特地在《刘柳村册子》中明确说明了自己的意图:"愈愤怒,愈迫窘,愈敛厉,愈微细,遂作《渔父》一首,倍其调为双叠,亦自立门户之意也。"①这里不妨作简单对比:

张志和《渔父》:

> 西塞山前白鹭飞,桃花流水鳜鱼肥。青箬笠,绿蓑衣,斜风细雨不须归。

郑板桥《渔父·本意》:

> 宿雨新晴江气凉,湿烟初破柳丝黄。才上巳,又清明,桃花村店酒瓶香。　　漠漠海云微漏日,茫茫春水渐盈塘。波澹荡,燕低昂,小舟丝网晒鱼梁。

对比后可以看到:一是在内容上变抒发士大夫钓鱼行乐之趣为描绘水乡渔民的劳作之美;二是在文字上"倍其调为双叠",增加了一倍;三是变化声调,《渔父》首句通常为"仄仄平平仄仄平",郑板桥则改为"仄仄平平平仄平",而下片又改为"仄仄仄平平仄仄";四是变动韵脚,"黄""香""塘""梁"都是上江阳韵,中间却用属于庚青韵"明"字来通押,由此形成了郑板桥独有的"自立门户"之举。平心而论,如果将郑板桥词放入清词去考察,它虽非鹤立鸡群,但也绝不会敬陪末座,他的词,从感情的饱满到体式的创意创调,都堪称当时一流。

在书画领域,郑板桥的创新更加明显。在临兰亭序的时候他说,如

① 郑燮:《刘柳村册子》,本社编:《郑板桥集》,上海古籍出版社 1979 年版,第 189 页。

第七章　理论建树

"若复依样葫芦，才子俱归恶道。故作此破格书以警来学"①；在手抄《四书》的时候他说："创为真隶相参之法，而杂以行草，究之师心自用"②，不拘成法，不泥成格，是郑板桥一贯追求和坚持的。本书前面章节分析过的《难得糊涂》和《板桥润格》这两个条幅，前者完全是一横幅的山水，四个大字像四块奇石，如山一般端严整肃，不可转也。下面几行小字，像随形布势的碎石小草，正可作山石的陪衬。后者的"送""妙""也""过"诸字的长撇大捺正是兰叶的画笔，特别是"也"字，像一片旁若无人的怒生兰叶，像一声充满愤懑和轻蔑的叹息，给人无可奈何、无庸置喙的感觉，这就是取了画意之长的效果。取长很重要，但善用所长则更为重要。例如书法的撇捺取兰叶，易见潇洒出群，易于表达感情，但板桥却不是所有书法中的撇捺皆用长撇大捺，而是随书法行文的需要使用兰叶之意。仍以《板桥润格》为例，大幅之"大"，赊欠之"欠"，论交之"交"，皆有长撇大捺，可是在这幅书法上却都是收敛的小撇小捺。而正由这些小撇小捺显得秀劲稳重，与大撇大捺正好相得益彰。再如人所熟知的对联"室雅何须大；花香不在多"，"花"字妙用长撇大捺，"香"字则撇捺改为兰花花朵之意，像两朵兰花开在两旁；"不"字撇捺则全缩起，像

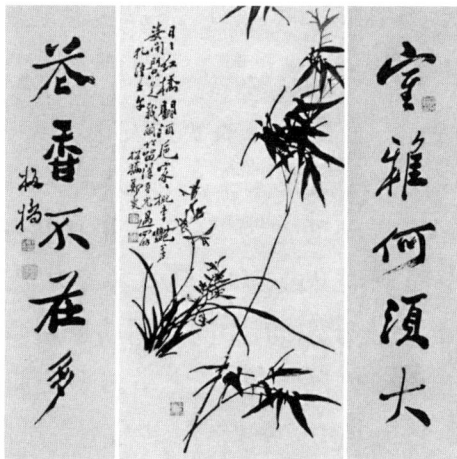

《室雅何须大》

---

① 郑燮：《跋临兰亭叙》，本社编：《郑板桥集》，上海古籍出版社1979年版，第175页。
② 郑燮：《四子书真迹序》，本社编：《郑板桥集》，上海古籍出版社1979年版，第183页。

小姑娘羞涩不敢见人。"大"字也如此,"多"字末笔则用长撇,似乎香味溢出。这些都是灵活变化妙用各法之长。

也因于此,在同时代人与后代人中,郑板桥之善于"破格标奇"已经成为人们对他的一个共识。光绪朝画家汪鋆说他"具广大之神通,括群能而皆善"①,这显然得益于他对诸法融通的艺术规律的深刻理解和巧妙运用。

---

① 汪鋆:《扬州画苑录》,转引自卞孝萱编:《郑板桥全集》,齐鲁书社 1985 年版,第 551 页。

第八章　贡献与影响

第一节　"怒不同人"板桥味

康乾时代,在扬州卖字卖画的人有很多,许多人的艺术功力不比郑板桥差,付出的努力也不逊于郑板桥,却没能如郑板桥那样在历史上留下深刻的印迹。究其原因,根本之点恐怕在于其不同的追求。

郑板桥的人生准则和艺术准则是"怒不同人"。他在《刘柳村册子》中说:

> 板桥貌寝,既不见重于时,又为忌者所阻,不得入试。愈愤怒,愈迫窘、愈敛厉、愈微细,遂作《渔父》一首,倍其调为双叠,亦自立门户之意也。

> 板桥最穷最苦,貌又寝陋,故长不合于时;然发愤自雄,不与人争,而自以心竞。……庄生谓"鹏怒而飞,其翼若垂天之云。"古人又云:"草木怒生。"然则万事万物何可无怒耶?板桥书法以汉八分杂入楷行草,以颜鲁公《座位稿》为行款,亦是怒不同人之意。[1]

这段话是郑板桥晚年对自己心路历程的高度概括,也是对自己艺术追求的理论总结。这个"怒不同人"的"怒"字,本质内涵是愤怒出诗人、愤怒出精品,可以理解为是人生态度的发愤自强、自立门户,也可理

---

[1] 郑燮:《刘柳村册子》,本社编:《郑板桥集》,上海古籍出版社 1979 年版,第 189—190 页。

解为是其艺术追求的发愤独创、自树一帜。这个"怒"字,构成了郑板桥一生在艺术领域中持续不懈地实现自我、奋发创新、追求精品的强大精神动力,也是我们解读郑板桥艺术的关键之点,那就是:以强大的独立人格为魂魄,以恣肆的艺术创新为手段,在两者的交融互动中,实现艺术个性鲜明、艺术品质精美的目标。古往今来,凭借作品个性鲜明、品质精美而跻身艺术史的例子,在文坛艺坛上屡见不鲜,王羲之以一篇《兰亭序》得到"书圣"的桂冠,张若虚以一首《春江花月夜》而收获"孤篇压全唐"的美誉;反面的例子也有不少,譬如乾隆写了四万多首御笔诗,是古今诗人中数量最多者,但在思想和艺术上均为平庸之作,难免不被历史所淘汰。

郑板桥追求和收获的艺术果实,可以概括为他的"怒不同人"的板桥味。这种极具辨识度的"板桥味",或书画分列,或"三绝"合幅,或构思"破格"出新,或语言"自铸伟词",袒露真性情,彰显艺术个性。这里,关键在于既能全面吸收前贤的精华,又能够不被前人所局囿,即所谓汲取众长而又脱尽窠臼。郑板桥的鲜明个性表现在他书画艺术的方方面面,无论是画种的选择、兰竹主体的内容确定,还是构思布局的能疏能密能整能乱,整体风格的能"清"能"轻"能"新"能"馨"①,抑或用笔的"字字精悍、笔笔严紧",用墨的"浓淡燥湿,如火如花","弱者强之,肥者瘦之"②,甚至包括署名的安排,都力求"推倒时流"③,匠心独运,别开生面,出奇制胜。他有一段关于画石的题跋颇具代表性:

> 米元章论石,曰瘦、曰绉、曰漏、曰透,可谓尽石之妙矣。东坡又曰:"石文而丑。"一"丑"字则石之千态万状,皆从此出。彼元章但知好之为好,而不知陋劣之中有至好也。东坡胸次,其造化之炉冶乎!燮画此石,丑石也。丑而雄,丑而秀。弟子朱青雷索予画不得,即以是寄之。青雷袖中倘有元章之石,当弃弗顾矣。④

---

① 郑燮:《随猎诗草、花间堂诗草跋》,本社编:《郑板桥集》,上海古籍出版社1979年版,第174页。
② 郑燮:《题宋拓圣教序》,卞孝萱编:《郑板桥全集》,齐鲁书社1985年版,第285页。
③ 周榘:《题板桥先生行吟图》,转引自卞孝萱编:《郑板桥全集》,齐鲁书社1985年版,第569页。
④ 郑燮:《石》,卞孝萱编:《郑板桥全集》,齐鲁书社1985年版,第215页。

郑板桥发现了丑陋之中蕴含的"雄"与"秀",从而构成了对米芾的"破格",而在这种"破格"中,彰显了"自然秀异绝俗"的鲜明个性。

郑板桥成熟期的作品,无论字与画,都能够一眼判定而无须检索落款,这种鲜明乃至强悍的艺术个性,确实体现了郑板桥书画艺术的独特之处。其奥秘在于他将强烈的个人情感倾注到客观的描写对象之中,做到了主体精神与客体事物的高度统一。这种统一不是兴之所至妙手偶得,而是始终处在理性的统领之下,这就保证他的作品体现出一种持续的统一的艺术品格。例如他笔下的兰、竹、石,既是自然界中的兰、竹、石,也是士人君子孤高的精神、超迈的气节,是他倔强傲岸的"江南一梗顽"。他在《甲申秋杪,归自邗江,居杏花楼。对雨独酌,醉后研墨拈管,挥此一幅,留赠主人》画的题跋中说:

> 画竹之法,不贵拘泥成局,要在会心人深神,所以梅道人能超最上乘也。盖竹之体,瘦劲孤高,枝枝傲雪,节节干霄,有似乎士君子豪气凌云,不为俗屈。故板桥画竹,不特为竹写神,亦为竹写生。瘦劲孤高,是其神也;豪迈凌云,是(其)生也;依于石而不囿于石,是其节也;落于色相而不滞于梗概,是其品也。竹其有知,必能谓余为解人;石也有灵,亦当为余首肯。[①]

郑板桥认为竹在气质上"似乎士君子",因此,他画竹不仅要表现竹的形,更要刻画"士君子"的神、节、品,即所谓瘦劲孤高的神态,豪气凌云的生机,卓特不阿的节操,不为色相左右的品格,而这些正是所有士君子包括郑板桥在内的精神品质之所在。

由于致力于为自己和同类士人君子留下精神写照,郑板桥选择入画的题材始终为兰竹而不愿他顾,这与石涛画作题材的广泛形成鲜明的反差。他在《靳秋田索画》中说:"石涛善画,盖有万种,兰竹其余事也。板桥专画兰竹,五十余年,不画他物。彼务博,我务专,安见专之不如博乎!……板桥亦只是板桥,吾不能从石公矣。"在弃与取之间,郑板桥是立场坚定的,也是颇为自傲的。正是源于这种"咬定青山不放松"

---

① 郑燮:《题画·题兰竹石二十七则》,本社编:《郑板桥集》,上海古籍出版社 1979 年版,第 224 页。

的执着,郑板桥在兰竹画方面取得了极高的成就,而兰竹也几乎成为他的另一个身份标识。有趣的是,郑板桥为了说明石涛的"博",还以石涛曾用多个署名为例证:"石涛弘济,又曰清湘道人,又曰苦瓜和尚,又曰大涤子,又曰瞎尊者,别号太多,翻成搅乱。"①其实,郑板桥也先后用过许多名号,单他的印章就有数十方:"青藤门下牛马走""麻丫头针线""此玄鸟"等等,这些未必比"瞎尊者"之类好辨识。不过,这些奇奇怪怪的印章都为闲文印性质,且不说它们多与"郑燮""板桥"等名章联用,不至于产生石涛那般"翻成搅乱"的印象,其实无论郑板桥在自己的画作上署什么款或盖什么印,那种画作中喷薄而出的个人气质,打着郑氏的鲜明烙印,只可能属于板桥。因而,郑板桥各类印章之多虽不亚于石涛,但并不妨碍"板桥亦只是板桥也"。

这里为说明板桥味,多以他的书画为例证,其实,板桥味并不仅仅体现在他的书画中。准确地说,板桥味熔铸在包括诗文、家书、判词等所有的文字中,只要以他一生波澜起伏的经历为背景去细心感受他的文字,是不难得出这一结论的。方玉润有一段话颇能代表郑板桥创作给人的印象:

> 人莫不赏其超逸狂纵,如羽士高人,乘鹤往来于空山古寺间。而余独喜其沉着兀臲,如奇石苍虬,屈蟠偃蹇于大海风涛际。人又多赏其《题画》诸词,以为飘飘有别趣。而余独爱其《家书》数首,曲尽人情,多见道言。板桥盖隐于书画者耳!宣圣所谓"古之狂也肆"者,非其人欤?非其人与?其宰山东时,亦多惠政,至今人尸祝之,又岂狂放士所能为哉!②

这就将郑板桥的人品政绩和诗文书画连在一起,在知人论世之中品出了芳香扑鼻、沁人心脾的"板桥味"。

对郑板桥来说,这样一种充满"板桥味"的精品并不是一蹴而就的,它是千锤百炼、反复打磨的结果。譬如,郑板桥的"《道情》十首,作于雍

① 郑燮:《靳秋田索画》,本社编:《郑板桥集》,上海古籍出版社 1979 年版,第 165—166 页。
② 方玉润:《星烈日记汇要·游艺》,转引自卞孝萱编:《郑板桥全集》,齐鲁书社 1985 年版,第 812 页。

正七年,改削十四年,而后梓而问世"①。从初稿到定稿,其间改过多少次,根本无法统计,因此世间也流传有多个版本,裴景福就说:"板桥书《道情》词,余屡见之,词亦不尽同,盖随手更易耳。"②

这里且以乾隆八年刻本与乾隆二年墨迹本作一比较:

	《道情》乾隆八年刻本	《道情》乾隆二年墨迹本
开场白	枫叶芦花并客舟,烟波江上使人愁;劝君更尽一杯酒,昨日少年今白头。自家板桥道人是也。我先世元和公公,流落人间,教歌度曲。我如今也谱得道情十首,无非唤醒痴聋,销除烦恼。每到山青水绿之处,聊以自遣自歌。若遇争名夺利之场,正好觉人觉世。这也是风流世业,措大生涯。不免将来请教诸公,以当一笑。	暑往寒来春复秋,夕阳西下水东流。将军战马今何在?野草闲花满地愁。列位晓得这四句诗是那里的?是秦王符坚墓碑上的。那碑阴还有敕勒布歌。无非慨往古之兴亡,叹人生之奄忽,凄凄切切,悲楚动人。那秦王符坚也是一条好汉,只因不听先臣王猛之言,南来伐晋,那晓得八公山草木皆兵,一败而还,身死国灭,岂不可怜!岂不可笑!昨日板桥道人授我《道情》十首,倒也踢倒乾坤,掀翻世界,唤醒多少痴聋,打破几场春梦。今日闲暇无事,不免将来歌唱一番,有何不可。
正文	兔葵燕麦闲斋供 一片残阳下酒楼 孔明枉作那英雄汉	兔葵蕨粉闲斋供 一片残霞暗酒楼 孔明不算英雄汉
结尾	风流家世元和老,旧曲翻新调;扯碎状元袍,脱却乌纱帽,俺唱这道情儿归山去了。	玉笛金箫良夜,红楼翠馆佳人,花枝鸟语漫争春,转眼西风一阵。滚滚大江东去,滔滔红日西沉。世间多少梦和醒,惹得黄粱饭冷。你听前面山头上隐隐吹笛之声,想是板桥道人来也。趁此月明风细,不免从他唱和追随,不得久留谈话。列位请了。

两个版本的正文固然多有不同,而"开场白"和"结尾"的差异更大,几乎重新写过,由此可见,从立意到文字,郑板桥所花的推敲功夫之大。

不仅《道情》的文字先后有许多不同,郑板桥画作的若干题诗曾先后题过多次,其文字前后也常有不同。譬如,郑板桥那首著名的《竹石》

---

① 郑燮:《刘柳村册子》,本社编:《郑板桥集》,上海古籍出版社 1979 年版,第 188 页。
② 裴景福:《壮陶阁书画录·清郑板桥书道情卷》,转引自卞孝萱编:《郑板桥全集》,齐鲁书社 1985 年版,第 793 页。

题诗"咬定青山不放松,立根原在破岩中,千磨万击还坚劲,任尔东西南北风",先后就有多个版本,文字各有差异:南京博物院藏手迹,"破岩"作"乱岩","坚劲"作"坚净";商承祚藏手迹,"破岩"作"乱崖","万击"作"万折","东西南北风"作"癫狂四面风";上海博物馆藏手迹,"破岩"作"乱崖","东西南北风"作"东南西北风";《板桥书画拓片集》所收此画,"破岩"作"破崖","东西南北风"作"东南西北风";江苏人民出版社影印此图,"破岩"作"乱崖";中国旅游出版社影印此图,"破岩"作"乱岩";《古芬阁书画记·郑板桥墨竹屏》收此图,"破岩"作"乱崖"。卞孝萱在他所编《郑板桥全集》的"板桥题画"部分,以"编者注"的方式细致地列举了题诗题辞的不同达几十处,读者自可检视①。当然,仔细读来,有的改动也未必后来居上愈改愈精。其实,郑板桥也发现这种情况,他在《词钞·自序》中所说:"改而善者十之七,改而谬者亦十之三。乖隔晦拙,反走入荆棘丛中去。"但无论是"改而善"还是"改而谬",郑板桥充分意识到,所有的精品都是反复修改的结果,所以他在《词钞·自序》中说:"为文须千斟万酌,以求一是。再三更改,无伤也。……要不可以废改,是学人一片苦心也。"②"千斟万酌""不可以废改",正是表明郑板桥的如袁枚所说"一诗千改始心安"、如杜甫所说"新诗改罢自长吟"的"求精求当"精神,以修改来完美精品的精神。

除了反复修改润饰,郑板桥还对自己的文字毫不手软地加以删削,这从他对自己《家书》《诗钞》《词钞》的编辑刻印中可以察知。从存世的郑板桥作品判断,郑板桥一生所作比他自己编定的要多得多,譬如他的"家书"至少有一百六十通,而作者所选大约不到十分之一,同样,他的诗词也很可能被淘汰了一半,因为今人收集到的他的集外诗词总量已接近《诗钞》《词钞》。尽管晚年郑板桥未及把后来许多题跋诗文中的精品重新编集,但无论如何,从郑板桥自己编定的《板桥诗钞》中收入的《赠袁枚》只保留两句的事实可以看出,他宁愿损伤作品的完整性也不愿留下自己不满意的东西,他对自己作品的态度是极其严谨顶真的。

① 参见卞孝萱编:《郑板桥全集》,齐鲁书社1985年版,第198—224页。
② 郑燮:《词钞·自序》,卞孝萱编:《郑板桥全集》,齐鲁书社1985年版,第134页。

为防止他百年之后有人违背他的意愿,他甚至以夸张的语气厉声警告:"板桥诗刻,止于此矣,死后如有托名翻板,将平日无聊应酬之作,改窜烂入,吾必为厉鬼以击其脑!"①

正是在这种不厌其烦的推敲修改和精益求精的严格把关之中,郑板桥卓特不群的"板桥味"才愈发浓郁起来。

第二节　书画市场佼佼者

郑板桥的艺术生涯与书画市场紧密相连,他的《板桥润格》即可见一斑。文人收受稿费自古而然,辛弃疾词中的"千金纵买相如赋,脉脉此情谁诉"提示我们,至少从汉代起,文人的价值便可以文章交易来体现。此后隋唐宋元明,无代不有"润笔"现象,其中包括许多名儒硕彦。从唐代的韩愈到"五四"时代的章太炎、鲁迅、胡适等人都收过"润笔",有的还收入不菲。书画家卖书画的也不少,明代大名鼎鼎的"六如居士"唐寅就发出过"闲来写就青山卖"之豪言。但是公开亮出进士、县令身份,挂牌标价卖画者,似乎只有郑板桥。令人深思的是,在多年的艺术创作和卖书画的实践中,他的市场意识也逐渐萌发成长起来。概括起来,有如下数端。

第一,尊重商人。郑板桥虽然很反感士人"听气候于商人",以商人"一言之是非为欣戚,其损士品而丧士气,真不可复述矣",他并不否定商人的经商活动,也对士人和商人的平等交往持肯定态度,他憎恶的其实是士人丧失自己的立场人格而拜倒在金钱脚下。他在《家书》中将商人定位在"士"的前面,认为"贾人搬有运无,皆有便民之处"②即为一例。不仅如此,在潜意识深处,他是存在着喜"商"因子的,时不时地流露出"将本求利"的商家意识,譬如他说:

> 凡人读书,虽拿不定发达。然即不发达,要不可以不读书,主

---

① 郑燮:《诗钞·后刻诗序》,本社编:《郑板桥集》,上海古籍出版社 1979 年版,第 24 页。
② 郑燮:《范县署中寄舍弟墨第四书》,本社编:《郑板桥集》,上海古籍出版社 1979 年版,第 13 页。

意便拿定也。科名不来,学问在我,原不是折本的买卖。①

连"读书"也成了将本求利、折不折本的"买卖",这其中虽然有着用通俗的语言开导家人的意思,但不用别的比喻而偏用市场的语言,依然可以看出端倪。在日常生活中,他对银钱数字也很仔细,《与墨弟书》中就有记载:"来银三十两,大女儿与之三两,余留家用。华灿所当,已与银令其自赎矣。初到杭州,吴太守甚喜,请酒一次、请游湖一次、送下程一次、送绸缎礼物一次、送银四十两。郑分司与认族谊,因令兄八哥十哥在扬州原有一拜;甚亲厚,请七八次、游湖两次、送银十六两。"②这里谈银钱具体数字就有四处,与《世说新语》中的"口不言钱"而称"阿堵物"者对比,可知郑板桥并不耻言钱。不仅如此,他还津津乐道于别人送给他钱,为他"一洗穷愁"③,他也与扬州"八大盐商"之一的马氏兄弟交情甚厚。可见,郑板桥并不是逢商皆鄙,他尊重"搬有运无"、有利家国民生的商人,更亲善热爱文化、乐善好施的儒商。

不仅如此,无论是青年时代艰难谋生时留下的印记,还是扬州这个商业发达地区的世风熏染,郑板桥并不排斥商业活动,他甚至参与到此类活动之中。在山东县官任上,他作过一些"搬有运无"的小买卖,在《与四弟书》中说:

> 我已买得滚盘珠十二颗,虽颗头略小,亦可直二十金。有买得古镜一百面,亦可直百金。都要付与郭奶奶收掌。将来卖出本钱,制市房一所,亦是二位奶奶养老之资也。④

显然,他是打算把这些滚珠、古镜带到文化发达、能出高价的扬州去卖,所得价款"制市房一所"。"市房"者,街市上的门面房也,用于租给他人开店经商,以所得租金作为"二位奶奶养老之资"。可见,郑板桥善鉴古董、知晓价格的能力和着眼长远的投资意识投资方向,都显示了他在商业运作方面的出色才能。这种才能在郑板桥"逢人卖竹"的艺术

---

① 郑燮:《潍县寄弟墨第四书》,本社编:《郑板桥集》,上海古籍出版社1979年版,第20页。
② 郑燮:《与墨弟书》,本社编:《郑板桥集》,上海古籍出版社1979年版,第194页。
③ 郑燮:《怀程羽宸》,本社编:《郑板桥集》,上海古籍出版社1979年版,第65页。
④ 郑燮:《与四弟书》,卞孝萱编:《郑板桥全集》,齐鲁书社1985年版,第266页。

生涯中逐步成长为尊重市场、艺商互利的思想和行为。

第二，精选市场。郑板桥在《与柳斋书》中说："燮一岁之中，居家者不过二三月，其余则东西南北而已。非尽为贫而出，盖山川风月，诗酒朋侪，性之所嗜，不可暂离耳。"①信中字里行间洋溢着的自信、轻松和愉悦，显示出他的外出并不是为了谋生，潜台词是：他无须再为生计而发愁，他的画获得了市场的充分认可，足以支撑他每年花大半年时间满足"性之所嗜"的"山川风月，诗酒朋侪"。那么，合理的推论就是，郑板桥游历在何处或者说旅居在何处就在何处卖画。这样的逻辑，证之于郑板桥生平是相吻合的：他在罢官回乡后，除曾去杭州、浙江旅行外，活动范围都在省内，尤以扬州为主，这就是说，他选择了扬州作为他的旅居之地同时也是卖画之地。理论上，此时郑板桥的书画已经有了名声也有了市场，他可以选择任何地方，之所以选择扬州，除了离家较近便于照应而外，最主要的还是在于扬州这座城市的魅力。

乾隆年间，得益于盐商经济和京杭大运河这条黄金水道，扬州的手工业和城市商业服务业非常发达。这里有浓厚的文化氛围，有与郑板桥气味相投的书画家群体，也有旺盛的消费需求，扬州市民也以在家中张挂书画为荣，即所谓"堂前无字画，不是旧人家"。此外，扬州还有一个别处难以媲美的优越条件——一位既掌握雄厚的经济大权又文采风流且喜与文士、艺术家交往的官员卢雅雨，他与郑板桥等一众文人、艺术家相交甚厚，是他们的赞助人，也是他们的保护神，郑板桥在诗中有"词客关河千里至，使君风度百年清"②赞誉他的功绩。所以，郑板桥之选择扬州，可谓天时地利人和。

他在《板桥偶记》中列举他自己和朋友在扬州的境况：

> 王若林澍，金寿门农，李复堂鱓，黄松石树谷，后名山，郑板桥燮，高西塘翔，高凤翰西园，皆以笔租墨税，岁获千金，少亦数百金，以此知吾扬之重士也。③

① 郑燮：《与柳斋书》，卞孝萱编：《郑板桥全集》，齐鲁书社1985年版，第267页。
② 郑燮：《和雅雨山人红桥修禊》，本社编：《郑板桥集》，上海古籍出版社1979年版，第111页。
③ 郑燮：《板桥偶记》，卞孝萱编：《郑板桥全集》，齐鲁书社1985年版，第239—240页。

郑板桥与书家、画家好友王澍、金农、李鱓、黄树谷、高翔、高凤翰都旅居扬州,都收入不菲。无论是"千金"还是"数百金",都是个大数字,养家糊口之外颇有余资,所以郑板桥得意地称"以此知吾扬之重士也"。这七人之中,有五人名列"扬州八怪",可见这一艺术家群体是何等活跃。就此,郑板桥之旅居扬州,是有客观必然性的,是他精心选择的结果。

第三,定价巧妙。要取得好的经济效益,必须善于经营,善于给自己的商品定价。价格之中包含着供求关系,也包含着顾客心理,还包含了艺术内蕴、审美品格、笔墨趣味等可以意会而难以言传的内容,委实马虎不得。价格低了,影响收益,也影响市场秩序;价格高了,则会如《聊斋志异》所说的"高其价久不售",苦了自己,不免饿饭。经过多年的市场打磨,郑板桥开出了他的《板桥润格》:

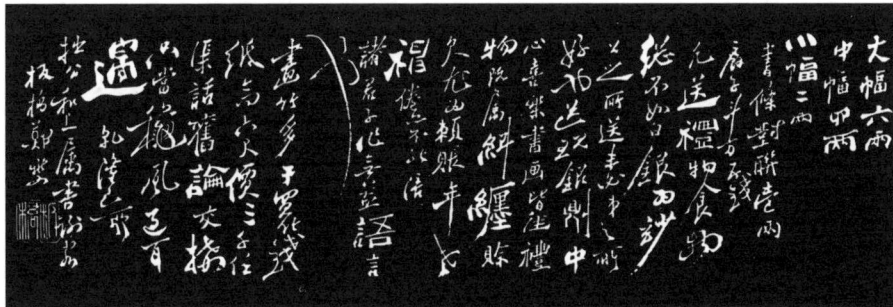

《板桥润格》

大幅六两,中幅四两,小幅二两,条幅对联一两,扇子斗方五钱。凡送礼物食物,总不如白银为妙;公之所送,未必弟之所好也。送现银则中心喜乐,书画皆佳。礼物既属纠缠,赊欠尤为赖帐。年老体倦,亦不能陪诸君子作无益语言也。

画竹多于买竹钱,纸高六尺价三千。任渠话旧论交接,只当秋风过耳边。[1]

---

① 郑燮:《板桥润格》,本社编:《郑板桥集》,上海古籍出版社 1979 年版,第 184 页。

"润格"中,各类作品的价格一目了然,面面俱到,清清爽爽,来者只要按价付款,自然无须饶舌,彼此方便。这个价格当然比不上石涛、八大山人等声名更著的书画家,不过应该是扬州市场上同类书画家的行价。仔细读"润格",我们还可以从中品出许多潜藏的信息和郑板桥未便明言的潜台词。其一,郑板桥在扬州卖画多年,直到晚年才明确"润格"。这就是说,郑板桥此时在书画市场上已经打出一片天地,他不愁书画卖不掉了。所以他的"润格"既正正经经又嘻嘻哈哈,把放眼尘世的豪情融入谐趣,体现出足够的轻松自信。其二,平日里书画如何作价,郑板桥心中有数,应该与"润格"标出的差别不大。只是凭郑板桥那种"诗酒朋侪""性之所嗜"的做派,想必对钱款不会特别计较,他随手赠送的书画不知凡几。金农就曾经说过:"广陵故多明童,巧而黠,俟板桥所欲,每逢酒天花地间,各持枒笺纨扇,求其笑写一竿,板桥不敢不应其索也。"[1]可这也给某些人提供了可乘之机,于是谬托知己者甚至书画经纪纷纷以各种名目登门索画。且不说这干扰了作者的生活,更重要的是它违背了作者的意愿,实际构成了对作者的某种盘剥,于是郑板桥需要以某种方式把一些怀揣私利的不速之客拒之门外。其三,中国士人一向羞于谈钱,西晋的时候甚至以"阿堵物"来替代"钱"字,以示对此物的不屑。流风所至,士人在公开场合都口不言钱,尤其是那些有功名的曾经入仕的士人更是如此。而郑板桥却偏偏反其道而行之,以进士的身份知县的履历堂而皇之的张榜标价,其蔑视流俗的叛逆之举,确实彰显了郑板桥孤傲不羁、卓特不群的个性风采。

当然,有了定价,也不意味着郑板桥一定满足顾客,对有些恶俗的富商,无论开价多少,郑板桥也是弃如敝屣的。孙静庵曾记载:因郑板桥有"富商大贾,虽饵以千金,不顾也"的脾气,扬州某盐商为求郑板桥字,不惜设局引郑板桥入彀,方才骗得郑板桥书法手迹。[2] 此外,郑板桥晚年有许多赠送给好友的书画精品,其中倾注着作者的心血,早已超出了市场的范畴,是无法用上述价格来衡量的。

---

[1] 金农:《冬心先生画竹题记》,转引自卞孝萱编:《郑板桥全集》,齐鲁书社1985年版,第609页。

[2] 孙静庵:《栖霞阁野乘·郑板桥之受骗》,转引自卞孝萱编:《郑板桥全集》,齐鲁书社1985年版,第822—823页。

不难看出，郑板桥这份功能性的书画价目明细表，还是一幅艺术佳作。它主次分明，布局巧妙，书法潇洒，诗情洋溢，令人见了"中心喜乐"。

第四，驾驭市场。艺术家与市场，艺术个性与审美风尚，这是一个理论不难解释但在实际生活中很难把握很难评价的问题。理论上，艺术家应该坚持自己的艺术个性或者说艺术探索而拒绝市场的诱惑抵抗时尚的侵蚀，譬如荷兰画家梵高始终听从自己内心的呼唤以至于一生穷困潦倒。但在实际生活中，对于依赖市场养家糊口的职业半职业书画家来说，就存在着一个如何在不违背自己艺术良心的同时适应市场需要的问题。"扬州八怪"的中坚画家黄慎就曾经遭遇过这个问题。谢堃在《春草堂集·书画所见录·黄慎》中记载：

> 慎，字恭懋，一字瘿瓢。福建闽县人。初至扬郡，仿萧晨、韩范辈工笔人物，书法钟繇，以至模山范水，其道不行。于是闭户三年，变楷为行，变工为写，于是稍稍有倩托者。又三年，变书为大草，变人物为泼墨大写，于是道之大行矣。盖扬俗轻佻，喜新尚奇，造门者不绝矣。①

作者这里记载了黄慎由"其道不行"到"稍有倩托"再到"道之大行"以至于"造门者不绝"的变化过程，认为其关键在于黄慎遵从了"扬俗轻佻，喜新尚奇"的时风，语气中对扬州艺坛"轻佻"风尚的不以为然是显而易见的。只是中国画自"元四家"以来，其重在写意的"文人画"之风大盛，且经过明代徐青藤和清初石涛、八大山人的大力提倡，大写意画风正取代宋画院"模山范水"的工笔传统深刻影响画坛，而扬州恰是石涛多年旅居之处，如果注意到这一点，扬州风尚之受石涛、八大山人的影响偏爱大写意，是"轻佻"，还是恰恰证明了扬州人的艺术趣味开放大胆，与时俱进，倒也未可定论。当然，如何评价暂且不论，作者确实描述了黄慎画风与扬州艺坛风尚之间的关系。对黄慎的转变，郑板桥是相

① 谢堃：《春草堂集·书画所见录·黄慎》，转引自卞孝萱编：《郑板桥全集》，齐鲁书社 1985 年版，第760 页。

第八章 贡献与影响

255

当欢迎的,赠诗中的"画到神情飘没处,更无真相有真魂"①之句,就赞赏了黄慎放弃写"真相"的工笔而注重写"真魂"的大写意画风。

黄慎画风的一变再变,除了美学的逻辑外,也包含了市场的逻辑,但如果一味受市场摆布而盲目求变,也可能给艺术家带来负面作用。"扬州八怪"中的另一个中坚画家李鱓的"变"便是如此。

郑板桥对李鱓有一段评论:

> 复堂之画凡三变:初从里中魏凌苍先生学山水,便尔明秀苍雄,过于所师。其后入都,谒仁皇帝马前,天颜霁悦,令从南沙蒋廷锡学画,乃为作色花卉如生。此册是三十外学蒋时笔也。后经崎岖患难,入都得侍高司寇其佩,又在扬州见石涛和尚画,因作破笔泼墨,画益奇。初入都一变,再入都又一变,变而愈上,盖规矩方圆尺度,颜色深浅离合,丝毫不乱,藏在其中,而外之挥洒脱落,皆妙谛也。六十外又一变,则散漫颓唐,无复筋骨,老可悲也。②

郑板桥高度评价李鱓画风前两变的成功,认为收获了"变而愈上""花卉如生""画益奇"的口碑,也指出其第三变的失败造成了"散漫颓唐,无复筋骨"的"可悲"结果,常常得面对"途穷卖画画益贱,佣儿贾竖论非是"③的窘况。联系到六十开外的李鱓已经罢官回乡寓居扬州,从事"笔租墨税"的经历,故而他的第三变很可能也期望如黄慎一样"其道大行",因此只顾迎合市场迁就市场而最终丢失了自我。

黄慎和李鱓面对市场求变的不同结果,说明市场对书画家的影响是一柄双刃剑,这对黄慎和李鱓如此,对郑板桥也不例外。

因此,如何对待市场,就是郑板桥需要解决的问题。郑板桥清楚地知道,扬州艺坛上名家众多,各擅胜场,在中国画领域,山水、人物、花鸟非他所长,在书法领域,真草隶篆各体书法各家各有所擅长,自己唯有扬长避短,做到人无我有、人有我精方能立于不败,方能驾驭市场。所以他坚持自己的艺术个性,把自己所长的"六分半书"钻研到极致,在一

---

① 郑燮:《绝句二十一首·黄慎》,本社编:《郑板桥集》,上海古籍出版社 1979 年版,第 84 页。
② 郑燮:《题李鱓花卉蔬果册》,卞孝萱编:《郑板桥全集》,齐鲁书社 1985 年版,第 412 页。
③ 郑燮:《饮李复堂宅赋赠》,本社编:《郑板桥集》,上海古籍出版社 1979 年版,第 49 页。

幅字甚至一个字中将真、行、隶、草、篆的韵味融于一炉,既新又奇,如怪味豆一般让人欲罢不能,如金农"漆书"一样成为书坛独一无二的存在。画坛上善画兰竹者不乏其人,如宋代文与可、苏轼,如清初石涛以及"扬州八怪"中的金农、李方膺、罗聘等人均有不少兰竹画作,要想画出比前辈和同侪更胜一筹的风采,唯有投入自己的真性情真感受,唯有以"咬定青山不放松"的执着专注,所以郑板桥矢志不渝"专画兰竹,五十余年,不画他物",在"务专"中描画出兰竹的千种姿态万般气象,从而赢得了"郑家香"的美誉。郑板桥做到了这一点,所以他能够不受世俗风尚的左右,而成为扬州书画市场中的佼佼者。

这里无意去渲染郑板桥有着如何高明的经济头脑,将今人的市场意识强加给古人,而是试图从郑板桥的卖画实践中去探讨他的"艺商联姻"思想,从而在另一个侧面对郑板桥形成更丰富的认识。当然,不可忘记的时代背景是,清代扬州已经出现了明显的资本主义萌芽,郑板桥的卖画活动,是建立在扬州相当发达的商品经济和城市服务业的基础上的,与扬州整个文化市场的情况相吻合。

第三节 "怪人难再"郑板桥

郑板桥七十三岁在家乡"拥绿"而去,但是他的业绩永留人间。他的人生经历之不凡,他的创新意识之先进,他的诗文书画之魅力,让人顿生"怪人难再"的感慨。他的深远影响可以从以下数端来认识。

第一,从穷达如一、人艺双辉看郑板桥奋进不止的高大形象。自从孟子提出"穷则独善其身,达则兼济天下"的理念,这两句话就一直成为仁人志士奉行的人生准则,也成为人们衡人衡文的尺度。那些不愿与污浊同流而归去来兮"独善其身"者都受到了赞美。但仔细体味下来,"独善"仍然潜藏着"明哲保身"的消极意味,还缺乏倔强不屈的进取精神,而郑板桥正是在这里,体现了他"怒不同人"之处。他从小就"读书志在圣贤,为官心存君国",憎恶腐朽、庸俗,终以"康熙秀才,雍正举人、乾隆进士"的身份进入官场,任上全身心投入救灾抗灾,体恤百姓,结果还是被冤贪污而罢官回乡,走了一个"穷—达—穷"的"之"字路。可是无论是穷是达，他没有自弃于声色犬马灯红酒绿，而是始终保持着忧国忧民之心。这种历经坎坷而不改的志向，这种达则居庙堂以权济民、穷则居草野以艺慰民的精神和努力，使他走出了一条为黎民分忧、为艺苑创新的道路。比较而言，"达"之不改初衷坚持济民易，而"穷"能不改初衷坚持以另一种形式济民则难，即孔子所说"贫而无怨难，富而无骄易"。特别是由"达"变"穷"，而且是蒙冤变穷，心中义愤难平积郁不消，加之"无颜见江东父老"的尴尬，能继续不改初衷，一如既往忧国爱民，则需要非同一般的品格。

与"兼济"和"独善"传统相一致的，中国文化中还有一个知人论世的传统。人与艺并重，人品重于艺品，是中国人论艺衡文的一个重要尺度，仿佛佛像的后光一般，艺术家人品愈高后光愈亮愈大，中国历史上有不少人因人品而影响到对其作品的评价。譬如颜真卿，人们一想到他的死节忠贞，对他的书艺更增加敬爱之情，而宋代的蔡京本是苏、黄、米、蔡书坛四大家之一，可是因为蔡京专权误国，成为大奸之臣，因而他的字也就大大掉价。郑板桥之"鄙松雪之滑熟"，其中也含有憎恶赵孟𫖯身事二朝的人格缺陷。而许多人之激赏郑板桥，也正是看重他人品与艺品的统一。例如我们看他的风竹诗画，吟诵他"衙斋卧听萧萧竹，疑是民间疾苦声"的诗句，就自然联想起他十几年为民造福、遭谤罢官的忧国忧民生涯，感受到他终身不倦"慰天下之劳人"的艺术追求，和坚贞清廉、刚直不阿的硬骨头品质，自然增添敬意，无形中对他的作品更增敬佩。"扬州八怪"中的一些书画大师，有的是郑板桥的前辈，书画技艺集数十年苦功，未必逊于郑板桥，有的成名更早，然而没有谁像郑板桥这样享有盛名且历久不衰。

总之，他的傲岸强悍的人格精神，他的闪耀着人格魅力的艺术作品，自然高出一般的艺术家。卞孝萱在所编《郑板桥全集》的"研究资料"部分，选录了两百三十多条资料，单《清史列传》《清史稿》等各类传记以及各种地方志就有四十种，其中几乎异口同声赞扬郑板桥的人品艺品："循吏""有惠政""通达事理，作养人才""爱民如子""于民事则纤悉必周""潍人戴德，为立祠""善诗、工书画""诗词皆别调而有挚语""诗宗陶柳""书出入汉隶中而别开生面""文宏博雄丽""兰竹，随意挥洒，笔趣横生"等等①,从这些虽或溢美但决非谀词的赞语中可见郑板桥人品艺品之深广影响。

第二,从大量艺术精品看郑板桥推动文人书画革新发展的成功道路。文人画虽非郑板桥首创,文人画的革新发展也非郑板桥首倡,但郑板桥确实以大量的艺术精品宣告了文人画改革创新之大有可为,并开拓了一条"理想—道路—成就"的成功之路。清初画坛沿元明文人画风,主要是"四王"的天下,以师法名师、临摹和追攀古代名作为极致,是沿顾恺之、吴道子的画风,强调对客观对象的纤毫毕露的写照,虽然也讲究传神,但只是从"阿堵"中传神,只是从"吴带当风"中传神。这种拟古的风气,虽遭到明代徐青藤写意画的挑战,但正像郑板桥所说的"一阵狂风倒卷来",却也如一阵风地过去了。时光不断流逝,画坛仍是老样,直到清初石涛等"四僧"才更高地揭起反对摹古、改革文人画的大旗。有幸的是,石涛旅居扬州多年,为金农、郑板桥、李鱓、黄慎等人开辟了道路,树立了榜样。在郑板桥之前,文人画都在"笔墨情趣"的小我圈子中徘徊,书画最多是抒发心中的不平之气而已。只有到了郑板桥这里,才"自树其帜"地高扬起"慰天下之劳人"的大旗,才将文人画引向为"天下劳人"的方向,尽管郑板桥的这种宗旨常常只停留在一些题诗、题跋上,尚未真正贯穿到作品的形式技法中,但郑板桥能有这种意识却也是惊世骇俗的。不仅如此,郑板桥更不断地从实践到理论,一路设置探索的路标,他那种震电惊雷、惊世骇俗的"六分半书",那种充满"郑家香"味的兰竹画,那种别开生面、呵神骂鬼的题跋,那种"学七抛三""胸无成竹""师其意不在迹象间""书画互通""必极工而后能写意"等等的实践和理论,为自己树立了有志者事竟成的丰碑,也为后来者不断推进文人画的改革开辟了道路。

郑板桥推动"文人画"改革发展的一个重要方向,是将诗书画印等各种元素巧妙组合为一个艺术整体。风竹、雨竹、石竹、兰竹、石兰以及"四君子"这些画在郑板桥之前不乏佳作,像北宋文与可、苏轼的竹画,就可称一代佳作,为郑板桥所师法,而南宋爱国诗人郑思肖的"所南"兰

① 详见卞孝萱编《郑板桥全集》,齐鲁书社 1985 年版,第 545—553、572—604 页。

画更为郑板桥引为知己。郑思肖画兰不画土,意谓南宋土地已被女真夺去,失土的黍离之悲深藏在画面之中,这层潜隐在画面深处的哀伤后来被元代倪瓒在题诗中点明:"秋风兰蕙化为茅,南国凄凉气已消。只有所南心不改,泪泉和墨写离骚。"题画诗在元代就很流行,佳作也不少,然而多为清高之思,如王冕题《墨梅》诗"吾家洗砚池头树,个个花开淡墨痕。不要人夸好颜色,只留清气满乾坤",它既填补了画面的空白,又丰富了画意。到明代,郑板桥所崇拜的徐渭有题《牡丹》诗云:"五十八年贫贱身,何曾妄念洛阳春。不然岂少胭脂在,富贵花将墨写神。"这些题画诗虽然为单纯画面及其笔墨情趣增添了丰富内容,加大了画面的艺术张力,但内容只是"自鸣清高""独善其身"而已。郑板桥则吸取前贤之长,以更上层楼的姿态,突破"小我"的局限,彰显出深广的忧国忧民之心,其"一枝一叶总关情"的热肠不亚于韦应物的"邑有流亡愧俸钱"的不忍,其"挺然相斗一千场"的不屈也可媲美屈原的"虽九死其犹未悔"的执着。试想,从郑板桥的风竹画中,我们或许能够从飘飘欲动的枝叶听出竹林的萧萧声,但如果再读到"疑是民间疾苦声""任尔东西南北风""挺然相斗一千场"这些题诗,那么,对"风竹画"内涵的理解就大不相同了,再加上"板桥体"独特的书法,就如同"执戟郎"不仅登坛拜将而且更披上了盔甲、跃上了战马,其叱咤风云的气概立时毕显。由此,郑板桥将抑扬激动的诗情、秀劲脱俗的画意、雄拔奇崛的书体结合在一起,在相互依存、相互映照生发中,迸发出强悍的审美力量。

郑板桥对文人画的改革开拓得到了后世艺术家的广泛赞赏和传承。中国当代画坛的徐悲鸿大师、首倡新编《郑板桥集》的傅抱石先生、年至耄耋仍精勤不辍的刘海粟先生,他们誉满四海的作品中多少都可以看到郑板桥的影子,可见他们多少都受郑板桥的启迪。徐悲鸿曾在郑板桥的一幅《兰竹石》画上题跋道:"板桥先生为中国近三百年来最卓绝人物之一,其思想奇,文奇,书画尤奇。观其诗文及书画,不但想见高致,而其寓仁慈于奇妙,尤为古今天才之难得者。"[1]这些都说明郑板桥开辟的这条道路是行之有效的。

---

① 徐悲鸿墨迹。今藏无锡市文化局。

第三,从褒贬不一的评价中看郑板桥不可重复的个性化影响。

站在历史的角度,我们发现,如对郑板桥本人一样,人们对郑板桥的艺术创作是誉毁不一的。大体上看,倾向革新、不为时论所拘者多有赞美,而坚持正统、趋于保守者则多有贬抑,偏爱偏执强烈者则感情色彩更加浓重。这种判断趋向两极的现象在郑板桥生活的时代就存在,在郑板桥身后依然没有停歇。如此趋于对立的评价集中在一个人身上,而且并不因时代的演进而变化,这在历朝历代的艺术家中是相当罕见的。平心而论,批评家的批评,基于各自不同的审美立场和价值尺度,有认真思考的判断,也有茶余饭后的感想,有阅读过程中的记录,也有凭印象得出的结论,以今天的眼光来看,难免其中包含一些随意性或者说不确定性、不准确性、不周密性。对此,有时无法也无须一定辩出个黑白是非,只要秉持理性客观的立场与平和宽容的心态即可。当然,对于那些倾向性的意见,还是值得重视并给予回应的。对于郑板桥的肯定性评价文中多有引述,此处不赘,这里集中笔墨讨论批评性意见。这些批评性意见,有针对诗词的,有针对绘画的,但针对最多的,是他的"六分半书"或者说"板桥体"。

"板桥体"面世以来,郑板桥以惊世骇俗的姿态赢得了惊叹和赞美,也招来了不少非议。其中尖锐而有代表性的是王潜刚,他说:

> 郑板桥中年学苏学黄,颇有功力。予收其书十九言楹帖一联,字大五寸,即专用苏、黄书法者,笔健墨丰,卓然可观。其寻常自称为"六分半书"者,以隶楷行三体相兼,只可作为游戏笔墨耳,不足言书法也。

> 板桥天分甚高,愿亦甚大,颇欲集古今书法大成,而不知分期课程,须在多写,仅凭一时之小慧,妄欲造成一特创之字形,于是一笔篆,一笔隶,一笔真,一笔草,甚至取法帖中钟、王、颜、柳、欧、虞、董、薛,东取一笔,西取一画,又加之一笔竹叶,一笔兰花,自以为极天地造化之奇,而成一不伦不类、不今不古之儿戏字体。予尝谓作文作书之法,譬彼良庖,以山珍海错野味家禽并而煎熬之,鼎中之变,精妙微纤,及其既化,然后去其渣滓,留其膏汁,各味皆具,而人不能名。此必取材富,用功深,而后能集众长,以成一奇特美味也。

若就各种材料,杂凑一窝,鸡猪鱼鸭、山珍海味堆成一碗,毫无烹煮之功,调和之味,尚复成何肴馔! 如北平酒家所售之全家福一品,不知言珍羞矣。板桥之书,无乃类是。至其画兰竹,平正而有变化,不愧作手。即画菊、画梅、画石,亦皆能参以书法。盖画家之雄才,而书家之外道也。以久负书名,不得不论正之。①

这段话赞美郑板桥的早期书法,认为"专用苏黄书法","笔健墨丰,卓然可观",却贬斥"六分半书",称为"只可作为游戏笔墨",因为它病在"杂凑",未能将众体"精妙微纤,及其既化,然后去其渣滓,留其膏汁,各味皆具,而人不能名"。不过,作者不认可郑板桥参以画法的"六分半书",却称赞郑板桥"参以书法"的画,认为他确是"画家之雄才,而书家之外道也"。这些话虽不无道理,但很明显,作者偏爱郑板桥得苏、黄真谛的中年时期书法,却未能丢开偏爱深入研究他晚年的"板桥体"。如果说"板桥体"早期的确存在"杂凑"现象,但若说成熟期的"板桥体"是杂凑,则是未加细检了,成熟、精进期的"板桥体"正是无"杂凑"之痕而有化合之妙。再说,王潜刚的评论本身前后矛盾,试想一个"画家之雄才"怎会是"书家之外道"? 试想中年时期能将苏、黄体写得"卓然可观"者,入"人书俱老"之境时怎么反而成了"书家之外道"? 不过,如果将这个"外道"当作不同于正统书家解,则是搔到了痒处,"板桥体"正是"怒不同"于正统书家。如果说许多书法名家树起了多座巍峨的书法高峰,"汉魏有钟张之绝,晋末称二王之妙"②,"板桥体"未必能使这些名家名体"青山出一头",或者说对这些名家名体"一览众山小",但任何高峰也无法压倒它,任何名家也无法鄙视它,更无法取代它。

除了王潜刚的看法外,对郑板桥"六分半书"的批评意见还有:

亦如郑板桥,将篆隶行草铸成一炉,不可以为训也。③

乾隆之世,已厌旧学。冬心、板桥参用隶笔,然失则怪,此欲变

---

① 王潜刚:《清人书评·郑燮》,转引自卞孝萱编:《郑板桥全集》,齐鲁书社 1985 年版,第758—759 页。
② 参阅孙过庭:《书谱》,上海书画出版社 2007 年版。
③ 钱泳:《书学》,《履园丛话》,上海古籍出版社 2012 年版,第192 页。

而不知变者。①

　　若郑板桥之行楷，金寿门之分隶，皆不受前人束缚，自辟蹊径。然以之师法后学，则魔道也。②

　　这些意见集中在书法传统的继承、创新与影响诸方面，而其中最重要的关键词则是创新。但是所谓"创新"也就是打破原有的观念、理论、套路和技法，这其间引发的阵痛和反弹是不言而喻的。此前的书学传统是二王确立的帖学传统，此传统到清代已经尽显疲态，许多人都在谋求创新，于是有了体现历史改革要求的碑学兴起。只是，改革也并非只有以碑学替代帖学一条路，郑板桥不再受前人束缚而"自辟蹊径"，试图糅合帖学与碑学，"将篆隶行草铸成一炉"，确实远离了原先的传统而显得"怪"。自然，对郑板桥"怪"的判断和"不可以为训""以之师法后学，则魔道也"的评价，都是遵从二王传统的必然结果。

　　只是，随着历史的淘洗、时代的进步，人们惊奇地发现，许多挥向郑板桥的大棒却成了奉献给他的鲜花，当年所指陈的"怪""魔道"等缺点正成了郑板桥的优点。就中国文字发展的历史而言，篆体对甲骨文是"怪异"，隶楷对篆体是"怪异"，行草对楷隶还是"怪异"，可正是这种"怪异"的革新，才不断创造出了新的文字和新的书体，推动了中国文字和中国书法的前进。因此，以"怪异"为判断标准，不免是将稻菽当稗草了，至于认为"板桥体"的不足为法，这也是错勘了贤愚。郑板桥一直以自己的经验告诫后人，学前贤要"学七抛三"，要学前贤的革新精神，要自立门户，如果仅仅局限于模仿效颦某一种书体，那就落入"皮相"堕入"窠臼"，那就真是"魔道"了。创造的精髓正体现在个性鲜明，"板桥体"是郑板桥独具个性的创造，其独特的"怪"正表现为"不可重复性"。名体名作的"名"正是从"不可重复性"产生的，试看书苑、艺苑各种名体、名作，有哪一个是可以重复的？即使学得神似，模仿得可以"乱真"，但还是"赝作"，而且仔细研究仍会"破绽百出"。在这个意义上，"板桥体"

① 康有为：《书镜·尊碑第二》，群言出版社 2019 年版，第 213 页。
② 杨守敬：《学书迩言》，文物出版社 1982 年版，第 100 页。

是庐山独秀峰,是项王虞美人,是书苑的特异珍宝,而不是学书的"描红本"或"间架结构帖"。诟病"板桥体"不足为法,不能学习,实在是误摒卞和、唐突西子。

"板桥体"的独特价值就在于它的"怪",而且比其他人怪得厉害。中国文人自古以来就常与痴、狂、怪结缘,有人一边捉虱子一边谈文章,有的披枷带锁还在咏诗。阮籍"猖狂"得路人皆知;刘伶居然让人带着锹,看他一倒地就掘坑埋了;明代最怪的徐渭"放辟邪侈",在牢中用锥子扎自己,死得不明不白;清初金圣叹更是狂怪得掉了脑袋;蒲松龄说自己"狂固难辞,痴且不讳";曹雪芹感慨"都云作者痴";吴敬梓居然将赖以为生的祖产卖了盖庙……。其实,种种痴、狂、怪的现象通常都反映了时代氛围、生活环境、境遇遭际与主人公高洁理想、远大志向、孤傲人格、绝世才华的强烈冲突,反映了社会正统观念和伦理道德对任何"异端"的排斥和贬抑。郑板桥就是这样一个典型的怪人,一个志存高远的读书人,却不是一个传统意义上的君子。他读书不走寻常路,对求取功名所重的十三经等儒家经典没有兴趣,却专喜史书与文学,"读书饶别解";他藐视士人而把四民顺序"士农工商"改为"农工商士";他在知县任上断案总是袒护穷苦人而从不给商贾豪绅等有钱人面子;他为官素有清名却被以贪污罚金的罪名而罢官;他"半生谩骂无礼","放言高谈,臧否人物,以是得狂名";他毫不掩饰地暴露自己"好色,尤多余桃口齿"的弱点,把自命清高的文人不愿宣之于口的东西形诸笔墨;他以书法用笔去画兰竹,用画兰竹的笔法去写书法;他甚而至于关心小偷、关心孤坟里的死鬼……,这样的性格,这样的遭遇,这样的才华,他的"板桥体"离开传统自辟蹊径而"怪",就再正常合理不过了。就此,他只是以怪掩狂,以怪显真,以怪泄愤,以怪抒志。于是,对他而言的"束狂入世犹嫌放,学拙论文尚厌奇",但在世俗庸常之人的眼中,就总不免"常人尽笑板桥怪"①了。其实,无论多么失意多么坎坷,无论多么怪多么狂,他的"狂"的性格深处、他的"怪"的行为背后的赤子之心、仁爱之

---

① 蒋士铨:《忠雅堂诗集·题郑板桥画兰,送陈望亭太守》,转引自卞孝萱编:《郑板桥全集》,齐鲁书社1985年版,第629页。

性是始终不变的,如果能够理解这一点,则能理解他的"怪"背后的某种经历、性格、行为的逻辑性和合理性了。

所幸,郑板桥正是因为他的这个"怪"而家喻户晓、馨香百代。在这里,历史显示了它的多情之处。

附录:郑板桥年表

癸酉　康熙三十二年(1693 年)　一岁

十月二十五日子时(公历十一月二十二日零时前后),出生于江苏省扬州府兴化县(今江苏省泰州市辖兴化市)。为昭阳书带草堂郑氏长房第十四世长门。乳名麻丫头,学名燮,字克柔,号理庵,后号板桥,又称板桥道人、板桥居士。祖先居苏州,洪武年间迁兴化。祖父湜,字清之,时四十八岁,父之本,字立庵,号梦阳,廪生,时二十岁。叔之标,字省庵,时十八岁。祖母蔡氏,生母汪氏。

八大山人六十八岁,石涛五十二岁,高凤翰十一岁,边寿民十岁、汪士慎、李鱓八岁,金农、黄慎七岁、高翔六岁。

甲戌　康熙三十三年(1694 年)　两岁

噶尔丹侵喀尔喀。

乙亥　康熙三十四年(1695 年)　三岁

李方膺、杭世骏(一说郑板桥四岁时)出生。

丙子　康熙三十五年(1696 年)　四岁

母汪夫人卒,由乳母费氏抚育。

杨法出生。

丁丑　康熙三十六年(1697 年)　五岁

噶尔丹兵败自杀。

父娶继母郝夫人。

戊寅　康熙三十七年(1698 年)　六岁

约于此年开始随父读书。

祖父卒,享年五十三岁。

己卯　康熙三十八年(1699 年)　七岁

玄烨南巡至南京、扬州等地,修明太祖陵。

庚辰　康熙三十九年(1700 年)　八岁

费氏离开郑家。

辛巳　康熙四十年(1701 年)　九岁

吴敬梓出生。

壬午　康熙四十一年(1702 年)　十岁

(一说费氏于该年回郑家)

癸未　康熙四十二年(1703 年)　十一岁

费氏回到郑家。

玄烨第四次南巡至扬州等地。

甲申　康熙四十三年(1704 年)　十二岁

(一说该年随父到毛家桥读书)

乙酉　康熙四十四年(1705 年)　十三岁

约于此年到仪征毛家桥读书。

玄烨南巡至扬州等地,王原祁奉旨纂《佩文斋书画谱》。八大山人卒,享年八十岁。

丙戌　康熙四十五年(1706 年)　十四岁

(一说继母郝夫人卒于此年)

丁亥　康熙四十六年(1707 年)　十五岁

继母郝夫人约卒于此年。(上海古籍出版社版《郑板桥集》所附《郑板桥年表》作前一年去世)

玄烨南巡至扬州等地。石涛卒于扬州,享年七十八岁。

戊子　康熙四十七年(1708 年)　十六岁

约于此年开始从陆种园读书、学词。

己丑　康熙四十八年(1709 年)　十七岁

(上海古籍出版社版《郑板桥集》所附《郑板桥年表》作在毛家桥读书)

庚寅　康熙四十九年(1710 年)　十八岁

朝廷下诏减免直隶、奉天、浙江、福建、两广、四川、云贵九省地亩人丁及积欠银。

辛卯　康熙五十年(1711 年)　十九岁

戴名世文字狱(《南山集》案)兴。

玄烨第二十一子爱新觉罗·允禧出生。

壬辰　康熙五十一年(1712 年)　二十岁

扬州、镇江市民举行大规模罢市。

癸巳　康熙五十二年(1713 年)　二十一岁

玄烨巡塞外,李鱓献诗,被任为南书房行走。《南山集》案结,戴名世被处死。

甲午　康熙五十三年(1714 年)　二十二岁

开始绘画创作活动。

乙未　康熙五十四年(1715 年)　二十三岁

与徐氏结婚,后生二女一子。可能该年去北京(待考)。有书法《欧阳修·秋声赋》小楷(待考)。

小说家蒲松龄卒,享年七十六岁,郑板桥友人高凤翰在蒲松龄卒后首刊其遗著《聊斋志异》并作序。

丙申　康熙五十五年(1716 年)　二十四岁

(一说该年中秀才)

袁枚出生。

丁酉　康熙五十六年(1717 年)　二十五岁

堂弟墨生。

同学顾于观约于此年赴山东常建极幕,郑板桥作《贺新郎·送顾万峰之山东常使君幕》词二首相送。

"画圣"王翚卒,享年八十六岁。

戊戌　康熙五十七年(1718 年)　二十六岁

约于此年设塾于兴化县竹泓镇(上海古籍出版社版《郑板桥集》所附《郑板桥年表》作设塾江村)。

孔尚任卒,享年七十一岁。

己亥　康熙五十八年(1719年)　二十七岁

约于此年设塾于真州(仪征县)江村。

庚子　康熙五十九年(1720年)　二十八岁

设塾江村。作《村塾示诸徒》诗(一说前一年作)。

辛丑　康熙六十年(1721年)　二十九岁

去塾回兴化。

卢见曾中进士。

壬寅　康熙六十一年(1722年)　三十岁

父立庵卒,享年五十九岁。作《七歌》,对自己的三十年的人生经历作沉痛总结。到镇江焦山躲债。

中秀才。

玄烨卒,胤禛(雍正)继位。

癸卯　雍正一年(1723年)　三十一岁

到扬州卖画。

(一说《贺新郎·送顾万峰之山东常使君幕》词二首作于此年)

高斌授内务府主事,旋迁郎中,接替李煦任苏州织造。

甲辰　雍正二年(1724年)　三十二岁

犉儿约卒于此时,作《哭犉儿五首》。

出游江西、湖广、四川,在庐山结识无方和尚,游洞庭,寻江源,作《浪淘沙·和洪觉范潇湘八景》词八首,为黄陵庙女道士画竹、题诗。

纪昀出生,曹雪芹约于此年出生。

乙巳　雍正三年(1725年)　三十三岁

由四川经陕西、山西等地入北京,在北京与禅宗尊宿及羽林子弟游,初识允禧。放言高论,臧否人物。得狂怪之名。在京作《花品跋》《题虞永兴破邪论序册》等文,《燕京杂诗》等诗。秋后返扬州卖画。作《道情》十首。

丙午　雍正四年(1726年)　三十四岁

朝廷在西南行"改土归流"政策,圈禁玄烨子允䄶、允禩、允禟。

查嗣庭等人文字狱("维民所止"案)兴。

丁未　雍正五年（1727 年）　三十五岁

客于通州，作《游白狼山》诗，仍以在扬州卖画为主，有时回兴化。

黄慎奉母客扬州卖画。

戊申　雍正六年（1728 年）　三十六岁

在扬州天宁寺读书，与同学赛读默写《论语》《孟子》《大学》《中庸》各一部（总名为《四书手读》），作《四子书真迹序》。

高凤翰授安徽歙县丞。

己酉　雍正七年（1729 年）　三十七岁

改定《道情》十首初稿。作《田家四时苦乐歌》并有行草书卷。

叔之标卒，享年五十四岁。

吕留良文字狱、陆生枏文字狱兴，雍正颁行《大义觉迷录》。

庚戌　雍正八年（1730 年）　三十八岁

闵贞出生。李方膺任山东乐安知县。

徐骏文字狱（"清风不识字"案）兴。

辛亥　雍正九年（1731 年）　三十九岁

妻徐氏卒。客扬州。作《客扬州不得之西村之作》诗，游高邮，作《由兴化迂曲至高邮七截句》。

因家贫无以度岁，献诗《除夕前一日上中尊汪夫子》，向兴化知县汪芳藻求助，汪知县赠以大金。

壬子　雍正十年（1732 年）　四十岁

赴南京乡试，中举人。乡试前后凭吊南京古迹，有《念奴娇·金陵怀古十二首》等，议古论今，激浊扬清。试后游杭州，作《观潮行》《弄潮曲》等诗。

高斌调两淮盐政，兼署江宁织造。

癸丑　雍正十一年（1733 年）　四十一岁

在小海写《朱子功寿序》。

客海陵（泰州）。作《别梅鉴上人》《怀程羽宸》等诗，仍以在扬州卖画为主。

叔父省庵卒。

罗聘出生。

甲寅　雍正十二年（1734 年）　四十二岁

在扬州卖画。作《为顾世永代弟买妾事手书七律一首》《怀舍弟墨》等诗。

乙卯　雍正十三年（1735 年）　四十三岁

二月，在扬州玉勾斜结识饶五姑娘，定亲，作词赠之。

春夏在焦山读书，卖画，作家书多封。

八月任浙江乡试外帘官。

雍正帝卒，弘历（乾隆）继位，释允禵、允禩，杀曾静等，收回《大义觉迷录》。

丙辰　乾隆元年（1736 年）　四十四年

赴北京参加会试，中二甲第八十八名进士。作《秋葵石笋图》题诗。朝考未中，未被授官。作《呈长者》《呈执政》等诗。

卢见曾任两淮盐运使，重建平山堂。

丁巳　乾隆二年（1737 年）　四十五岁

待官未得，南归。作《乳母诗》。得程羽宸赠金，纳饶五姑娘为妾。娶郭氏为继室，郭氏后生一女。再到扬州卖画，顾万峰有诗赠。

卢见曾（雅雨）在任。列名"八怪"诸画家、诗人渐集中到扬州。李鱓复出任山东临淄知县，不久调滕县。

戊午　乾隆三年（1738 年）　四十六岁

有《上江南大方伯晏老夫子》七律四首。

章学诚卒。江南大旱。

己未　乾隆四年（1739 年）　四十七岁

卢见曾罢官候勘，不久谪戍塞外。郑板桥作《送都转运卢公》七律四首送行，扬州诸画家作《雅雨山人出塞图》，吴敬梓、李葂等在图上题诗。

高凤翰罢官入狱，不久病废右手。

庚申　乾隆五年（1740 年）　四十八岁

为董伟业《扬州竹枝图》作序。卖书画多写前人诗。

李鱓于滕县罢官。

辛酉　乾隆六年（1741 年）　四十九岁

九月，应慎郡王允禧召入京，极受礼敬。

壬戌　乾隆七年（1742 年）　五十岁

任山东范县知县，旋兼署朝城知县。赴任之初编自己的诗、词。为允禧写刻《随猎诗草》《花间堂诗草》等，并撰跋。

癸亥　乾隆八年（1743 年）　五十一岁

首次编定《诗钞》收录早年至任范县之初古近体诗 136 题 206 首。《道情十首》定稿。定题为《小唱》付梓，司徒文膏刻。

暮春有扬州一行，住马氏小玲珑山馆。

杭世骏革职。

甲子　乾隆九年（1744 年）　五十二岁

妾饶氏在范县生一子。作《范县诗》及家书多封。

卢见曾塞外赦还。

乙丑　乾隆十年（1745 年）　五十三岁

范县任满，给假于年底携妾、子回乡。

作《呈姚太守》《怀扬州旧居》等诗。

山东潍县疫灾，七月海水倒灌。

丙寅　乾隆十一年（1746 年）　五十四岁

赴山东省莱州府潍县任知县，值鲁东大饥，人相食，斗粟千金，潍县尤甚。八月起连旱不雨。郑燮捐廉代输籍邑中大户开厂煮粥接济灾民，又封积粟之家，责其平粜，救活万余人。作《逃荒行》与韩梦周等诗。

丁卯　乾隆十二年（1747 年）　五十五岁

潍县连旱，山东巡抚莱州知府瞒灾不报，郑燮请赈，反记大过一次。

乾隆帝得知潍县等县灾情，下数道圣旨命令救灾，并批评山东地方官瞒灾。四月，任命高斌为文渊阁大学士兼吏部尚书（一说此为郑板桥五十六岁时事），经由江南入鲁放赈，郑板桥陪高斌放赈，有唱和诗《和高相公给赈山东，道中喜雨，并五日自寿之作》七律二首。潍县从五月起转旱为涝。

八月，赴济南，任山东乡试同考官，有唱和诗《和学使者于殿元枉赠之作》七绝四首、《济南试院奉和宫詹德大主师枉赠之作》七律一首。作

《偶记》等文。

戊辰　乾隆十三年（1748年）　五十六岁

春，弘历东巡，郑板桥任东封书画使，卧泰山顶四十余日。

潍县蝗、疫、水诸灾并至。十月，郑板桥兴工役，修城墙，招饥民赴工就食。

作《与江宾谷、江禹九书》。

己巳　乾隆十四年（1749年）　五十七岁

三月，修城毕。春，潍县大饥。秋，大熟。连续五年的自然灾害至此结束。

编订手写诗文集：将范县所作36题78首编为《诗钞·范县作》，将离范县以来所作30题41首编为《诗钞·潍县刻》，连同在范县所编206首合为《诗钞》，词23调77首编为《词钞》一册。与堂弟墨家书16通编为《家书》一册。《诗钞》《词钞》《小唱》《家书》皆上元司徒文膏刻，单独刊行。另作《潍县竹枝词》等。

子麟儿在兴化入塾读书，不久病殁。

"八怪"之一高凤翰卒，享年六十七岁。

庚午　乾隆十五年（1750年）　五十八岁

主修潍县文昌祠并撰《文昌祠记》。

辛未　乾隆十六年（1751年）　五十九岁

潍县海溢。

弘历南巡扬州，李葂、顾于观接驾献诗得赏赐。

有书画诗作甚多，《难得糊涂》书法、《思归行》诗等均作于此时。

壬申　乾隆十七年（1752年）　六十岁

主修潍县城隍庙，有《城隍庙碑记》。撰六十自寿长联。

年底，以贪污罪名罢官，但离衙未离潍，留郭氏南园（上海古籍出版社版《郑板桥集》所附《郑板桥年表》作下年罢官）。

"八怪"之一边寿民卒，享年六十九岁。

癸酉　乾隆十八年（1753年）　六十一岁

春，南归，百姓皆泣送。作告别潍县绅士民诗画。回兴化借居李鱓浮沤馆，不久在馆侧另建拥绿园居住。作《罢官》诗画多幅。

"八怪"之一高翔卒,享年六十六岁。

甲戌　乾隆十九年(1754年)　六十二岁

春夏游杭州,住南屏,算命相佳,大喜。折而去湖州,泛舟苕、霅二溪,攀登卞、白、道场三山,继而再过钱塘,至会稽,登吼山,探禹穴,谒兰亭,往来山阴道上,自云平生快举。回扬州继续卖画,居城北竹西寺。

卢见曾再任两淮盐运使(上海古籍出版社版《郑板桥集》所附《郑板桥年表》作乙亥年)

吴敬梓卒于扬州,享年五十四岁。郑板桥友人金兆燕首刊吴敬梓遗著《儒林外史》,卢见曾资助料理后事。

乙亥　乾隆二十年(1755年)　六十三岁

与李鱓、李方膺合作《岁寒三友图》。

"八怪"之一李方膺卒,享年六十一岁。

丙子　乾隆二十一年(1756年)　六十四岁

二月三日,偕程绵庄、黄慎、金兆燕、李御、王文治、于文浚、张宾鹤、朱文震共九人作一桌之会永日欢,画《九畹兰花图》以纪其盛。

"八怪"之一华嵒卒,享年七十五岁。"八怪"之一李葂卒,享年六十岁。

丁丑　乾隆二十二年(1757年)　六十五岁

卢见曾主持"红桥修禊",郑板桥作唱和诗《和雅雨山人红桥修禊》《再和卢雅雨四首》各七律四首。

在画竹理论上多所研讨。

弘历第二次南巡至扬州。

戊寅　乾隆二十三年(1758年)　六十六岁

游仪征,作《真州杂诗八首并及左右江县》《真州八首,属和纷纷,皆可喜,不辞老丑,再叠前韵》各七律八首,作嫁女诗等。

允禧卒,享年四十八岁。诗人胡天游卒,享年六十三岁。"八怪"之一陈撰卒,享年七十四岁。

己卯　乾隆二十四年(1759年)　六十七岁

自定书画润格。作《自在庵记》。

"八怪"之一汪士慎卒,享年七十四岁。

庚辰　乾隆二十五年（1760 年）　六十八岁

游南通,住丁氏双薇园,游如皋,住汪氏文园,撰《板桥自序》《刘柳村册子》,述生平志趣。

"八怪"之一李鱓卒(一说李鱓卒年当推后二年),享年七十五岁。

为陆种园、李鱓、王国栋、顾于观题《诗画名家》匾悬于兴化四牌楼。

辛巳　乾隆二十六年（1761 年）　六十九岁

题评高凤翰画册,画竹之"胸无成竹"论约见于此时。

壬午　乾隆二十七年（1762 年）　七十岁

春,弘历第三次南巡至扬州。

十月,七十岁生日,金农、罗聘、杨法(一说闵贞)合画郑板桥肖像致祝。

"八怪"之一金农卒(一说为后二年卒),享年七十七岁。

癸未　乾隆二十八年（1763 年）　七十一岁

卢见曾升任两淮都转运,于清明泛舟红桥,郑板桥与袁枚相遇卢见曾所设之筵席。

甲申　乾隆二十九年（1764 年）　七十二岁

为李方膺等人多幅遗作题诗。

乙酉　乾隆三十年（1765 年）　七十三岁

春,弘历第四次南巡至扬州。郑板桥或在扬州、镇江献画。

十二月十三日未时(公元 1766 年 1 月 22 日下午一时),卒于兴化拥绿园,葬于兴化东乡管阮庄。因二子早夭,以族侄田(字砚耕)嗣,时田十一岁,田子鎔(字范［发］金),鎔嗣子国璋(字文址),从孙銮(字子砚)。

后 记

　　我于 1984 年调江苏省社会科学院文学研究所工作,分在古典文学研究组。因为我在家乡大丰是从事县志编修,所以文学所分工协助所领导刘冬的施耐庵研究。当时正在做《水浒》作者施耐庵资料的搜集研究。我经常出差到江阴、泰州、兴化等地,调查、搜集施耐庵的历史资料,期间结识了很多文朋诗友,开阔了眼界,扩大了思路。我将调查研究的资料写成短文发表,获得一些好评。又因为我从小喜欢诗歌,看到报刊上发表的一些诗歌评论文章,觉得自己也可以尝试一下,就常常写些诗歌短评。发表以后,也常收到一些陌生读者的询问,当时的省委宣传部副部长陈超、南京大学校长匡亚明、人民日报徐放同志等都是这时期认识的,都曾与我欢谈论文。匡老尤为热情执着,要求我帮他做一些事,为他主编的一套"中国思想家评传丛书"出出主意,加快速度,推荐人才。

　　后来,匡老告诉我这些人物评传中的《郑板桥评传》的书稿不合格,需要换作者,我就推荐了上海复旦大学教授喻蘅,他与郑板桥是同乡,而且写过不少关于郑板桥的文章,匡老看了他的这些文章很赞赏,让我快些邀请喻老先生前来,我就写信和电话表达匡老的意思。喻老没有同意来,后我又亲自去上海喻家再请。喻老认为他年龄大了,这个课题很繁重,自己做不了,他感谢匡老,希望匡老另请高明。谁知匡老听了以后直接对我说,那这个任务就交给你了。

　　撰写《郑板桥评传》的任务就这样历史性地落在了我头上。在我写作中,丛书的组织者对我有关郑板桥的观点有不同意见,如关于郑板桥有萌芽的商品意识,他们认为是拔高了郑板桥,但我仍坚持自己的观点。出版后,专家学者和广大读者都表示认同。并且我提议将《郑燮评传》改为《郑板桥评传》为妥。因为评传中《孔子评传》也没有用他的本名《孔丘评传》,《孙中山评传》也没有用本名《孙文评传》,且郑板桥的名字可说是家喻户晓,所以更应该用"郑板桥"而不是"郑燮"。这提议在丛书再版时获得赞同。

这次省编"江苏文脉"丛书,又将《郑板桥评传》列入,我就想在前《郑板桥评传》的基础上写出更新更好的郑板桥,重点突出郑板桥的四个独特方面:① 求官为官,真心真意为百姓;② 为"劳人"服务的诗、书、画创作;③ 创造书坛奇峰——板桥体;④ 高举艺术改革大旗的实践与理论开拓。因此将以往的资料增删重组,可是在操作的过程中遇到许多困难,初稿很不理想。在"文脉"丛书的负责人多次帮助指示下,写出二稿后仍觉得不满意,自己也老病缠身只好请许多老友修改,特别是安迪光、于平为此提供了很多帮助,形成了现在的稿子。只能说丑媳妇终见公婆。此后记也是我身卧病床,由老伴记录而成。

2020 年 4 月 30 日

补　记

　　王同书先生于 2020 年 7 月 29 日去世,迄今已近五年。他在重病之中委托我帮助完成这部研究新著。我查阅核实了大量资料,按照编委会的要求和体例,几易其稿,历时三载,终得定稿。期间,我受到诸多学界同人的指教。特别是江苏省社科院文学所原所长姜健先生更是给予了最多的关心和帮助。今年是郑板桥诞辰 331 周年,这部郑板桥新著终于问世,着实令人鼓舞! 无疑,这一切与《江苏文脉》编委会领导、江苏人民出版社领导、编辑的支持和辛勤劳动分不开。我想,王同书先生若天堂有知,定会倍感欣慰的。

于平

2025 年 4 月